2018年河北省社会科学基金项目最终研究成果

项目名称：基于生态文明视域下的美丽乡村建设研究

项目编号：HB18YS039

U0727489

基于生态文明视域下的美丽乡村建设研究

李 进　王会京　李 静　著

河北人民出版社

石家庄

图书在版编目（ＣＩＰ）数据

基于生态文明视域下的美丽乡村建设研究 / 李进，
王会京，李静著. -- 石家庄：河北人民出版社，2019.6
　ISBN 978-7-202-13995-0

　Ⅰ. ①基… Ⅱ. ①李… ②王… ③李… Ⅲ. ①农村—
社会主义建设—研究—中国 Ⅳ. ①F320.3

中国版本图书馆CIP数据核字(2019)第122505号

书　　名	基于生态文明视域下的美丽乡村建设研究
著　　者	李　进　王会京　李　静
责任编辑	陈冠英
美术编辑	李　欣
封面设计	优盛文化
责任校对	张三铁
出版发行	河北人民出版社（石家庄市友谊北大街330号）
印　　刷	定州启航印刷有限公司
开　　本	710毫米×1000毫米　1/16
印　　张	17.25
字　　数	306 000
版　　次	2019年6月第1版　2019年6月第1次印刷
书　　号	ISBN 978-7-202-13995-0
定　　价	69.00元

前　言

　　生态文明是人类文明发展到一定阶段的产物，是反映人与自然和谐程度的新型文明形态，体现了人类文明发展理念的重大进步。生态文明是以资源环境承载能力为基础，以自然规律为准则，以可持续发展、人与自然和谐为目标，建设生产发展、生活富裕、生态良好的文明社会。生态文明不仅延续了人类社会原始文明、农业文明、工业文明的历史血脉，而且承载了物质文明、精神文明、政治文明的建设成果。可以说，生态文明的崛起是人类文明在新的历史条件下遭遇困境的主动选择。

　　推进生态文明、建设美丽中国，是党和国家把握发展规律、审时度势做出的战略决策，对建设中国特色社会主义具有重大现实意义和深远历史意义。我国是农业大国，美丽中国建设重点在农村，难点也在农村。美丽乡村是落实生态文明建设的重要举措，也是在农村推进美丽中国建设的具体行动。

　　美丽乡村是新农村的升级版，既秉承和发展新农村建设的宗旨思路，延续和完善相关的方针政策，又丰富和充实其内涵实质，集中体现在尊重和把握其内在发展规律，更加注重关注生态环境资源的有效利用，更加关注人与自然和谐相处，更加关注农业发展方式转变，更加关注农业功能多样性发展，更加关注农村可持续发展，更加关注保护和传承农业文明。

　　本书从生态文明视角出发，探讨美丽乡村的建设问题。全书内容共八章，第一章对生态文明进行了简要的概括。第二章从整体上介绍了美丽乡村的规划与建设。第三章分析了美丽乡村中的绿色景观设计。第四章探讨了美丽乡村建设中的民居建筑设计。第五章围绕美丽乡村建设中的环境治理问题展开了论述。第六章研究了美丽乡村建设中乡土文化的传承。第七章阐述了美丽乡村建设的评价及其保障机制。第八章结合国内外美丽乡村建设的案例进行了较为详细的总结与分析。

　　由于编者学识和水平有限，书中难免存在一些不足之处，敬请广大读者批评与指正！

目　录

第一章　生态文明概述

第一节　生态文明基础理论

一、生态文明概念的形成

纵观人类社会的发展历史，不难发现，人与自然之间并不总是处于绝对和谐或绝对对抗的状态，而是在对抗中验证着和谐，和谐中充斥着对抗，在对立统一中向前发展的。人与自然之间正经历着由天然和谐到人地失衡，再到人地和谐这样一种螺旋式的上升过程。人类的生存发展离不开自然，自然的结构、功能与演化过程在人类的影响下发生着变化，变化了的自然又反作用于人类自身。人类就是在与自然界的对立统一中，不断调整着自身对自然的态度，并用标志不同历史时期的生产工具来记录下文明发展的历程，因此就有了标志不同历史时期的原始文明、农业文明、工业文明，也有了在全球化背景下标志自然、社会、人之间发展关系的生态文明。

（一）文明、生态与生态思想

对生态文明理论问题的研究涉及文明、生态、生态学、生态思想等几个基本词汇。

1.文明

文明（civilization）一词来源于拉丁文"civis"，意思是城市中的居民，其本质含义是人民和睦地生活在城市中的能力。引申义是指社会和文化发展的先进状态以及这一状态究竟到了何种程度，它涉及技术水平、民族意识、伦理规范、宗教教义、风土人情等领域。

随着人类社会的发展，"文明"一词已不局限在狭隘的范围内使用，人们在许多方面都使用"文明"一词来表达他们的意志。关于文明的分类，没有统一的标准。按照不同的分类标准，文明可以分为不同的类型。按照时间顺序，可以分为古代文明、近代文明、现代文明；按照社会制度的不同，可以分为奴隶社会文明、封建社会文明、资本主义文明以及社会主义文明；从具体内容来看，可以分为物质文明、政治文明、精神文明、社会文明、生态文明等；从地域方面考虑，可以分为东方文明、地中海文明、欧洲文明、埃及文明等。

　　2. 生态与生态学

　　生态一词源于古希腊语，意思是指家或者我们的环境。简单地说，生态就是指一切生物的生存状态，还有它们之间和它们与环境之间环环相扣的辩证关系。"生态"一词涉及的范畴非常广泛，人们常用"生态"来界定许多美好的事物，如向上的、美的、正面的、健康的、和谐的等事物都可冠以"生态"来修饰。当然，不同文化背景的人对"生态"的定义有所不同，多元的世界需要多元的文化，正如自然界的"生态"所追求的物种多样性一样，以此来维持生态系统的平衡发展。

　　生态学（ecology）的产生最早是从研究生物个体开始的。"生态学"一词是由德国生物学家赫克尔在 1869 年提出来的，它是研究动植物及其环境间、动物与植物之间及其对生态系统的影响的一门学科。赫克尔在其动物学著作中定义的生态学是：研究动物与其他有机及无机环境之间相互关系的科学，特别是动物与其他生物之间的有益和有害关系。后来，在生态学定义中又增加了生态系统的观点，把生物与环境的关系归纳为物质的流动和能量的交换。20 世纪 70 年代以来，则进一步概括为物质流、能量流和信息流。

　　任何生物的生存都不是孤立的，同种个体之间有互助也有竞争，植物、动物、微生物之间也存在着复杂的相生相克关系。人类为满足自身的需要，不断改造环境，变化了的环境反过来又影响人类。随着人类活动范围的扩大与多样化，人类与环境的关系问题越来越突出。因此，近代生态学的研究范围，除生物个体、种群和生物群落外，已扩大到包括人类社会在内的多种类型生态系统的复合系统。人类面临的人口、资源、环境等几大问题都是生态学的研究内容。如今，生态学已经渗透到各个研究领域。

　　一个健康的生态系统是稳定的、可持续的，在时空上能够维持它的组织结构和自治，也能够维持对胁迫的恢复力。健康的生态系统能够维持自身的复杂性需求，也能满足人类的生存发展需求。

　　3. 生态思想

　　在我们谈及人与自然的关系，谈及生态危机等问题时，难免会涉及生态思想。生态思想是关于人与自然关系的基本思想，包括生态伦理、生态道德、生态观念等，涉及人的世界观、人生观、价值观等诸多方面。在认识和处理人与自然关系的过程中，生态思想逐渐产生，并变得丰富多彩。这些思想既包括敬畏天地的，也包括征服自然的；既有保护自然环境的，也有破坏自然环境的，是不同时期人们处理人与自然关系的行动指南。生态思想反映的不仅是人与自然关系的某种存在状态，还包含了丰富的伦理道德观念在其中：人是自然界的一部分，和其他物种一样，受自然界发展规律的制约，因此必须学会保护自然、尊重自然，按照自然规律办事。当政治、法律、行政、经济手段难以奏效时，思想观念的转变或影响往往会收获意想不到的效果。生态思想被广泛地看作一种有望解决各种生态问题的有效手段，一门认识世界和改造世界的科学，一种新的世界观和方法论。

进入20世纪60年代后，环境污染、资源短缺、生态退化等问题进入大众视野，引起了国际社会的广泛关注。越来越多的人认识到，如果地球因为生态危机而毁灭，家园变成图圄，那么人这个物种的灭亡可能会比很多物种的灭亡来得更早。环境保护主义、生态中心主义、自然中心主义、反工业化等思想影响了许多人，新的生态思想观念也大量涌现，如环境伦理学、生态经济学、生态伦理学、生态哲学、生物多样性、动物权利、稳态经济、可持续发展、生态现代化、第二次现代化理论等纷纷出现。当然，新的生态思想观念还在生成过程中。但无论如何，人与自然的和谐共处一定是最终的目的和归宿。

（二）历史上的几种文明形态

纵观人类社会文明发展史，大体上经历了原始文明、农业文明、工业文明这样几个阶段，每一阶段文明的跨越，都离不开科技进步和生产力的极大提高，也离不开人们对人与自然关系认识的不断深化。不同历史时期的文明形态都是当时人与自然关系的社会现实写照，是当时社会现实状况的自然表现。

1. 原始文明

原始社会的生产力水平极其低下，主要是大自然的赐予，人们必须依靠集体的力量才能够生存，加上物质生产活动的单一，采集渔猎就成为当时人们的主要活动，因而人们对自然界的认识也是非常有限的。原始社会中的人与自然关系体现出一种盲目性与自发性特点，这是一种原始的"人地"依赖关系，是低等的"和谐共处"，只不过这种和谐更多地表现为人对自然的敬畏和被动服从，占据主导性地位的因素是自然。

原始社会的文明是一种以自然为中心的文明，"自然界起初是作为一种完全异己的、有无限威力的和不可制服的力量与人们对立的，人们同自然界的关系完全像动物同自然界的关系一样，人们就像牲畜一样慑服于自然界，因而这是对自然界的一种纯粹动物式的意识（自然宗教）"。自然界的异己性力量使人们从对它的依赖、顺从、迷惑转变成了恐惧、神话、崇拜，自然界成为自然神，人成了自然界的奴隶。人们可以直接从自然界中获取食物，但是一个地区的食物往往是有限的，不能够满足人们的持续性需要，由此带来的经常性迁移使当时的人们不会对自然环境造成较大破坏，世界仍然绿意融融。虽然人们已经具备了自我意识，成为具有能动性的主体，但由于缺乏强大的物质手段和精神手段，人类支配自然的能力有限，必须依赖于、慑服于自然界，从自然母体中获得馈赠才能够生存发展，人与自然之间也就形成了一种混沌共生的和谐状态。虽然这一时期的文明只是初级形式的文明，但其实质是自然中心主义的。

2.农业文明

大约一万年前，人类社会进入农业文明阶段。随着生产工具的完善，农业社会的生产力水平远远地高出了采集渔猎社会，社会上出现了以驯养和耕种为主的生产方式，人们基本上能够自给自足。一是畜牧业和种植业的发明。人们不再主要从大自然中直接获取食物，而是转向种植五谷杂粮，饲养牲畜和禽类，获得必需的生活用品。二是固定居住的出现，为人类应付自然提供了强大屏障，自然也不再是人们威力无穷的主宰。三是人们自我意识的加强。在人与自然的矛盾斗争中，人类显示出了特有的主观能动性，在一定程度上学会了支配自然，增强了改造自然的能力，也加快了自然的人化过程。这个时期，人口数量激增，大家庭和社区逐渐成为主要的社会组织形式。人们开始力图挣脱自然的庇护和依赖，利用自然的同时试图改造自然，而这种改造又往往带有很大的随意性、盲目性和破坏性。人们活动范围的扩大，导致了对自然资源的过度开垦和砍伐，为了争夺水土资源而发生的战争更是占据了这个时期战争的绝大部分，也使人与自然的紧张关系呈现出局部性和阶段性特点。但是，这种局部性、阶段性的破坏是可以恢复的，因为它没有对自然形成根本的伤筋动骨的伤害，人与自然之间仍然能达到初级的平衡状态，哪怕只是一种被动的、非理想的生态平衡。

3.工业文明

进入工业文明阶段之后，蒸汽机的发明及其在工农业生产中的广泛使用，使人类占有和利用自然资源的能力大大提高，创造了农业社会无法比拟的社会生产力和舒适便捷的生活方式。马克思和恩格斯在《共产党宣言》中把这一点描述为：资产阶级利用强大的技术手段，在不到一百年的时间中就创造出了比过去一切时代创造的全部生产力还要多、还要大的生产力。物质财富的极大丰富、生活范围的不断扩大、人口数量的增加和寿命的延长等，激起了人类进一步征服和改造自然的"雄心壮志"。这个时期的人类对自然的态度也来了个大转弯，由"依附利用"变成"征服驯化"。人们的主观性被不恰当地发挥，人变成了主宰大自然的"神"，这是极端人类中心主义的表现。在这种思想的影响下，人们对自然的征服和统治变成了掠夺和破坏，无节制的资源消耗带来了无节制的环境污染，形成了自然资源迅速枯竭和生态环境日趋恶化的双重恶果，环境污染、能源短缺、气候变暖、土壤沙化、物种灭绝等灾难性恶果活生生地摆在了人们面前。农业文明时期人与自然环境之间的协调关系受到严重破坏，自然界承受着来自人类的巨大压力，其程度超出了它所能承受的极限，工业文明时期人与自然之间是掠夺与被掠夺的关系，人对自然界进行着伤筋动骨的改造，导致了人与自然的关系越来越紧张。面对日趋严重的生态危机，人们不得不反思传统工业社会的生产方式以及与之相关的道德伦理。

（三）生态文明概念的形成

"生态文明"作为一个新概念出现在人们的视野中，大约可以追溯到 20 世纪 80 年代中期。在此之前，人们多用"环境""生态"一词表述当时所处的自然状况。随着我国经济社会的不断发展以及越来越多的环境问题的出现，人们在思考人与自然的关系时，迫切需要建构一种可以影响甚至改变人们生产生活方式的思想观念。在建设中国特色社会主义伟大事业的过程中，我们越来越感觉到资源环境问题的严重性，以及对经济社会发展的制约性，作为最大的发展中国家，中国不可能停下发展的脚步而单独去治理生态环境，必须在发展中尽可能快地找到解决这一问题的方法，无论是上层社会，还是底层社会，无论是国家政府，还是专家学者，无不对这一问题高度重视，也正是在这样的氛围中，我们找到了一条可以克服生态危机的道路，那就是生态文明之路，虽然道路坎坷曲折，但前途必定光明。

二、生态文明的内涵与特征

（一）生态文明的内涵

生态文明的内涵主要体现在生态意识文明、生态行为文明和生态制度文明三个基本层面。

1. 生态意识文明

在生态文明建设的过程中，如果缺乏生态意识的支撑，人们的生态文明观念淡薄，生态环境恶化的趋势就不能从根本上得到遏制。可以说，公民生态意识的缺乏是现代生态悲剧的一个深层次的根源。因此，建设生态文明要求我们必须大力培育生态文明意识，使人们对生态环境的保护转化为自觉的行动，为生态文明的发展奠定坚实的基础。

生态意识作为人类认识能力提升的表现，其主要内容包括生态忧患意识、生态科学意识、生态价值意识、生态审美意识、生态责任意识等。

生态意识文明的培育和建立，立足于以下两点：一是对生态环境问题的感知程度。这些环境问题包括环境污染现状、环境污染原因、环境污染后果、环境保护措施、周围人群环境保护的行为、环境保护的效果、民间环保组织、环保人物和具体环境事件等。二是对生态环境问题的关注程度。对特定领域某些现象或者某个特定事物的兴趣和关心度。当前，公众对生态环境问题的关注主要集中在眼前的环境问题和与自己关系密切的环境问题。

2. 生态行为文明

生态文明不仅是一种思想和观念，还是一种体现在社会行为中的过程。在进行生态文明建设的过程中，应用行为科学的理论指导自身的行为，协调人与自然以及人类自身的矛盾，加快生态文明建设的进程。生态文明的行为主体一般分为政府、企业和公众三大类。

在这三大行为主体中，政府是整个社会人类生态文明行为的领导者和组织者，同时它还是各政府间矛盾的协调者、处理者和发言人；企业由于经济利益目标的驱使，普遍存在注重经济效益而忽视社会和环境效益的问题；社会公众则往往会因个体认识的短期性和局限性而持观望或被动参与态度。因此，政府应该妥善处理政府、企业和公众的利益关系，综合运用法律、行政和经济手段，加强引导协调和监督管理，通过自己的行为把企业和公众行为有效地组织起来，以生态文明思想、目标为前提形成和谐的社会行动，在全社会营造出建设生态文明的环境氛围。

企业是各种产品的主要生产者和供应者，是社会物质财富积累的主要贡献者，是各种自然资源的主要消耗者，同时又是绝大多数污染物的直接生产者，因此企业行为的转变对整个经济发展模式的转变具有重要的意义。企业的行为是否符合生态文明的要求，对一个区域、一个国家乃至全人类的生态文明有着重大的影响。

公众包括个人与各种社会群体，他们是生态文明行为的基础实施者和直接受益者。他们将在人类社会生活的各个领域和各个方面发挥最终的决定作用。

3. 生态制度文明

保护自然环境，建设生态文明，不仅需要人类的道德自觉，同时更需要社会制度的保障。生态制度文明建设的根本宗旨是，让人们了解并且遵守各种保护自然、保护环境的制度、法规与条例，从而更加自觉地遵循自然生态法则。

生态制度文明必须满足三个条件，一是制定了促进生态文明的制度，而且这些制度规范是较为完善的。从本质上看，所制定的生态文明制度反映了生产力发展水平，反映了生态环境的现状和环境保护与建设的实际水平；从立法上看，制度规范含义言简意赅、通俗易懂、准确而无歧义。二是这些生态文明制度得到了较为普遍的遵守，人们熟悉生态文明制度，主动执行这些制度规范，自觉与生态环境保护违法行为做斗争。三是生态环境保护和建设取得了明显成效，生态文明制度得到了较为全面的贯彻执行。

在实践中，生态文明的内涵往往延展为整治制度的完善、生产和生活方式的转变、生态环境保护、社会生活的进步、精神文化领域的深化提高等方面。生态文明观的核心是"人与自然协调发展"。在政治制度方面，环境问题、生态文明要进入政治结构、法律体系，成为社会的中心议题之一；在生产方式（经济建设）方面，生态文明建设要不断创新生态技术，改造传统的物质生产领域，形成新的产业体系，如发展循环经济、生态农业和绿色产业等；在生态环境保护方面，生态文明建设要治理受污环境、优化生态功能，着力构建自然主导型还原体系；在社会生活方面，生态文明建设要构造自然和谐的人居环境，培育节约友好的生活方式和消费意识；在精神文化领域，生态文明建设要创造生态文化形式，包括环境教育、环境科技、环境伦理等。这几个方面相互影响，相辅相成，紧密联系。

（二）生态文明的特征

目前，生态文明正处于不断发展的过程之中，其内涵也在不断丰富之中，为了了解生态文明发展的趋势和方向，我们需要深刻理解生态文明的主要特征。

1. 生态平等性

生态整体自然观告诉我们，人类与自然处在生态复杂巨系统中，人与其他物种并没有高低之分，对整个生态系统而言，都具有不可或缺性，都为维持整个生态系统的稳定和完整发挥着作用。

生态文明的发展就是要消除工业文明的不平等发展模式：一是消除人与自然的不平等关系。在工业文明时代，人类把自己的发展建立在掠夺自然的基础上，而在生态文明时代，人类的发展建立在掠夺自然的基础上，而在生态文明时代，人类的发展建立在人与自然平等的基础上，实现人类与自然的和谐发展。二是努力消除国家之间的不平等地位。工业文明是以少数国家奴役、剥削大多数国家为前提建立起来的。他们在经济、政治、军事、文化上追求霸权主义，坚持不合理的国际政治经济格局和弱肉强食的游戏规则。而在生态文明时代，着眼于全人类的平等与发展，从人类统一性的高度来认识民族国家的存在，认为任何民族的存在与发展都必须以其他民族的存在与发展为前提，人类是一个密不可分的整体。三是在国家内部、生态文明强调全体社会成员公正平等的地位，公众为国家层面的人类社会生态系统做出应有的贡献，也拥有公平地享受这个系统的权利。也就是说，公众都能过上高质量的生活，都有受教育的机会，都有丰富健康的文化娱乐生活，都能享受到社会发展的成果。四是人类在代内公平的基础上，还要追求代际公平，实现占有社会产品和自然资源的数量、质量与承担生态责任之间的统一。当代人要为后代人保留优美的生态环境和发展资源。

2. 多元共存

在自然生态系统中，不同物种相互共存，它们之间存在着相生相克的关系，这种关系可以保持整个生态系统的稳定，不会因某种生物过分地发展而导致其他物种的灭绝。这种生态法则对我们理解生态文明有很大帮助。

在人类社会的生态文明发展进程中，一是不能因为人类的过度发展，而导致其他生物物种的消失，更不能导致地球生态系统的破坏。目前，地球仍是唯一适合人类生存的星球，因此人类要有计划地控制人口增长，积极保持生物物种的多样性，维护地球生态大系统的平衡与完整。二是要正确处理人与人的关系，要消除工业文明的单一化发展模式和高消费的生活方式，这种单一范式造成了人们都集中于城市、围绕相同的能源而过度竞争，竞争的结果造成了能源的短缺、环境的污染，必然造成生存空间和能源利用的不合理。因此，生态文明要建构多元化共存的模式，充分发展和全面提升全世界的民族多样性，实现生态文明的全球化与本土化的和谐统一，最终使人类社会的文明像多样化物种共生的生态自然一样实现生态化，这是人类在生态文明时代的主要历史使命。

3. 循环再生

自然生态系统能够保持稳定与发展的一个很重要的原因，就是其内部的循环再生机制。从在无机环境和太阳光能中获取生命所需要的物质与能量的植物，到以植物为食物的食草动物，再到以食草动物为食物的食肉动物，最后还有以腐蚀生物为食物的数量巨大的微生物，构成了一个循环再生的生物链再生系统。通过这个循环再生的生物链系统，自然界中的物质从生产到消费，又经过微生物的分解回到自然中，形成的物质循环再生中没有"废物"之说。

工业文明的生产方式就是因为缺乏这种循环再生机制，形成了"生产 —— 消费 —— 污染"的恶性循环。人类生态文明的发展模式必须逐步形成"资源 —— 产品——消费——再生资源”的物质反复循环利用的经济发展模式，实现低开采、高利用、低排放，努力实现经济效益、生态效益和社会效益的最大化。因此，要通过建构无数个循环再生系统，促使整个生态文明健康稳步发展。

三、生态文明理论基础

（一）中国传统文化中的生态思想

中国的传统文化是世界文化宝库中的瑰宝，它博大精深，领域宽广，儒、道、佛三家是其中最重要的组成部分。儒、道、佛三家都包含有丰富的生态思想，老祖宗的这些生态思想是生态文明建设的重要理论来源之一。

1. 道家：自然无为、天地父母思想

“自然无为”是老庄哲学的要义，是人类“复归其根”自然属性的反映。它要求人们以“自然无为”的方式与自然界进行交流，以实现顺应天地的自然而然的状态。“人法地，地法天，天法道，道法自然”“道恒无为而无不为”。“道”把“自然”和“无为”作为它的本性，既有本体论特征，也有方法论意义。这里的“自然”既是“人”之外的自然界，也是“人”生命意义的价值所在。而“道”是人性的根本和依据，决定了人性本善的归宿，是人自然而然的存在，体现出老庄哲学中深刻的人文价值关怀。这里的“无为”，既是对根源于“道”的自然本体属性的认识，也是对人的内在的自然本体属性的认识。“无为”思想体现出了老庄思想的矛盾性，矛盾的统一性表现在个体的自然本性与“道”的本质属性的同一性，矛盾的对立性表现在个体的社会属性与“道”的对立性，即人的“有为”与“道”的“无为”的对立。既然“无为”是“道”的本质属性和存在方式，那么，“无为”也是自然界的本质属性和存在方式，这里的自然界包括了人类在内。人类要想“复归其根”，与“道”合而为一，“自然无为”是根本的途径。“道”对于天地万物是无所谓爱恨情仇的，植物的春生夏长，动物的弱肉强食，气候的冷暖交替等都是自然现象。道家的“无为”并不是什么都不干，躺在床上等死的颓废，而是一种“无为即大为”的境界，是一种更高层次的“为”。道家的“有为”则是指无视自然本性的“妄为”。“妄为”远离了人的自然本性，靠近了人的功利和狭隘，不可避免地导致人本性的异化，产生大量的虚伪与丑恶。单纯地从保护生态环境方面提供了新的哲学基础，而现代工业文明所缺乏的恰恰是这种思想。

道家把天与地比作父与母，于是就有了“天父地母”的说法，“一生天地，然后天下有始，故以为天下母。既得天地为天下母，乃知万物皆为子也。既知其子，而复

9

守其母，则子全矣"，并且"地者，乃大道之子孙也。人物者，大道之苗裔也"。道家借用父母与子女的关系来比喻道与天地、万物的关系，把天地这个大自然系统看成是有生命活力的有机整体，并且表现出人格意志的思想特征，其中包含着明显的生态伦理意蕴。

2.儒家：天人合一、仁民爱物思想

"天人合一"是"天人合德""天人相交""天人感应"等众多表现形式的统称，是人与自然之间和谐相处的终极价值目标。孔子"天人合一"思想的实现，依靠的是"中"的法则的指导，自然与人在"中"之法则的指导下发生联系，趋向统一。孟子的"天人合一"是"尽心、知性、知天"和"存心、养性、事天"的"天人合一"。"尽其心者，知其性也。知其性，则知天矣。存其心，养其性，所以事天也。"（《孟子·尽心上》）董仲舒的"天人合一"思想则明显地带有了政治需要的痕迹，是"人格之天"或"意志之天"。"人副天数""天亦有喜怒之气，哀乐之心，与人相副。此类合之，天人一也。"（《春秋繁露·阴阳义》）宋明时期的程颢说："天人本不二，不必言合"；朱熹认为："天道无外，此心之理亦无外"；陆象山说："宇宙即吾心，吾心即宇宙。"在这里，人就是天、天就是人，人与天达到了同心同理的"天人合一"的境界。"天人合一"的"天"可以分为"主宰之天""自然之天"和"义理之天"。"主宰之天"与人们观念中的"神""上帝"相一致。董仲舒认为"天人感应"之"天"含有"主宰之天"之意。"自然之天"是"油然作云，沛然作雨"的天，是"四时行焉，万物生焉"的天。"义理之天"是具有普遍性道德法则的天。"惟王其疾敬德，王其德之用，祈天永命。"（《尚书·召诰》）君主应该崇尚德政，以道德标准来判断是非，才是顺天应命，才能够得到"天"的护佑。宋明时期的"理学之天"实际上是对孔孟"义理之天"的进一步发挥，所以"理学之天"基本上就是"义理之天"。在上述关于"天"的三种解释中，"义理之天"占据了主要位置，它为人们的生产生活提供各种伦理道德规范，是文化世界的一部分。"主宰之天"和"自然之天"也为人们提供适应社会生活的各种伦理价值，即人的社会政治活动受制于自然法则，自然法则含有社会伦理学的因子。天人合德是儒家天人合一思想的第一种重要形式。儒家认为动植物是人类的生存之本，而这些动植物资源又是有限的。荀子肯定了自然资源是人类赖以生存和发展的物质基础："夫天地之生万物也，固有余足以食人矣；麻葛茧丝鸟兽之羽毛齿革也，固有余足以衣人矣。"（《荀子·富国》）"故天之所覆，地之所载，莫不尽其美，致其用，上以饰贤良，下以养百姓而安乐之。"（《荀子·王制》）对大自然不能够采取杀鸡取卵、涸泽而渔的态度，一旦这些资源枯竭，人类也会灭亡。自然资源的有限性和人类需求的无限性构成了矛盾统一体，二者既相互对立，也相互统一，限制其矛盾性的方面，发展其统一的方面，只能在相互影响与促进的过程中共同发展。

从持续发展和永续利用的基点出发，儒家萌生了"爱物"的生态理念，主张爱护自然界中的动植物，有限度地开发利用资源，反对涸泽而渔式的破坏性使用。

3.佛家：无情有性、珍爱自然思想

"无情有性"是佛教教义的重要方面，也是佛教自然观的基本体现。"无情有性"是指山川草木、石块瓦砾、亭台楼阁等无情物也有佛性，即所谓的"草木成佛"论。大乘佛教认为一切法都是佛性的体现，万事万物都有佛性，既包括有"情"的飞禽走兽，也包括无"情"的花草树木、砖头瓦块等。禅宗认为，"郁郁黄花，无非般若，青青翠竹，皆是法身。一花一世界，一叶一菩提"，自然界的万事万物都是佛性的体现，有其之所以为此物的独特价值。因此，爱护自然界的万事万物成为佛教徒必须遵守的戒律。

把"无情有性"思想运用到今天的环境保护中，不仅体现在人类对自然的关爱和利用上，即不仅体现在自然对人类的工具性价值，还体现在自然本身的内在价值上，要尊重自然生态系统的完整性和稳定性。

（二）马克思主义创始人的生态思想

虽然马克思恩格斯的著作多以经济问题和政治问题为中心展开论述，但是在这些论述中蕴含着丰富的生态思想，这些生态思想成为社会主义生态文明建设重要的理论来源之一。马克思恩格斯在谈论自然问题时，很少孤立地就自然问题谈自然问题，而是把它放在当时经济社会发展的现实当中，根据具体情况对自然问题做出必要评判，进行可行性预测。虽然有些内容与当今全球化时代的实际情况有些出入，但其生态思想中的精髓内容仍然可以作为我们建设中国特色社会主义生态文明的有益借鉴。

人类与自然界之间是作用和反作用的关系，人类对自然界的作用在于人类的主观能动性，自然界对人类的反作用则体现在自然对人类的报复及非人化的完成上，人类是自然界的一部分，自然界就是人类自身，这就决定了我们对待自然界应该和对待人类自身一样。恩格斯指出："由动物改变了的环境，又反过来作用于原先改变环境的动物，使它们起变化。因为在自然界中任何事物都不是孤立发生的。每个事物都作用于别的事物，并且反过来后者也作用于前者，而在大多数场合下，正是由于忘记了这种多方面的运动和相互作用，就妨碍了我们的自然研究家看清最简单的事物。"人类与自然界之间的作用不是单向的，而是双向的。在人类对自然界施加影响的同时，自然界也在对人类施加潜移默化的影响。

随着科学技术的发展、生产工具的改进，人们对自然界及其规律的认识在不断加深，对自然界施加反作用的能力也在不断增强。恩格斯说："而人所以能做到这一点，主要是借助于手。甚至蒸汽机一直到现在仍是人改造自然界的最强有力的工具，正因为是工具，归根结底还是要依靠手。但是，随着手的发展，头脑也一步一步地发展起来，首先产生了对取得某些实际效益的条件的意识，而后来在处境较好的民族中间，则由此产生了对制约着这些条件的自然规律的理解。随着自然规律知识的迅速增加，人对自然界起反作用的手段也增加了，如果人脑不随着手、不和手一起、不是部分地借助于手而相应地发展起来，那么单靠手是永远造不出蒸汽机来的。"动物对于地球的影响是有限的，而人的影响是很大的。由于人们对自然规律的认识程度和认识能力都大幅度提高，所以对自然界的改造和破坏也往往是巨大的。人的改造活动与人的主观能动性的发挥是密切相关的，是人的主观能动性的表现和发挥的结果，加上自然界提供的基本物质条件，因而创造出了许多自然界原来没有的东西。如果这种改变有益于自然界，就会促进自然界的发展；反之，则会产生巨大危害。这也是当今生态危机中一个迫切需要解决的重要问题。

第二节　生态文明建设的背景与意义

一、生态文明建设的背景

中国的社会主义文明发展历程经历了物质文明、精神文明、政治文明和生态文明四个阶段。

1978 年 12 月召开的中共十一届三中全会，是新中国成立以来党和国家历史上具有深远意义的伟大转折。邓小平指出："党的十一届三中全会对过去做了系统的总结，提出了一系列新的方针政策。中心点是从以阶级斗争为纲转到以发展生产力为中心，从封闭转到开放，从固守成规转到各方面的改革。"

在进行物质文明建设的过程中，对物质和财富的迫切追求，导致精神空虚现象的产生，人民的精神生活处于盲目与空白之中。于是，在 1979 年 9 月召开的中共十一届四中全会上，叶剑英提出："我们要在建设高度物质文明的同时，提高全民的教育科学文化水平和健康水平，树立崇高的革命理想和革命道德风尚，发展高尚的丰富多彩的文化生活，建设高度社会主义精神文明。"物质文明和精神文明被确定为社会主义现代化的重要目标和实现四个现代化的必要条件。

　　党的十六大第一次明确地将政治文明与物质文明、精神文明一起，确定为社会主义现代化建设的三大基本目标，并把建设生态良好的文明社会列为全面建设小康社会的四大目标之一。2007 年 10 月，党的十七大会议正式提出生态文明概念，把生态文明作为我国社会主义现代化建设的第四个基本目标，由此将中国特色社会主义建设的指导方针升华至"四位一体"。从而使中国特色社会主义的理论和实践更加成熟和完善。十七大报告在全面建设小康社会奋斗目标的新要求中明确提出："建设生态文明，基本形成节约能源资源和保护生态环境的产业结构、增长方式、消费模式。循环经济形成较大规模，可再生能源比重显著上升。主要污染物排放得到有效控制，生态环境质量明显改善。生态文明观念在全社会牢固树立。"报告首先明确了生态文明是我们国家选择的文明发展之路，其次从资源能源利用方式、生产力发展方式，消费方式、环境发展以及生态文明观念发展方面简明扼要地凝练了如何建设生态文明。

　　当今我国生态文明建设目标的提出，不仅是理论上的创新，也是实践上的创新。我们的物质文明、政治文明、精神文明和生态文明是紧密联系的，物质文明为精神文明提供物质条件，精神文明为政治文明的实现提供思想保证，物质文明、精神文明和政治文明共同为实现生态文明提供了坚实的基础，生态文明反过来又可以对前三个文明产生有力的推动作用，促进其和谐发展。党领导全国人民坚持改革开放，坚持以经济建设为中心不动摇，其最终目的就是让全国人民在生态和谐的氛围中享受高度的物质文明、精神文明和政治文明。

二、生态文明建设的意义

　　建设生态文明，是贯彻落实科学发展观的重要内容，也是全面建设小康社会的新要求。我国人口众多，资源相对不足，生态环境承载能力弱，这是基本国情。特别是随着经济快速增长和人口不断增加，能源、水、土地、矿产等资源不足的矛盾越来越尖锐，生态环境的形势十分严峻。高度重视资源和生态环境问题，增强可持续发展能力，是全面建设小康社会的重要目标之一，也是关系中华民族生存与发展的根本大计。

（一）生态文明建设是实践科学发展观的基础

　　建设中国特色社会主义，必须建立符合社会发展要求的文明形态。生态文明与科学发展观在本质上是一致的，都是以尊重和维护生态环境为出发点，强调人与自然、人与人以及经济与社会的协调发展；以可持续发展为依托；以生产发展、生活富裕、生态良好为基本原则；以人的全面发展为最终目标。生态文明建设必须以科学发展观为指导，反过来，生态文明建设是实践科学发展观的内在要求和坚实基础。

（二）生态文明建设是构建和谐社会的推动力

构建社会主义和谐社会的总要求是民主法治、公平正义、诚信友爱、充满活力、安定有序、人与自然和谐相处，而建设生态文明的核心是人与自然要和谐发展，要建立尊重自然、认知自然的文化与氛围，致力于形成与生态相协调的生产、生活及消费方式。

第三节　生态文明建设的思想基础

一、科学的世界观、方法论与生态文明建设

世界观、人生观、价值观是一个人在其生存发展过程中形成的关于自然、世界、社会、自身等方面的是非、好坏、曲直的判断，一般是在后天环境影响和制约下形成的，反过来又作用于人的生存发展过程。随着生态危机对人类生存威胁的不断加大，生态文明理论也被纳入了人的世界观、人生观、价值观中，并成为当今时代的重要内容。纳入了生态文明内容的世界观、人生观、价值观，我们称为生态世界观、生态人生观、生态价值观。

1.生态文明建设与生态世界观

生态世界观，也可以称为生态化的世界观，是在人们正确认识科学技术有用性的基础上，对人与自然之间关系的反思和哲学概括，是把自然系统的整体性和系统性应用于解决生态危机的实践，并作为维持人类可持续发展的观点和方法的总结，是对传统世界观的超越。生态世界观是对马克思主义世界观，即对辩证唯物主义和历史唯物主义世界观和方法论的运用和发展、继承和创新。生态世界观有以下基本特点。

（1）生态世界观是对机械论世界观的否定和超越

科学的不断发展，从本质上论证着机械论世界观的不足，也从根本上证明着机械论世界观在复杂现象面前的软弱性。在众多学科领域中，大量出现的反常现象使人们明白，无所不能的辅助性假设已经失去了昔日的光彩，由机械论世界观所构筑的理论

大厦也已经漏洞百出。但是，作为曾经推动人类进步的力量，在一定的范围内，机械论世界观具有一种无法反抗的巨大魔力，20世纪下半叶以前，因为现代生态学等学科尚处于不成熟阶段，所以，虽然在某些科学领域出现了对机械论世界观的怀疑，但是这些学科的发展仍然要受机械论世界观的束缚，如相对论与量子力学。到20世纪七八十年代，由于机械化实证科学的发展带来了自身难以克服的矛盾和危机，这些矛盾和危机足以成为机械论帝国的掘墓人。科学的发展要求超越以前的发展范式，重新建立一个解决危机和矛盾的新范式，并把这种新范式作为实践活动的理论指南和思想建构。新哲学范式的形成离不开一定的外部环境，离不开一定的文化氛围，我们对工业文明的深刻反思、全球性生态化运动的兴起丰富了新的哲学范式的内涵，生态文明就诞生在对工业文明的反思和生态化运动中。

　　马克思主义理论中蕴含着丰富的生态思想，包括人与自然和谐共生机制、价值实现机制等。人与自然的和谐共生是人与自然能够形成统一整体的基础，也是价值实现机制的应有之义。作为整体中一部分的人与自然万物，与社会系统整体中的人与人之间的交互作用一样，其演化的机理是，作为整体中的一员，它必须得到公正的对待，也就是能够获得应有的价值。具体到自然界整体系统中，即一方面要满足人的利益，另一方面要确认或尊重自然万物的内在价值。如果对自然万物的内在价值视而不见，或仅把自然万物的价值归结为对人的有用性，自然界只具有对人而言的工具性价值，必然会解构人与自然所形成的整体性，引起人与自然之间的对抗和分裂。所以，马克思对西方工业社会中资本和自然之间的对抗性作了犀利的批判："在私有财产和金钱的统治下形成的自然观，是对自然界的真正的蔑视和实际的贬低。在犹太人的宗教中，自然界虽然存在，但只是存在于想象中。"马克思认为，自然界的万事万物都具有内在价值，而资本的利己性仅从金钱的视角来判断一切事物的价值，这就完全剥夺了自然界与人类社会本身所具有的价值。从而，资本把人、自然、社会之间的关系转换成为赤裸裸的金钱或利益的关系，践踏了人和自然的尊严，并把它们作为私有财产，颠覆了人类社会的基本价值规范，使人类社会的道德日益下滑。进行生态文明建设，不但要肯定人对自然界的合理正当利用，而且要肯定自然万物本身的内在价值，自然万物的独立性，即人的自然性。总而言之，自然界和人类之间的主体间性是应该得到充分肯定的，这个理论应该得到更加充分的发展。

　　（2）生态世界观是对事物之间有机联系的概括

　　生态世界观注重从整体性角度来把握世界，并把世界作为各种关系之网组合成的有机整体。大卫·格里芬认为："生态世界观认为，现实中的一切单位都是内在地联系着的，所有单位或个体都是由关系构成的。"

虽然自然界的构成极其复杂，但这并不代表其无章可循，自然万物都在永恒的、非线性的关系之网中演化，而自然万物只是永恒关系之网的一部分，包括人类在内，都在这个有机整体中生存，并对整体产生或好或坏的影响。这种复杂的关系之网非但没有扰乱世界，反而为我们呈现出一幅丰富多彩而且有章可循的大千世界。表面上微观的无序状态与宏观上的有序状态相互协调，促进着世界的演化。当然，无序不是杂乱无章，有序也不是一成不变，它是有机系统整体的内部约束力和外部影响力交互作用的结果，是一种动态平衡。机械论世界观习惯于把事物及其性质进行无限地分割，然后进行重组，从而得出事物的差异来自于其构成要素的排列方式不同这样一种结论，认为事物的性质在于其组成部分的性质。生态世界观则认为，世界具有整体性、不可分割性、永恒性，是一个自组织系统，世界在自身的演化中造就着不同的事物、事物的联系和整体的有序性。基于世界的自组织演化过程，才有了无机界、有机界和人类社会，才有了人类的自我超越，才有了多彩的世界。

事物之间联系的动态性、非线性特征决定了系统整体的不可机械分割的特质。事物的存在及事物间的联系是客观的，不以人的意志为转移的，它们存在并发挥着作用。在一般情况下，整体"逻辑地先于"部分，因为整体的特征并不是其组成部分的特征的简单相加，部分的特征影响着整体的特征，而整体的特征决定了联系中的事物的特征，这个决定着事物特征的有机整体就是处于相互联系中的事物存在的大环境。机械论世界观之所以犯了形而上学的错误，是因为它设想有存在于联系之外或整体之外的孤立存在物，从而走入了思维的误区。生态世界观认为，有机整体中的任何一部分与整体中的其他部分必然具有直接或间接的关系，一个部分的发展变化必定在不同程度上引起其他部分量或质的变化，进而影响到整体关系的变化。因此，有机系统内部的联系是一种内在的有机联系，不是实体之间机械性的外在关系，每一事物都是世界关系之网的一部分。同样，人类也在此列之内。"事实上，可以说，世界若不包含于我们之中，我们便不完整；同样，我们若不包含于世界，世界也是不完整的。那种认为世界完全独立于我们的存在之外的观点，那种认为我们与世界仅存在着外在的'相互作用'的观点，都是错误的。"

（3）人类的价值体现在促进自然整体的自组织演化过程

生态世界观认为，人类的价值体现在社会的变化发展之中，更体现在对自然整体的自组织演化过程的促进之中。人是自然界发展到一定阶段的产物，包括人的肉体生存和精神的丰富都离不开与自然界的相互作用，只有维护好了自然有机整体的健康，人类的生存和发展才能健康，才能够与自然之间形成和合共生的协调状态。基于工业文明之上的狭隘的人类中心主义，从根本上否定着自然界的内在价值，割裂着人类自身与自然整体的有机联系，以统治者的姿态凌驾于自然界之上，不但毁灭自然的价值，也在毁灭人类自身的价值。当今世界的生态危机使人们认识到，人类受制于自然界整体关系之网，对自然整体价值的维护实际上就是对人类自身价值的维护。拉兹洛认为："所有系统都有价值和内在价值，它们都是自然界强烈追求秩序和调节的表现，是自然界目标定向、自我维持和自我创造的表现。"所以，价值创造的来源在于自然整体的演进。自然整体在其自身的演进中造就着丰富的价值，人类就是自然界造就的高价值物种。退一步说，人类虽然是高价值的物种，但它更是组成自然整体的一部分，因此人类的价值不可能高于自然的整体性价值。人类的价值应该体现在对自然整体性价值的自觉维护上，体现在对自然演化过程的促进上，也就是说，人类应该在自然界健康和繁荣的前提下发展自己。人类应该明白自身的价值，认识到人类对自然的作用：作为自然界演化出的特殊物种，人类应该承担起自然界引导者和管理者的使命，以促进自然整体价值的提高。为了完成这一光荣而艰巨的使命，人类必须从物种自身的局限性中超脱出去，在谋求自身利益的同时，也为自然界的万事万物的发展创造条件，为自然界的安全和生命的进化贡献力量。也只有如此，人类才能把自身的发展和自然界整体的演化融合为一体，才能够实现人类生存的真正价值，拓展人类生存发展的意义。

2. 生态文明建设与生态人生观

生态人生观是把人生的目的、意义和道路寓于自然生态整体的观念和态度的综合。它是生态世界观的重要组成部分，受生态世界观的制约。生态人生观的核心问题是如何认识和处理个人、社会、自然的关系问题。人生观是社会生产方式的产物，具有一定的阶级性。由于社会成员的社会地位不同，成长环境以及个体认识上的差异性，形成的人生观也往往不同。判断一种人生观的标准，就看它是否与社会发展的根本要求相一致。生态人生观反映着社会发展的现实状况和要求，代表着先进生产力的发展方向，是解决生态问题，建设高水平的社会主义社会，乃至共产主义社会的人生理念，是革命的、科学的人生观。

生态文明是对传统工业文明的超越，是人类文明发展的新阶段。作为人类文明史上的伟大创举，决定了它的萌芽和成长不可能一帆风顺，它需要在人们的内心深处进行一场革命性变革，生态人生观就是在这种变革的基础上建立起来的。生态人生观吸取了以往人生观的精华，融合了生态文明建设的相关理念，是一种新型的人生观。生态人生观的基本特点如下。

17

（1）生态人生观主张人是自然界一员的基本思想

人类从诞生的那一刻起，就注定了与自然界的对立。但作为万物之灵的人类具有其他物种所没有的主观能动性，人类能够利用自然，改造自然，人类的素质和能力也因此成为衡量社会进步与否的基本标尺。随着科学技术的突飞猛进，人类获得了改造和征服自然的强大手段，创造出了更多的改造自然的奇迹，也增加了人类进一步征服自然的信心，以至于出现了可以把地球撬起来的阿基米德和可以创造宇宙的笛卡尔等。在此，我们无意诋毁他们勇猛精进的科学精神，但这是人类渴望驾驭自然的权威论题。"主人"的权力和欲望比"奴隶"的自然要大得多，对自然界肆无忌惮地开发和污染，恶化着大自然的有机整体，反过来，也影响到"主人"的身心健康和发展，从而制约着人类社会的持续发展。日益严峻的生态问题昭示我们，不管人类有多么神通广大，也只能在"如来佛（自然）的手掌"中折腾。人类应该从根本上端正自身对待自然的态度，真正以自然界一员的姿态来审视自身，审视人类活动及其结果。

（2）生态人生观主张人与自然之间和谐共生的思维模式

随着经济全球化与科技革命的发展，人类的生存空间和生存时间大大扩展，联系和交往也大大加强，使生产与消费、物质生活与精神生活、开发与污染等都具有了世界性、公共性特征。不同的主体之间存在着对立和竞争，也存在着互补和共生。自然系统的整体性原则并不否认或抹杀竞争，但它强调竞争的有序性和正当性，不能为了自身，而牺牲他者。作为自身的一方，也是他者的对方，而他者也是自身。所以，人类必须改变传统的人生观思维模式，变"有我没你""不共戴天""斩草除根"为和睦相处、互惠互利、双向共赢的思维模式。在拥有着多元主体的当代世界，合理的思维方式应该是在不同观念和文化的交流与碰撞中，放弃傲慢与自大，也坚决反对各种形式的霸权主义和强权政治。

（3）生态人生观主张对现存社会关系的变革

产生生态危机的原因之一是社会关系的紧张，人与人之间矛盾的加剧。当代世界，无论是在政治、经济还是在军事等方面，资本主义均占据着绝对优势，而众多的环境问题在与资本的博弈中也多数败下阵来。借助于自身的优势，发达国家控制并消费着地球上的大部分能源与资源。全世界不足 20% 的富人拥有超过 80% 的财富。贫富差距的扩大加剧着社会矛盾，腐蚀着人们的精神家园，也昭示着资本主义的反历史、反人类本性。生态文明的建成以及生态人生观的确立，需要我们从根本上变革不合理的社会关系，实现人、自然、社会的统一，使社会化的联合生产者，在消耗最小的力量、最符合人性的条件下，合理地调节与自然之间的物质变换。也只有这样，人类才能够最终走出困境，创造出美好未来。所以，马克思说："环境的改变和人的活动的一致，只能被看作是并合理地理解为变革的实践。"

3. 生态文明建设与生态价值观

人是自然界的一部分，既有社会性，也有自然性。人的社会性特征表明，人有开发利用自然界的能力，也有修复和保护自然界的能力。自然界既有为人的工具性价值，也有超越人的生态价值。我们强调自然界的生态价值，也不否定其工具性价值，把两种类型的价值观有机地结合起来，在生态环境优先的条件下，实现经济社会的发展。生态价值观的基本观点如下。

（1）生态价值观强调自然界的内在价值

一般而言，方法论受价值论的影响或指导。我们要卓有成效地建设生态文明，就必须认真地反思与审视价值的归属及自然的价值问题。20世纪中期以来，随着生态环境的恶化，生态伦理学也随之诞生。自然界的系统理论与自组织理论是非人类中心主义的出发点，非人类中心主义认为价值的存在是内在的、客观的、不以人的意志为转移的，它并不仅从属于人类，人类也不是价值的唯一主体。霍尔姆斯·罗尔斯顿认为，自然界中的任何事物都具有自我价值的评价能力与自我价值的实现能力，自身就是目的本身。所以，相对于自身而言，事物具有"非工具价值"，或者称为"对象的自我目的性"。罗尔斯顿的"内在价值论"理论认为，价值来源于自然系统本身的创造性，相对于自然界的创造性本身来讲，自然界中的万事万物都是有价值的，表现为自发性、创造性与价值共同存在。同样，从自然界自组织理论出发，人作为价值的主体是自然界自我进化与自我组织的产物。也可以说，大自然在创造价值的同时，也创造了有评价能力的人类。价值是在自然界的演化过程中产生的，是自然把价值馈赠给了人类，而不是后起之秀的人类赋予自身的。非人类中心主义认为，价值的主体性与客观性都在自然自身的演化过程中获得，与人类的目的和评价能力之间没有必然的联系。所以，从自然的内在价值论出发，人类应该爱护环境、敬畏生命。生态价值观强调对传统的价值论和伦理学进行革命性的变革，这是人类走出狭隘的人类中心主义的理论依据，这无疑将推进我国的"两型社会"建设。马克思认为，主体性和属人性是价值的本质属性，却不是唯一属性。价值的主体性与客观性不可分离，因为主体与客体之间是相互依存的，没有了主体也就无所谓客体，任何事物的价值都要从客体所固有的属性中来获得，"一物之所以是使用价值，因而对人来说是财富的要素，正是由于它本身的属性。如果去掉使葡萄成为葡萄的那些属性，那么它作为葡萄对人的使用价值就消失了"。价值的这种主体性与客体性相互依存的特点昭示人们，在关注事物

19

主体属性的同时，也要关注事物的客体属性，使主体与客体能够优化组合，这是我们处理人与自然关系的基本生态理念。

（2）生态价值观强调类本位的价值观念

当今世界，大多数发达国家已经进入了工业文明后期，而我国则处于工业化发展的上升期或中期阶段，即进入了以信息化带动工业化，以工业化推进信息化的时期。同时，经济全球化使世界各国变成一个不可分割的整体，地球成了"地球村"。但这些现象的存在并不意味着差别的消失。经济全球化背后包含着地区、民族和国家的差别，并且在发展过程中经常会受到这些差别的限制，使全球化和区域化现象同时并存。但是，有一种差别不在这种限制之列，那就是经济发展过程中带来的生态后果。大自然本身是无所谓民族、种族、国家之别的，也没有真假善恶之分，地球上的生态环境是一体的，区域性污染不仅会影响到地区，也可能影响到全球，这种情况使类本位与国家本位，环境保护的类本位与利益实体的国家本位之间产生冲突，在应然和实然之间出现差异。人们该如何面对这种两难之选呢？罗马俱乐部主席奥·佩奇在《世界的未来——关于未来问题一百页》中认为，对涉及全球性的生态环境问题，类本位的意识应当重于或先于地区本位、阶级本位、民族本位和国家本位。因为，从最终目的和意义上来说，"人的发展是人类的最终目标，与其他方面的发展或目标相比，它应占绝对优先地位"。民族本位价值观或国家本位价值观的突出表现是：在强大的经济实力的护佑下，在激烈竞争和巨额利润的诱使下，一些西方国家及他们的连锁企业，置全球生态环境与落后国家和地区的利益于不顾，大搞生态殖民，把一些落后或高污染的产能以投资或扶持的名义转移到落后国家和地区，把大量生产垃圾和生活垃圾用廉价出售甚至是"赠送"的方式转移到他国，更不用说在公共领域中的"三废"排放了。这种做法实际上是霸权主义在生态领域的表现，也可以说霸权主义正在从政治经济领域转向生态领域，是一种赤裸裸的生态殖民主义。生态殖民主义是一种违背全球性生态价值观的殖民主义，势必会引起受害国家、民族或地区的强烈反抗。在这种不合理的国际旧秩序中，就反抗生态殖民主义，维护国家利益和主权而言，国家本位或民族本位理应高于类本位。在生态保护领域，应然和实然两种价值观之间出现了对抗或冲突。相应地，也就有两种价值选择摆在人们面前，即人们应该在类本位伦理和国家本位伦理之间如何选择的问题。我们应该确立"立足局部，放眼全局""立足本国，放眼全球"的基本理念，在以全人类利益为中心的类本位价值观的引导下，积极维护本国的主权和利益。类本位思想强调的不是人类对于自然的绝对性、优越性，而是超越狭隘的个人主义和地方主义，以全人类的需要和利益为旨归而确立的人类本位中心。反观生态危机，问题并非出在是否以人类利益为中心，而是出在个体本位、集团本位上。所以，生态危机的出现，绝不是因为重人类的总体利益所致，而是相反；被资产阶级理论家所鼓吹的"人类中心主义"充其量也只是个人中心主义或集团中心主义的"遮羞布"而已。

（3）生态价值观强调代际平等的价值理念

平等问题特别是代际平等问题，是社会持续发展必须解决的基本问题。自然资源与环境是人类共同的财富，这里的人类不单单是指当代人，也指子孙后代。人们不仅要关注当前的经济发展与生态环境，也要考虑子孙后代的发展。人类应当从时间和空间两个角度，从当代人和后代人两种立场上去衡量人类的整体利益。一般情况下，人们思想中的平等，往往只局限于当今社会中人与人之间或国与国之间的平等。生态价值观强调的代际平等有两方面的含义，一方面，在享用自然资源和保护自然环境上，所有国家和民族的后代都是平等的。为此，我们坚决反对一些西方国家的生态殖民主义做法，不能为了保存本国的资源和环境，而损害他国的资源和环境，不能为了保护本国及后代的利益，而损害他国及其后代的利益。那些反人道主义的做法，人为地导致了不同国家和民族之间后代的不平等，也使人道主义和自然主义更加对立。另一方面，作为生生不息的人类，当代人没有权利剥夺后代人的生存权和发展权。历史和现实一再警示人们，如果继续对自然界进行毁灭性的开发利用，"自然界赤字"将无法得到弥补，人类也会因为资源的匮乏和环境的恶化而自取灭亡。代际平等既是可持续发展的重要目标，也是可持续发展得以实现的必要条件。建设生态文明，必须确立以代际平等为导向的生态价值观。目前，我国正处于从传统型社会向现代化社会的过渡时期，这个时期的价值观是多元化的。其中，生态领域的价值观更值得我们关注，因为这些价值观影响到人类自身，也影响到自然界的变化发展，我们必须在生态领域中确立正确的价值观，努力使各个领域的价值观生态化，并以此来指导经济与社会的健康发展。

二、生态文明是唯物主义自然观和历史观的有机结合

生态文明建设立足于当前人类面临的严峻现实，放眼于未来经济社会的发展，并深刻反思长期以来人类所持有的狭隘人类中心主义思想，重新审视人与自然的关系。生态文明建设以马克思主义自然思想为指导，包含了丰富的唯物主义自然观和历史观的思想内涵，并通过唯物主义自然观和历史观的有机结合，优化人和自然之间的关系。

（一）自然观和历史观的有机结合为生态文明建设提供了理论支撑

生态文明自然观与传统自然观不同，它提倡生态系统的"大自然"思想，即马克思自然观所揭示的"自然—人—社会"相统一的思想，"大自然"思想可以指引我国的生态文明建设，为我们正确认识和处理人、自然、社会之间的关系，建设生态文明提供理论支撑。生态文明建设就是要维护好"自然—人—社会"这一生态巨系统的健康运转，使人与自然、人与社会、发展与环境等子系统既实现内部的协调，也实现子系统之间的协调，在相互协调中共同发展，这是生态文明建设的核心内容。人与自然的和谐离不开人与人之间社会关系的和谐，只有人际关系实现了和谐，人与自然的和谐才具有社会性的价值和意义。所以，生态文明建设必须立足于人，以人的根本利益为出发点，以调整人的社会关系为主要手段，改善生态人文环境，通过人的实践活动创造出一个更加和谐的自然界。

人与自然的关系是马克思唯物主义思想的重要方面。假如我们割裂了唯物主义自然观与历史观之间的关系，就无法全面理解马克思生态思想的深刻内涵，更谈不上解决各种各样的生态问题，因此对马克思的生态思想和社会思想进行人为分割是错误的。唯物主义自然观是在唯物主义辩证发展的基础上，在与唯心主义的殊死搏斗中逐渐产生的。人是自然界发展演化到一定历史阶段的产物，而人诞生之后的自然界也变成了打上了人类烙印的人化的自然界。在历史唯物主义视野中，劳动是作为人与自然的中介而出现的。在《1844年经济学哲学手稿》中，马克思第一次提出了人的"联合"与"联合产品"的概念，这些概念的提出，对于消灭私有制及私有制下的异化劳动现象起了决定性的影响。自然与社会的关系是马克思生态思想的重要内容，也是现代生态学关注的焦点。马克思把早期资本主义社会中的土地、人口以及工业作为一个整体来考察，这本身就蕴含着现代生态学的系统论观点。正是基于对这种系统论的历史考察，唯物主义的自然观和历史观实现了融合和统一。马尔萨斯把人口过剩的原因归结在他的著名推断上，即谷物是按照算数等级增长，而人口是按照几何等级增长。马克思认为，与谷物的过剩相比较，人口的过剩是相对的。这种相对过剩是由于资本的本性对利润的追逐造成的，它一方面掠夺着土壤的肥力，另一方面又中断了人类与自然界之间的物质能量和信息的交换过程，把人口、土壤的肥力、谷物、粮食，以至人类的排泄物都留在了城市系统中。马克思认为，财富的来源有两个，一个是自然界，一个是劳动。自然界，特别是土地是财富的重要来源，因为资本的原始积累就是始于对土地的掠夺。工人阶级的劳动是财富的另一个来源，资本对劳动的剥削造成了劳动的异化，也造成了资本主义社会的两极分化和阶级对立以及社会再生产的中断，使自然界整体系统的物质代谢和循环发生紊乱。所以，资本与私有制的存在破坏了自然社会的生态系统，是造成生态危机的深层次根源。

（二）自然观和历史观的有机结合为生态文明建设提供研究问题的基点

马克思主义理论中蕴含着丰富的"人"的思想，这些思想为我们理解唯物主义自然观和历史观、自然的人化和人的自然化等观点，提供了一把认识上的钥匙，是研究社会主义生态文明建设的基点。在人类还属于纯粹动物阶段的时候，人是自然界的一部分，与自然界是一体的。当然，也就不存在所谓的主体与客体之分。人从动物界中脱离出来之后，通过实践劳动确立了主客体之间的关系，人类成为认识自然和改造自然的主体，自然界成为被认识、被改造的客体。从根本上说，人的主体性实际上就是人的实践性，人是通过实践来展现自身的主体性特征的。人类改造自然体现了人的主观能动性，而动物则只能被动地顺从自然。由于人所具有的主体性，决定了人在认识自然和改造自然的过程中，必须肩负起关爱大自然的神圣责任，做自然界的保护者。所以，处理人与自然的关系问题离不开"主体是人，客体是自然"这一主体性原则的实施。但是，以上这些并不是我们保护自然的最终目的。我们保护自然不是为了自然的野性和完整，而是为了使人类能够获得美好的生存环境，以促进人类社会的可持续发展。也就是说，我们保护自然的根本目的是"以人为本"，它与生态中心主义所坚持的立场是截然不同的。

马克思的生态思想包含着丰富的辩证法。一切自然存在都不是纯粹的自然存在，而是已经在经济上被分割过，从而被占有了的自然存在。这时，自然存在的结构问题是辩证法的问题，还是非辩证法的问题呢？马克思认为，自然问题成为离开了实践的纯粹经院哲学的问题。无论从哲学上考察，还是从自然科学上分析，我们对自然的理解是与实践维度对自然的作用紧密联系在一起的。在马克思那里，物质概念与自然概念经常是互换的，但这些理论具有明显的实践性特征，所以他主要不是从思辨的角度去规定物质的属性，而主要从经济属性角度去考察。在《哥达纲领批判》中，马克思恩格斯把自然作为"一切劳动资料和劳动对象的第一源泉"来对待；在《资本论》中，他们把自然作为"不变资本的物质存在形式"来看待，即作为人和归属于人的生产资料所施与的对象来看待。因为人类具有主观能动性，所以自从人类产生之后，自然就成为具有辩证法的自然，而人也成了具有"自然力"的人，与自然本身具有一定的对立性。于是，劳动资料与劳动对象在人的劳动中被合二为一，自然也因此成为主客体的统一体。由于人的主观能动性的发挥，使自然界越来越成为满足人类需要的存在，自然界的外在性逐渐被弱化。因为，人与自然的关系是以人与人之间的相互关系为前提的，所以人的劳动过程就是自然界的演化过程，自然界的辩证法也因此成为一般意义上的人类史的辩证法。

（三）自然观和历史观的有机结合为生态文明建设提供了具体的实践途径

马克思的生态思想包含着人与自然相统一的社会历史形式，人与自然关系的发展体现在人与人之间社会关系的发展上。因此，人与自然之间和谐关系的实现，必须以人与人和谐关系的实现为前提，马克思认为要实现这种和谐关系，必须要消灭剥削制度以及存在于其中的剥削关系，使人与自然之间的物质交换实现平衡，而不是成为一种盲目力量来统治人类。这就告诉我们，要实现人与自然矛盾的真正和解，化解今天的生态环境危机，建设生态文明，就需要对生产方式、消费方式甚至是技术的发展模式进行根本性变革。

第一，转变经济的增长方式，大力发展绿色经济和循环经济。虽然，改革开放促进了我国国民经济的高速增长，但也带来了资源能源方面的危机。另外，我国长期实施的粗放型经济增长方式，不但造成了资源的严重浪费，而且产生了大量废弃物，污染了环境。所以，改变传统的经济增长方式，大力发展绿色经济和循环经济理应成为新时期经济发展模式的最优选择。第二，转变不合理的消费方式。消费问题是涉及民生的基本问题，在消费过程中出现的矛盾理应引起我们的足够重视。必须明确，人们消费的目的不是为了满足自身各种膨胀的欲望，而是为了保障人与社会的正常发展，这是消费最基本的价值尺度。因此，我们必须反对那种为了满足变质的欲望，而对自然的乱采滥伐和肆意污染。第三，促进科学技术的生态化转向。科学技术在经济发展和社会进步中的重要性不言而喻，利用得好，可以造福于人类，但是科学技术也有不利的方面，利用不好，会危害人类。我们必须从传统科技至上的思想中解放出来，克服那种认为科技是人类征服自然最好的工具的想法。高科技及其产品的大量产生，吞噬掉了过多的自然资源，也在制造着太多的自然无法"消受"的垃圾，最终导致了大自然对人类越来越多的报复。所以，我们应该超越传统科技观，促进科学技术的生态化转向，以实现自然、人、社会的协调发展，建设好生态文明。

三、科学发展观与生态文明建设

人是最可宝贵的资源。无论是全面建成小康社会，还是构建社会主义和谐社会，以人为本都是根本的出发点和落脚点，生态文明建设同样如此。生态文明建设必须坚持以人为本，离开以人为本谈生态文明建设是没有意义的。以人民的根本利益和人民群众的力量为本，是我们建设生态文明应该遵循的核心理念或根本原则。随着工业化的不断发展，物质产品极大丰富，人民群众生活水平得到了很大提高，但同时负面效应也随之而来，环境污染、资源减少、分配不公、群体性事件等问题大量出现。特别值得一提的是，受"以物为本""以钱为本"理念的影响，社会上出现了人被"物化"成金钱或财富的附属物的现象，成为金钱或财富的表现形式和实现手段，人们在技术、理性和物质财富中迷失了自我。面对日益严重的生态危机以及大量出现的社会问题，人们对片面追求经济增长的传统发展观开始重新审视，这是当今时代人们改造客观世界与改造主观世界有机结合的最好表现。我们既要追求经济效益，又要讲求生态效益；既要保持经济的增长，又要改善人们的生活。

1. 生态文明视域中的以人为本

（1）以人为本是生态文明建设的必然要求

一个社会的发展进步不仅表现在这个社会的物质财富和精神财富的创造上，而且表现在社会成员的思想境界和道德情操的提升上。以人为本，实现人的全面发展，就必须提升人的思想境界和道德情操，自觉地把对"生命"的尊重置于重要的位置。

一方面，尊重人的基本生存和文化需求是以人为本的内在要求。作为自然界中高级的有生命的社会存在物，人们需要基本的生活必需品来维持生命，如衣、食、住、行等方面的需求，这是人类生存的前提。只有在这些需求得到满足的情况下，我们才能进一步论及人们生活水平与健康水平的提高，才能推进和谐社会的建设。但是在满足人们生存需求的同时，我们也要关注人们精神文化的需要。人的生存需要与精神文化需要是密不可分的，因为人不但具有从属于自然界的生物属性，而且具有从属于社会的文化属性，后者恰恰是人之为人的特性之所在。以人为本是生态文明建设的内在要求，所以在促进人的全面发展的过程中，生态文明建设除了应该满足全体人民的基本生存需求之外，还应当惠及人民群众的文化发展需求。另一方面，自觉地尊重其他生命的存在和价值本身就是以人为本内涵的重要拓展。20世纪30年代，法国生物学家阿尔伯特·史怀泽就认为，一切生命都有生命意志，但相对于其他动物，人的生命意志表现得最为强烈，也分裂得最为痛苦。因此，我们不仅能够与人，而且能够与一切存在于我们周围的生物发生联系，关爱它们的生命，也在危难之中求助于它们。随着生产力水平的不断提升，我们有能力在以人为本、人的全面发展方面实现史怀泽眼中的新"文艺复兴"，把人的思想情操和道德关怀的对象扩展到人之外的自然万物。我们坚决反对那种肆意掠夺自然、污染环境的行为，提倡以更加文明的方式对待自然环境。这既是以人为本、人的全面发展的体现，也是衡量生态文明状况的标尺。

（2）以人为本是生态文明的本质所在

生态文明的建设和发展离不开人们思维方式的转换，特别是在承认和尊重自然的内在价值方面更是如此。以人为本思想告诉我们，在生态文明的建设框架内，我们需要聚焦于人，以培养人更加高尚的境界。在处理人与自然的关系时，人们不应该只是考虑自身的利益，张扬自身的内在价值，还应该关注人之外的自然万物乃至整个的生态系统，承认并尊重这些事物的内在价值。这是因为：第一，人类的生存和发展离不开自然界生态整体系统功能的正常发挥。作为自然界的产物，人们需要不断地与自然界进行物质、能量和信息的交换，才能够生存发展下去，一旦这种交换断裂，或者交换成为不平等交换的时候，特别是当自然界的生态系统发生紊乱时，人在生物、物理、化学方面的功能也将会发生紊乱，这是自然界和人类相互作用机制的表现。所以，人类要想维持自身功能的正常发挥，就必须保护好自然界生态系统的健康。第二，自然界中每一个事件都会对自然整体产生这样或那样的影响。如果人们认识到这一点，那么在涉及自然的相关决策时，就会变得谨慎而合理，对自然的破坏也会相应降低。改变笛卡尔式的主客二分的思维方式，立足于自然界本身生态系统的角度去审视与自然的责权利关系，无论是对生态文明建设，还是促进以人为本、人的全面发展都具有十分重要的意义。第三，任何事物都是相互联系的，不论是直接的还是间接的，这是我们从生态危机的严酷现实中得出的教训或结论。传统的人类中心主义只把自然看成资源或工具手段，所以对自然的开发和利用大大超过了自然的承受限度，导致了生态危机。事实证明，尊重自然的内在价值，不但没有贬低反而提高了人的价值，这既有利于生态危机的解决，也有利于和谐社会的建设。因为这一步使人"认识到我们行为选择的自由是被'自然界整体动态结构的生态阈限所束缚'并且'必须保持在自然生态系统价值的限度内'，是人类进化过程中又一个具有决定性的一步"。只有当人类真正意识到人对自然界的根本依赖性，并深切认同是自然界中一员的时候，才能够在处理人与自然关系中真正地为了实现以人为本而努力，才能够从生态文明的视角去把握和落实以人为本、人的全面发展在思维方式上的变革。

（3）以人为本是生态文明建设的出发点和归宿

一种新文明形态的产生，应该建立在对旧文明形态的批判继承而不是践踏的基础上，新文明形态的产生必须有利于人类生存环境的维持和改善，有利于社会的稳定、安全以及人的全面发展，有利于人类的可持续生存与发展。那些只是在某个时刻、某个方面、某个领域满足人类需求的发展，并不是真正地以人为本。生态文明建设关注人与自然之间的整体性发展，关注人类社会的当前与长远利益，关注人类自身利益的保持和发展。所以，生态文明必然是以人为本的。

以人为本是科学发展观的核心，也是对马克思主义人本思想的继承与创新。其最终目的是为了落实以人为本的宗旨，满足人民群众不断增长的物质和文化等方面的需求，以促进他们的全面发展。从唯物主义历史观和价值论的高度出发，科学发展观确立了发展的价值目标，就是"发展为了人民、发展依靠人民、发展成果由人民共享"。以人为本是生态文明建设的出发点和归宿。也就是说，生态文明建设的出发点和落脚点是最广大人民群众的根本利益，一切为了广大人民的根本利益而努力。生态文明建设能否顺利开展，在于它是不是围绕着人们的物质、精神、环境等多方面需求的满足，是不是围绕着促进人的全面发展而展开的。在生态文明建设过程中，物质、文化与服务的大量丰富，生存与发展需求的满足，经济与社会的全面推进，人的全面发展的展开，正是以人为本的表现。所以，生态文明建设把人的全面发展作为发展的终极目标，把以人为本作为人们实践活动的指导思想与评价标准，这与科学发展观是内在统一的。

2.社会主义与生态文明本质上的一致性

（1）社会主义基本制度是生态文明建设的首要前提

人类文明的每次变迁，都是在人类的生存发展陷入困境和力图摆脱困境的矛盾斗争中实现的。当今人类的生存和发展面临着资源枯竭、能源短缺、气候变暖、环境恶化的威胁，已经不允许人类继续按照西方传统的工业文明模式发展了，必须要有所改变，并且这种改变不是浅层表面的、修修补补式的，而是一种根本性、彻底性的变革。科学发展观就是适应这一客观趋势提出来的。它倡导的科学发展不仅包括经济方面，也包括政治、文化、社会、生态等方面，是各方面的综合协调与可持续发展。科学发展观的科学内涵和社会主义生态文明的内在要求是一致的，生态文明是社会主义新型发展理念在人与自然关系领域里的具体体现。社会主义的全面协调可持续发展不能缺少生态文明这一重要方面和关键环节。

从社会制度入手，分析人与自然关系的异化是马克思主义的一个基本观点。马克思早在《1844年经济学哲学手稿》中就对生态问题进行了探讨，认为人与自然关系异化的社会根源在于不合理的社会制度，在于私有制的存在及人与人之间关系的对立。在《资本论》中，马克思进一步指出："社会化的人，联合起来的生产者，将合理地调节他们与自然之间的物质变换，把它置于他们的共同控制之下，而不让它作为盲目的力量来统治自己。靠消耗最小的力量，在最无愧于和最适合于他们的人类本性的条件下来进行这种物质变换。"马克思主义创始人昭示我们，分析生态问题不仅要从自然角度，还要从社会角度，将这一个问题放在从资本主义向共产主义过渡的历史进程中加以把握，才不会偏颇。社会主义和资本主义两种社会制度的优劣，不仅要看谁的生产力发展水平高，还要看谁更能实现社会公平正义和共同富裕，谁更能实现经济社会的可持续发展和人的自由全面发展，谁更能促进人与自然、人与社会的和谐等。生态文明与社会主义相结合的优势在于，实行生产资料公有制和按劳分配的经济制度以及人民当家做主的政治制度的社会主义国家，不以追求利润的无限扩张为目的，而以实现人民大众的根本利益为立足点和出发点，以经济社会的全面协调可持续发展和人的自由全面发展为其目标。生态文明与社会主义基本制度相结合为我国的发展提供了新的更高的平台，是我们跳出传统工业文明发展模式，走生产发展、生活富裕、生态良好的新型文明发展道路，建设资源节约型、环境友好型社会的必然选择。

（2）建设生态文明是中国特色社会主义的应有之义

所谓"中国特色"，就是指我国的民族特性、历史传统和现实情况，特别是指我国社会主义初级阶段的基本国情。由于我国自然禀赋不足，以及目前面临的能源短缺问题，要求我们必须走一条生态文明和工业文明共同发展的新路，在关注经济、政治、文化、社会发展的同时，关注生态环境的保护。否则，工业文明的成果没有享受到，反倒会破坏中华民族生产和发展的基础。社会主义国家要保持经济持续快速发展，创造出丰富的物质产品，离不开生态文明建设。社会主义物质文明的发展，要求转变传统的工业文明发展模式，走可持续的生态文明发展之路，使经济发展和人口资源环境相协调。当经济发展成为一种可持续的发展，成为一种既关注局部又关注全局，既关注当代又关注将来的发展时，解放生产力、发展生产力才会有深厚的物质基础。之所以这样说，是因为我们的发展在资源、能源、环境、人口等方面都遇到了前所未有的挑战。因此，转变发展方式成为一种必然选择，与之相应的"生态生产力"也呼之欲出。这种生产力是一种低消耗、低污染、高效率、高质量的生产力，与我们提出的可持续发展战略相吻合。可持续发展战略是一种把握发展规律、创新发展理念、转变发展方式、破解发展难题的战略，是一种提高发展质量和效益，实现又好又快发展的战略，这与社会主义生态文明建设的基本要求是高度一致的。

3.生态文明为以人为本提供现实保障

（1）提供物质条件

人是自然界的产物，所以自然界具有先于人类而存在的特质，这些特质是不以人的意志为转移的。作为自然界的一分子，人类的生存和发展离不开自然界及自然界中的动植物、阳光、空气等，这些东西构成了人类生活的物质内容，是人类的基本生存和进一步发展的前提和条件。"自然界是人为了不致死亡而必须与之处于持续不断的交互作用过程的存在。所谓人的肉体生活和精神生活同自然界相联系，不外是说自然界同自身相联系，因为人是自然界的一部分。"这就是说，人们的全部生活都要仰仗于自然界的恩赐，包括物质生活和精神生活在内。因为包括人的肉体在内的物质都是自然界的一部分，离开了自然界，就是离开了人类自身，而一个人离开了他自身该如何生存呢？这是一个不言自明的问题，但似乎现在世界上的人们已经忘记了这一点，俨然以自然的主人自居。人们在破坏着一刻也离不开的自然界，其实就是在破坏着人类自身。人们在生存和发展的过程中，一方面从自然界中获得直接的生活资料，另一方面又从自然界中获得了产生和维持人的生命活动的材料、对象和工具。并且，相对于其他动物来说，人们对这些资料的需求数量和程度是最高的。从宏观角度来看，人类文明的发展历史其实就是人类不断地利用和改造自然的历史。随着人类对自然认识的加深，人们创造出了相应的生产工具，当然生产工具不是人类凭空变化出来的，而是取材于自然界，利用相关的自然材料制造出来的。于是，在新的生产条件下，人类又开始了新的认识和改造自然的实践，以满足人类的需求，推动社会的发展。但是，我们必须注意，人类在利用自然的同时，也在破坏着自然。生存环境一旦被破坏，人们就无法正常生存发展。改革开放为我国的经济发展注入了新的活力，促进了社会主义现代化建设，也提高了人民的物质文化生活水平。但是，作为照搬苏联和西方工业社会生产模式的代价，我们付出的是我们的生态环境。生态危机危及人们的生存与发展、健康与安全，如果不能有效地处理这些问题，以人为本就失去了它的本义，人的全面发展就成了空中楼阁。因此，只有建设好生态文明，实现人与自然的和谐相处，社会的可持续发展才会获得良好的物质条件和环境支持。

（2）提供精神动力

人与动物的重要区别之一，就是除了物质生活之外，人还需要精神生活。因为作为自然界中的高级存在物，人的活动往往是一种有意识、有目的的活动。无论是人们智慧的开发，还是情感意志的变化，审美情趣的激发，无不依赖于大自然的"馈赠"。马克思指出："植物、动物、石头、空气、光等，一方面作为自然科学的对象，另一方面作为艺术的对象，都是人的意识的一部分，是人的精神的无机界，是人必须事先进行加工以便享用和消化的精神食粮。"这时，作为人们生活情景的对应物和艺术创作的源泉，自然物出现在了人们的生活之中。在一个环境优美、鸟语花香的情境之中，人们的思维方式、生活方式和心理活动等都会朝着健康的方向发展。生态文明对人们思维方式的转变起着重要的推动作用，使人们在追求经济利益的同时，更加尊重自然规律，更加关注人与自然和谐关系的实现。生态文明对人的身心健康与人际关系的和谐起着重要的调节作用。马克思说："安全、健康、舒适的生态环境有益于人类的身心健康、精神愉悦。良好的生态环境还为人们提供客观的审美对象，唤起了人们的审美情趣和美感，净化着人们的心灵世界。不能想象一个生活于肮脏环境的人，会产生献身工作的热情。"所以，良好的生态环境不但有利于人的身心健康的发展，也有利于人际关系的调节和优化，从而推动着现代化的发展和文明的跃进。马克思认为，要想拉近人与自然之间的距离，有效地解决他们的冲突，必须要"一天天地学会更正确地理解自然规律，学会认识我们对自然界的习常过程所做的干预所引起的较近或较远的后果"，尽可能地去养成人之为人的一切特性，使人成为完善而且全面的社会性产物，成为一个自由而且全面发展的人。同样，生态文明建设也离不开人们观念的更新，也需要人们形成"以人为本""可持续发展""自然有价"等全新的思想理念。只有当人们充分认识到生态环境在人类发展中的重要性时，才能够发自内心地去珍爱环境、珍爱自身，也才能够自觉地把自己置于生态系统整体和全人类利益的背景下去思考，也只有如此，人们才能够形成超越阶级和国家，超越民族情感和政治意识的共识，不同的民族和文化之间才能够进行自觉的对话，消除隔阂，减少摩擦，增进理解，促进人类文明共同发展。

（3）提供政治保障

以人为本的实践过程是一个具体的动态的历史过程。这种过程表现在，它既是合乎规律和目的的发展过程，又是自然环境的现实发展过程。在人与自然之间既有着基本的认识关系与实践关系，也有着重要的价值关系与审美关系。人们进行实践活动，改造自然的目的，就是要满足人们的某种需要或实现某种价值，这种情况体现的是作为客体的自然对作为主体的人类的价值。如果从相反的角度思考，人们的实践活动已经受到了既往的某种价值目标的影响，在这种情况下，人们对自然客体的选择和确定，对自然客体满足主体需要的属性的把握，就成为人们的价值和审美选择的尺度。人类认识自然和改造自然的实践活动，是人与自然之间互换和满足的过程，通过互换和满足，人的主观能动性得到了充分发挥。随着人们认识自然手段的增加，能力的加强以及实践活动的深入展开，人们发现自然客体对于人类主体具有了越来越多的新的价值存在，正是这些价值被"发现"和一些价值的"未发现"构成了"以人为本"、人的全面发展的重要内容和内在动力。作为一种新文明形态，生态文明建设的状况影响着社会的发展，生态问题处理不好，更容易引发大的政治问题。卡特在他的《表土与人类文明》中指出，绝大多数地区文明的衰落，缘起于赖以生存的自然环境的自然资源受到了破坏，由于强化使用土地破坏植被，表土的状况恶化，失去了支撑生命的能力，导致所谓的"生态灾难"。当今世界，生态危机依然在继续，环境问题已经成为世界各国普遍关注的焦点，当然我国也不例外，从 1998 年的洪涝灾害，到禽流感和"非典"，到"三鹿"和"齐二药"事件，再到口蹄疫和"H1N1"等，无不聚焦了全社会的目光，引起了人们对生态安全的思考。生态安全呼唤生态文明建设，生态文明建设能为社会和人的发展提供政治支持。一方面，生态文明建设有利于人们重新定位自身的政治角色，明确自己的"政治人"的责任，确保环境权、生存权与发展权的实现。另一方面，生态文明建设也有利于人们监督政府的决策及其实施情况，促使政府的决策朝着科学化、民主化的方向迈进，从而促进以人为本的实施和人的全面发展。

四、可持续发展与生态文明建设

（一）可持续发展对生态文明建设的指导作用

科学发展观的精神实质在于它的与时俱进，适应时代与社会需求而做出的深刻转变。传统发展模式中的经济、社会、生态相脱节的现象带来了经济增长、社会公平、环境保护之间的对立，科学发展观要求对生产模式进行变革，消除这些分离和对立现象。新发展模式强调经济、社会、生态的整体性，强调公平正义和未来发展，要求人们澄清把物质财富的增加等同于发展的错误观念。在新中国半个多世纪的发展中，我们采用的是西方工业化国家曾经和现在仍然实施的发展模式，以大量的自然资源与环境代价换取短暂的经济增长。我国之所以现在面临严重的生态危机，与以前对这种发展模式的选择是脱不了干系的。现在，我们选择科学的生态化发展模式，表明我们的发展不是黑色的发展而应该是绿色发展，我们的崛起不是黑色的崛起而应该是绿色的崛起。如果不改变发展道路，那么我们反对西方一些学者鼓噪的所谓"中国威胁论"的任何言辞都将是苍白无力的。所以，我们必须要实现工业与城市的生态化转向，使它们与自然环境相耦合，使发展与环保"双赢"。

1. 把握好可持续消费与两型社会的关系

相对于生产活动来说，消费似乎处于一个比较次要的地位，这种认识是片面的。消费对于人类社会的发展，特别是对我国节约型社会建设有着重要影响。在某种意义上，西方发达国家的发展其实是消费主义大行其道，不断扩张的结果。在传统发展模式中，经济增长占据着主导地位，而为了保持经济的持续增长，必然要对消费提出更高要求，必然要想方设法刺激消费者的消费欲望。这样，人们考虑经济的发展不是从生产的可能性方面，而是从如何刺激消费需求方面，因此对人们的消费需求和行为的刺激就成了促进经济发展的重要手段。从现代化的经济体系来讲，生产者要想实现利润的最大化，就要实现消费者效用的最大化，而这些都离不开消费需求这个经济发展的动力基础的保障。新产品在进入人们的消费视野之后，人们的消费内容就会相应地发生改变，新产品就成为人们生活中不可或缺的一部分。随着经济的不断发展，传统意义上的"基本需求"范围在不断扩大，不断深化。

人类的生存离不开消费，而人们的消费行为对生态环境产生着直接或间接的影响。可以说，人们的消费活动每时每刻都存在，每个人、每个地方都在发生，是一种最普遍和最经常的行为。人们在进行消费活动时，也消耗着自然资源，污染着自然环境，虽然人们的消费体现出分散性特征，但这种分散行为的汇总后果是大自然资源和环境的消耗，而正是这些看似零散的消费行为带来了严重的生态危机。受经济发展和不合理消费观念的引导，消费呈现出异化趋势。当人们不再为了生存而苦恼时，过度消费现象就会尾随而来，以至于社会上出现了以消费数量和方式来定位人的社会地位的情形。这时，人们追求的已经不是维持自身肉体需要的满足，而是变成了一种扭曲的精神满足，人们在"黄金宴"上吃的不是黄金，而是在吃虚荣心。生产力的快速发展使人们获得更加高级的产品和服务成为可能，但是也加速了自然资源的消耗速度与环境的污染程度。并且，高科技的发展加深了一些人的科学主义至上的信条，误以为只有人想不到的东西，没有科学技术办不到的事情，技术可以为生态危机找到最后和最好的出路，人们大可不必担心生态问题。当然，我们肯定这种科技乐观主义态度，它可以使人勇于面对困难和挑战，但是它也使人们变得自私和盲目，反而在一定程度上不利于生态危机的解决。对传统消费模式的超越是科学发展的必然要求，也是生态文明建设的重要内容。我们正在致力于建设"两型社会"，而节约的源头首先体现在消费领域中人们消费行为的选择上，变传统的非持续性消费为可持续消费是实现"两型社会"的根本手段。所谓的可持续性消费，是指在人们的基本生存需求得到满足的前提下，在人们的生活水平和消费层次不断得到提高的前提下，适度控制人们对非必需品消费的需求；同时，适当提高非物质产品在人们消费中的比重，丰富人们的消费内容和消费方式。资源节约型的消费和环境友好型的消费，应该成为我们未来消费行为的首选。

2.把握好全面协调可持续发展与生态文明实践建设的关系

只有在深刻把握可持续发展本质的基础上，我们才能有的放矢，制定出切实有效的可持续发展措施。可持续发展的目的是使人类赖以生存和发展的自然界能够健康发展，更好地为人类服务，而生物多样性、生态功能区的大小是生态系统稳定的表现，人类生存条件完备的象征，也是人类社会得以生存和发展的物质基础。生物多样性是自然界生态系统复杂的表现，是系统中物质流、能量流、信息流转换强度和效率的表现。也就是说，当自然界中的物种越来越多，食物链组成越来越复杂的时候，任何外来的干扰都会被弱化。所以，人们就把生态系统的稳定性形容为物种多样性的函数。这个函数是生态系统的规律性表现，也是人类活动必须遵循的。而自然界生态功能区的大小也反映着人类活动对自然生态系统干扰的大小，它们之间是一种负相关的关系。但是，无论是生物多样性，还是生态功能区，它们在人口和经济活动的双重压力下，正在日益萎缩，成为威胁人类社会持续发展的重大问题。要想把这种威胁降低，有必要在环境保护方面采取全球性的合作与行动。可持续发展举措的制定和实施反映着对其本质的深刻理解和把握。当然，我们一方面要加强对濒危动植物、原始森林、自然湿地的保护；另一方面要加强对人工森林覆盖率、人工湿地覆盖率的重视，两手抓，两手都要硬，避免一手软、一手硬的情况发生。我们要保护濒危物种，但最根本的是要保护濒危物种的生存环境不被破坏。也就是说，要保护人类自身的生存环境的健康发展。大熊猫是珍稀动物，保护大熊猫不应把它放在温室里面，而应保护它们的栖息地。我们可以人工培育一些环境，但最根本的是人类在生产活动中对天然生态环境的珍惜。这一点大家都清楚，人工化的生态系统是不能够与天然生态系统相比的，也无法达到天然生态系统的功能。

在分析可持续发展时，我们特别要注意两个概念：需要和限制。"需要"指向的是"现在"维度，是指对解决现实生活问题的紧迫性，特别是落后国家贫困人民的基本需要。可持续发展要求优先考虑发展中国家人们的基本生存需求，如衣食住行等。人们的基本需求不但要满足，而且要有一定程度的提高。"一个充满贫困的不平等的世界将易发生生态和企图的危机。可持续的发展要求满足全体人民的基本需求和给全体人民机会以满足他们要求较好生活的愿望。""限制"指向的是"未来"的维度，是指对技术和利益集团在利用自然环境来满足当前和未来需要时进行限制的做法。但是，限制的效果与影响力取决于人们是否以一种新的伦理思想作为行动指南。我们在增强物质基础、科学基础、技术基础的同时，也要指引人类心理的新价值观和人道主义愿望的形成。因为无论是知识还是仁慈，它们都是人类"永恒的真理"，是人性的基础。生态文明建设、可持续社会的发展离不开新的社会道德观念、科学观念和生态观念的影响，而这些思想观念的产生是由未来人的新生活条件所决定的。也就是说，忽视了同代之间的公正性，不是社会可持续发展的本义；丢掉了未来社会的代际公平，也不是社会可持续发展的正确选择。

3.把握好全面协调可持续发展与生态文明制度建设的关系

生态文明建设、社会可持续发展，既依靠人们对自然界所秉持的理念和行为原则的革新，也依靠与自然相适应的生态化制度建设。生态化的制度建设要以可持续发展理念为指导，以人、社会、自然之间的法律关系为内容，着力于人与人、人与自然之间关系的规范和调整，使制度也迈向"生态化"。

全面协调可持续发展的制度建设应该坚持以下几个原则：第一，要坚持"自然生态系统"权益不容践踏的原则。传统法律及制度建设的目的是为了维护自然人、法人与国家的权益，而可持续发展的制度化建设则把"自然生态系统"人格化，赋予它以权益，尊重并且承认这种权益，把权益的主体扩大到了人之外的自然万物。第二，要坚持代际平等的原则。涉及生态环境的制度化建设应该体现出当代人与后代人关系的"代际性"特征。在满足当代人的生存和发展需求时，社会的生产与生活方式不应该危及后代人的生存和发展。国家应建立起维护代际平等的相应法律及其制度，包括对自然资源环境的拥有与使用的权利。我们不能因为后代人所具有的虚无性特征，就置人类社会的可持续发展于不顾。选择那些可以为后代人谋利的个人及团体为代表，参与国家和地方相关政策的决策和实施是可行的解决方法。第三，要坚持预先性原则。"事后诸葛亮"的做法尽管有利于经验与教训的总结，但是相对于环境问题来讲，已失去了它的积极意义。特别是对于影响比较大的工程项目规划及新产品推广更要注意，因为很多事情一旦发生，其损失是无法估计也无法挽回的，如对生态系统的破坏。所以，我们应该学会"事前"调整，采取保全措施，中止可能的侵害行为，尽可能把不好的苗头消灭在萌芽状态。第四，要坚持环境权的原则。环境权思想是指作为生态环境法律关系的主体，既享有健康和良好生活环境的权利，也享有合理利用自然资源的权利。生态环境权所保护的范围包括各主体的健康权、优美环境享受权、日照权、安宁权、清洁空气权、清洁水权、观赏权等，还包括环境管理权、环境监督权、环境改善权等；权利主体包括个人、法人、团体、国家、全人类（包括尚未出生的后代人）；权利客体则包括自然环境要素（空气、水、阳光等）、人文环境要素（生活居住区环境等）、地球生态系统要素（臭氧层、湿地、水源地、森林、其他生命物种种群栖息地等）。

可持续发展应该包括对全球性可持续发展的维护。在发展经济时，人们应该尽量避免由于科技和经济实力的差异带来的不公平的"生态殖民"现象，避免一些国家把其生产与贸易的外部性环境影响转嫁到他国的做法，避免大气、地下水等资源在使用上的"公有地悲剧"的发生，也避免对非再生资源的掠夺与毁灭性使用的代际不公平现象的发生。每一个国家，都应在享有全球性生态利益的同时，负起对自然界生态环境进行补偿的义务，为人类也为自然生态系统的维护贡献力量。作为最大的发展中国家，中国在面对影响全球生态环境问题时，丝毫没有退缩或避让，而是勇于担起责任，在维护地球生态和人类整体利益方面，发挥着重要作用。

（二）生态文明建设促进经济社会的可持续发展

1. 生态文明体现着可持续发展的基本要求

生态文明建设提倡人、自然、社会之间的全面协调发展。人是自然界的一分子，人与自然之间能否实现和谐发展是生态文明研究和建设中的重大问题。从人类出现后，人与自然之间就形成了一种相互依存关系，生存环境的好坏直接影响着人类对自然的利用和改造，自然界的状况也影响着人类的生存和发展。人们为了满足膨胀的欲望，对自然中的生物种群采取毁灭性的开发利用，会引起自然界生态系统的破坏，导致环境资源的枯竭，尽管人类的"智巧"很高，但巧妇难为无米之炊，最终危害的是人类自身。生态文明建设要求我们重新认识和把握人与自然的辩证关系，学会尊重和保护自然界的生态环境，用整体性眼光，用相互协调的机制来重新定位和调节人的思想观念，以维护正常的生态秩序。而人与人关系的生态化是人与自然关系的生态化前提，人与自然关系的生态化反过来又作用于人与人关系的生态化过程。相对于自然来讲，人不是自然的先行者或主宰，而是后来者，人的价值追求不但要考虑人类本身的满足和发展，更要考虑自然所能容纳的限度和范围。只有人与自然的关系和谐，人类才能获得长久的、健康的功利和幸福。从人与社会的关系来看，生态文明认为，社会整体的健康发展离不开生态环境的健康发展，生态环境是人类社会其他文明得以存在和发展的基础和前提，没有生态文明，就不可能有物质文明、政治文明、精神文明、社会文明的高度发展，也不会有人的全面发展。

从语义上讲，"协调"中的"协"和"调"同义，都具有和谐、统筹、均衡等富有理想色彩的哲学含义，"协调"即"配合得当"，即尊重客观规律，强调事物间的联系，坚持对立统一，采取中正立场，避免忽左忽右两个极端的理想状态。从语用上讲，"协调"一是指事物间关系的理想状态，二是指实现这种理想状态的过程。社会的发展不是纯粹意义上的经济增长，而是指社会的整体性发展和进步，包括社会与自然两个方面。从宏观上理解，科学发展观理念中的协调对象包括人与自然、经济与社会，其中人与自然的协调发展，包括政治文明、物质文明、精神文明、社会文明与生

35

态文明的协调发展，也包括城乡、区域之间的协调发展。科学发展观要求物质文明的进步，即经济的发展；要求政治文明的进步，即民主权利的提高；要求精神文明的进步，即人民精神文化生活的丰富；要求社会文明的进步，即社会和谐，人际关系良好；也要求生态文明的进步，即人与自然的和合共生。正如胡锦涛在十六届三中全会提出"统筹城乡发展、统筹区域发展、统筹经济社会发展、统筹人与自然和谐发展、统筹国内发展和对外开放"的新要求，蕴含着全面发展、协调发展、均衡发展、可持续发展和人的全面发展的科学发展理念。也就是说，科学发展观追求的是物质文明、政治文明、精神文明、社会文明和生态文明的协调一致，共同发展。从微观上理解，科学发展观致力于人与人关系的协调发展，社会各阶层利益的相互协调，以及个人德智体美劳等的共同发展。生态文明认为，自然界是一个有机联系的系统整体，是各组成部分之间的动态协调发展过程。人们在追求经济社会发展的同时，也要维护自然界的健康发展，以确保人与自然的共存共荣，而不是共同灭亡，这是科学发展观协调性内涵的深刻体现。所以，作为正确处理人与自然之间和谐关系的重要变革，生态文明是人与自然关系的进步状态，也是人、自然、社会之间协调发展的自然写照。

生态文明是科学发展观中全面协调可持续发展的集中体现。科尔曼认为，所谓的可持续社会，"它不是一意孤行地把人力资源和自然资源化为资本，而是把人从残酷竞争的异化中解放出来，让人有时间、有机会继续接受教育和从事探究活动，从而打开人类想象与创造的源泉。可持续性作为这一社会的基石，人应该理解到，可持续性不仅意味着尊重自然环境，而且意味着公平地分配经济的和社会的报酬和机会，这样，所有的人都能休戚与共地奔向共同的未来"。这就是说，发展既要立足于对当代人需要的满足上，又不能吃祖宗粮，断子孙路。必须要为子孙后代的持续发展留下余地，这是可持续性发展理念中资源的永续利用与人类代际公平的体现。科学发展观主张控制人的消费水平与生产规模，以确保自然资源的支持和环境容纳能力的正常发挥，其宗旨就是要确保人类能够长久而且幸福地生活在地球上。生态文明建设要确保人口、资源、环境、社会之间的协调和持续发展，使经济建设与资源环境之间实现良性循环，走出一条生产发展、生活富裕、生态良好的科学发展之路。

2. 以生态文明建设促进经济社会的可持续发展

生态文明是对以往人类文明形态的超越，它蕴含着丰富的可持续发展思想，科学发展观只有在吸收了生态文明的有益成果的基础上，才能真正成为指导发展的科学理论。

第一，可持续发展应该吸收生态文明的系统性、协调性思想为自身服务。可持续发展的取向表现在两个方面，一是以代际平等为主要内容的未来取向，要求当代人不能透支后代人赖以生存的生态环境资源。代际公平是可持续发展原则的一个重要内容，是当代人为后代人的利益保存自然资源的需求，这一理论最早由美国国际法学者艾迪·布朗·维丝提出，它体现的是人的自律精神。当代人在满足自身发展需求的前提下，也为后代人创造一个美好的生态环境，而不是留给他们一个垃圾场，这是纵向负责精神的体现。二是以代内平等为重要内容的整体取向，这是横向负责精神的体现。代内公平也是可持续发展原则的一个重要内容，它是指同一代人，不论国籍、种族、性别、经济水平和文化差异，都有平等的权利要求良好生活环境和对自然资源的利用。从历史和现状来看，代内不平等的情况非常严重，许多西方国家把他们的富足建立在对落后国家自然资源的剥削和掠夺之上，并把这些落后国家作为自己的"垃圾场"。这就要求一国在开发和利用自然资源时，必须考虑到别国的需求，考虑各个国家如何分担环境保护责任。这种公平，不是绝对意义上的公平，而是从历史和现状来分析的一种公平，那种主张一切国家不加区分地分担环境责任的公平，其实是一种真正的不公平。

第二，可持续发展应该吸收生态文明的哲学与价值理念。生态文明重视人与自然关系和谐发展的重要性，特别指出了人的主观能动性的充分发挥在其中所起的作用。生态文明理念中的和谐是一种主动和谐，而不是被动和谐；是一种进取式的和谐而不是顺从式的和谐。在人的主观能动性的正确发挥中，实现着人类社会与自然之间的统一。人类与自然之间是一种相互依存的关系，人类的发展离不开自然，自然的发展也离不开人类。只有正确发挥人的主观能动性，才能够推进社会的发展，也才能推动自然的发展，人类的发展和自然的发展相互包含。对社会而言，以生态文明理念为指导的可持续发展，不但是经济的发展，更是作为整体的社会的综合发展；对自然而言，以生态文明理念为指导的可持续发展，不但要求自然资源的增加，更要求作为整体的自然生态系统的良性循环。

第三，可持续发展应该以生态文明的伦理观为指导。把推动社会发展的关键局限于科学技术方面是狭隘的科技至上主义的表现，工业文明虽然带来了社会的巨大进步，但也严重破坏了自然生态环境。科技革命的发展，信息技术的进步，非但不能拯救天空、大地、海洋于化学毒素污染的泥潭之中，反而有变本加厉的趋势；非但不能保护生物的多样性，反而在毁灭着地球上的一切生命，甚至是人类和人类文明自身。科学技术只是人们认识和改造自然的手段，人们在运用科学技术改善生态环境、加强物质建设的同时，更需要新的指导思想来指导人们的行动。生态文明的伦理精神在树立人们的生态意识与生态道德，舍弃非生态化的生活方式，推进绿色消费方面发挥着重要作用。美国前副总统戈尔认为，生态危机实际上是工业文明与生态系统之间的冲突，是人类道德危机严重性的表现。人类是自然界发展的产物，包括人的生产、生活在内，都离不开自然。可持续发展体现着自然资本、物质资本、人力资本的有机统一，其中自然资本能否持续发展是可持续发展的物质基础和前提条件，离开了自然资本的持续发展，其他两个资本的发展都无从谈起。

生态文明是人类社会发展到一定历史阶段的产物，是社会进步的结果，人类文明发展的新表现，也是可持续发展的精神支柱。生态文明建设要求人们更加重视自然，同时形成生态化的伦理思想，对人类的行为进行一定约束。解决生态问题需要新的生态文明观的指导，这是可持续发展的关键所在。特别是对发展中国家来说，更要关注生态环境，避免走西方国家的传统工业化模式的老路，绝对不可先污染，再治理。

第二章　美丽乡村的规划与建设

第一节　美丽乡村概述

一、美丽乡村建设的背景与意义

（一）美丽乡村是建设美丽中国的基础

党的十八大报告明确提出，"努力建设美丽中国，实现中华民族永续发展"。2013年中央一号文件也做出"建设美丽乡村"的工作部署。中国广袤的农村地域和众多的农村人口占据了国土面积和人口的绝大部分，建设美丽中国，起点在农村，关键在农村，实现也在农村。农业、农村、农民这"三农"是建设美丽中国的基础，建设美丽中国就要实现农业现代化，建设好美丽农村。作为落实生态文明建设的重要举措和在农村地区建设美丽中国的具体行动，没有"美丽乡村"就没有"美丽中国"。实际上，农村美丽后，我们建设美丽中国的目标也就得以实现。从这个意义上说，建设美丽乡村就是建设美丽中国。

党的十八大将"生态文明"引入"五位一体"的社会主义建设总布局，生态文明建设是中国特色社会主义的题中应有之义，关系人民福祉、关乎民族未来。在此基础上所提出的建设美丽中国的发展目标是凝聚了生活美、社会美、环境美、时代美、百姓美的生态和谐之美，而美丽中国的奋斗目标体现在农村方面就是美丽乡村的建设，这也是我国农村生态文明建设的最终目标。"美丽乡村"是运用生态现代化的理念建构出一条全新的现代化与环境友好、协调、和谐之路，能够全面摆脱现代性束缚、超越现代化陷阱；这是自20世纪以来中国在实现经济社会跨越发展的同时，建设"五位一体"的中国特色社会主义伟大实践的重大现实问题。

1.建设美丽中国的重要组成部分

从美丽乡村建设到党的十八大报告建设"美丽中国"的提出，标志着我们党对中国特色社会主义的科学内涵和现代化的建设目标又达到了新的认识高度，是我们党对人民群众生态诉求的积极回应，深刻体现了生态价值在从"美丽乡村"到"美丽中国"过程中空间的拓展性、时间的延续性和内涵的丰富性的辩证统一。

乡村建设是现代化建设的重要战略阵地，从空间上来看，实现了从农村到城市，从城市到全国的生态空间拓展，体现了局部、整体的辩证统一。中国美丽乡村建设基于典型示范向全国乡村的推广，从典型到普遍，从而实现中国乡村建设的整体生态变迁。美丽中国的提出，是在美丽乡村建设的基础上，在城乡一体化的实施过程中，实现城市和乡村的整体生态变迁。2008年，国家环境保护部对24个首批国家级生态村进行了公示，标志着我国对于农村生态建设管理和评价进入新的阶段。从典型生态农村建设模式的视角切入，梳理和研究我国农村生态文明建设典型模式，从而重点研究现代化进程中典型农村进行生态文明建设与政治、经济、文化、社会之间的良性互动关系，并在此基础上总结各地因地制宜建设美丽乡村的实践经验，进一步推进生态文明建设和美丽中国建设。

从时间维度来看，十八大报告十分关注中华民族的永续发展问题，其实质是在可持续发展基础上对"美丽中国"的更深一层阐释。"美丽中国"的构建要求实现可持续的发展，既关注当代人的利益，又着眼于未来的发展，确保我国社会经济在发展进程中的长期合理性。一是要求我们改变传统的人类征服自然的思想观念，要求对自然界进行生态价值评估，对自然规律更加尊重，处理好人的发展同资源、环境和生态的关系，体现人与自然之间关系的和谐与协同进化；二是要求人们转变长久以来的"道德顾客"身份，对自然界的自然价值承担相应的道德责任，不仅对当代人而且对子孙后代所应当享有的自然价值的公平性负有责任和担当。因此，人们只有注重人类活动与自然规律相协调，真正认识和掌握生态运动的规律，把人类改造自然的能动性严格限制在生态运动的规律内，才能解决人与自然、人与社会之间的矛盾，才能使人与自然和谐相处、人与社会和谐发展。

2.推进新农村建设的科学实践

创建"美丽乡村"是升级版的新农村建设，它继承和发展了新农村建设"生产发展、生活宽裕、村容整洁、乡风文明、管理民主"的宗旨思路，延续和完善了相关的政策方针，也丰富和充实了其内涵，主要体现在更加尊重事物内在发展的规律，更加关注生态环境资源的脆弱性，更加关注人与自然的和谐发展，更加关注改变落后农业发展方式，更加关注农村可持续发展，更加关注如何保护和发展农业文明。另一方面，"美丽乡村"之美既体现在自然层面，也体现在社会层面。在城镇化快速推进的今天，"美丽乡村"建设对于改造空心村，盘活农村低效的土地资源，提升农村产业核心竞争力，缩小城乡之间的差距，推进城乡发展一体化也有着重要意义。

创建"美丽乡村"是落实我国生态文明建设的重要举措，也是在农村地区建设"美丽中国"的具体实践，可以说没有"美丽乡村"就没有"美丽中国"。"美丽乡村"建设符合国家总体构想，符合社会发展规律，符合我国国情，符合广大农民期盼，意义极为重大。不久前，农业部（现为农业农村部）正式下发了《农业部"美丽乡村"创建目标体系》，按照生产、生活、生态"三生"和谐发展的要求，坚持"科学规划、目标引导、试点先行、注重实效"的原则，以政策、人才、科技、组织为支撑，以发展农业生产、改善人居环境、传承生态文化、培育文明新风为途径，构建与资源环境相协调的农村生产生活方式，打造"生态宜居、生产高效、生活美好、人文和谐"的示范典型，形成各具特色的"美丽乡村"发展模式，进一步丰富和提升新农村建设内涵，全面推进现代农业发展、生态文明建设和农村社会管理。

美丽乡村建设是我国新农村建设的具体实践形式，充分展现了"科学规划布局美、创业增收生活美、村容整洁环境美、乡风文明素质美、管理民主和谐美"。在新的历史时期，中国社会主义新农村建设已经不再局限于某一方面的发展，而是谋求全方位的发展。根据社会主义新农村建设目标要求，要以科学发展观为指导，确立"以人为本、城乡统筹、科学发展、生态文明、合作共赢"的基本理念，并在此基础上，形成了"以科学促进发展，以市场激活发展，以合作带动发展，以统筹保障发展，以制度持续发展"的"五位一体"的发展模式。新农村建设着力解决广大群众最关心、最直接、最现实的利益问题，是以提高农民群众的生活水平为出发点，保证农民群众积极参与新农村建设。在农村新民居建设、村庄生态环境、创新农业生产经营方式、农业产业发展等方面，要形成一套听取民意、尊重民意、采纳民意的体制，将新农村建设工作建立在充分保障民意的基础上，只有这样，政府的决策和工作部署才能有效地落实，并转化为广大农民群众建设"美丽乡村"的行动。

目前，各地结合实际，认真贯彻落实政府关于建设美丽乡村的决策部署，更加突出美丽乡村建设在新农村建设中的导向和推动作用，加大推进力度，努力在推进农村生态文明建设中加快建设社会主义新农村，促使农村经济社会又好又快发展。

3. 建设生态文明的有效途径

毋庸置疑，农村生态文明是生态文明的重要组成部分。美丽乡村建设是农村生态文明建设的题中应有之义，农村生态文明建设也同样是建设美丽乡村的重要途径。生态文明的核心价值理念是追求和谐，要求人与自然和谐相处，是人和社会全面进步的文明状态。党的十八大将生态文明建设置于"五位一体"总体布局的高度，把生态文明建设放在更加突出的位置，把生态文明融入经济建设、政治建设、文化建设、社会建设各方面，努力建设美丽中国，实现中华民族永续发展，也就是说，建设生态文明就是要建设美丽中国。"美丽中国"自然不能缺少"美丽乡村"。推进农村生态文明建设，实现农村经济社会的可持续发展、循环发展、低碳发展，是当前生态文明建设亟待解决的问题。

（二）美丽乡村建设是打造美丽城市的依托

解决"三农"问题，既是美丽城市的基础，也是美丽中国的基础。创建"美丽乡村"要坚持城乡一体化发展，坚持农业现代化与工业化、信息化、城镇化同步发展。农业文明是现代文明、城市文明的根基，是中华民族的文化根脉和精神家园，城市依托乡村而存在，没有美丽的乡村就不可能有美丽的城市。美丽乡村建设必须顺应城乡一体化发展这一历史趋势，使广大农村真正成为生态良好、环境优美、特色鲜明、农民生活幸福的新型乡村，促进农村物质文明、精神文明、政治文明和生态文明的全面进步，才能使美丽乡村真正成为美丽城市的依托。

1. 城乡一体化的重大举措

十八大报告关于"城乡发展一体化"的提法，有别于以前的"城乡一体化"。加上"发展"二字是有深刻含义的。这是在总结过去处理城乡关系经验基础上，对城乡关系提出的新要求，是在城乡共同发展前提下的一体化。为此，我们应积极转变原有的发展方式，着手调整城乡结构，推进城镇化的同时，促进城乡发展一体化。解决"三农"问题是全党工作重中之重，城乡发展一体化是解决"三农"问题的根本途径。十八大报告提出的城乡发展一体化，是前两次城乡经济转型的改良与发展，是最重要的第三次转型，通过加大统筹城乡发展力度来促进城乡的协调发展，在一体化发展上取得实质性的发展。十八届三中全会《决定》关于城乡一体化发展的论述包括五个方面的城乡统筹：统筹城乡基础设施建设和社区建设，统筹城乡义务教育资源均衡配置，完善城乡均等的公共就业创业服务体系，整合城乡居民基本养老保险制度、基本医疗保险制度，推进城乡最低生活保障制度统筹发展。城镇化与美丽乡村建设都是我国现代化建设的有机组成部分，两者相辅相成，互为前提。美丽乡村建设战略任务的实施为我国城镇化发展提供了新的契机；城镇化作为美丽乡村建设的重要途径，还对美丽乡村建设具有重要的推动作用。

首先，城镇化是实现美丽乡村建设战略目标的重要前提和保障。新农村建设在城乡一体化发展背景下提出，农村自身所具有的相对封闭性和内生滞后性特点决定了新农村建设不能就农村而论农村，必须发挥城镇的辐射作用。况且，新农村建设的根本目的就是要打破当前的二元经济结构，实现城乡一体化发展，因此城镇化也是新农村建设应有之义。实践证明，一个地方城镇化水平越高，新农村建设步伐就越快。我国已进入了新的发展阶段，必须按照统筹城乡发展的要求，积极贯彻工业反哺农业、城市支持农村的方针，加大各方面对农村发展的支持力度。在农村经济发展过程中，城镇化一定程度上促进了农村自然经济的瓦解，形成区域性经济发展中心，不断加强对周边农村的产业和就业的聚集能力。城镇化带来农村剩余劳动力的转移，有利于农民的增收。城镇化是农村剩余劳动力转移的重要渠道。随着现代生产力的发展，农村剩余劳动力越来越多，实现农村劳动力的城镇化转移是新农村建设的必然选择。城镇化的快速发展也加大了对农产品更大的需求，有利于农业的可持续发展，加快农村产业化发展。

其次，城镇化有利于形成全社会共享发展成果的机制。城镇化是一个双向互动的过程。城镇化在完成农村人口向城镇聚集过程的同时，不仅改变了农民的生产生活方式，也实现了现代文明向农村的扩散。乡村城镇化也使城市公共服务产品、基础设施建设等向农村延伸，使农民享受到发展的成果，有利于社会共享机制的形成。在当今我国城镇化为主导的时代，把推进城乡统筹发展、农业发展方式转变、提高农村公共服务水平、增加农民收入、提高农民生活水平纳入城镇化发展，加快形成城乡发展一体化新格局是必然趋势。

十八届三中全会《决定》明确提出，城乡二元结构是制约城乡发展一体化的主要障碍。必须建立健全体制机制，形成以工促农、以城带乡、工农互惠、城乡一体的新型工农城乡关系，赋予广大农民群众平等参与现代化进程、共同分享现代化成果的权利。

实现城乡发展一体化是经济社会发展的内在规律，是我国现代化建设的重要内容和发展方向。从理论上讲，工农关系决定了城乡要一体化发展的水平。农业和工业是人类社会发展的两个支柱产业，农村和城市是人类经济社会活动的两个基本区域。工业和农业之间、城市和农村之间存在着内在的、有机的联系，彼此是相互依赖、相互补充、相互促进的发展关系。农业和农村发展，离不开工业和城市的辐射和带动；同样，工业和城市发展，也离不开农业和农村的支持和推动。城乡一体化发展，就是把工业和农业、城市和农村作为一个有机统一整体，充分发挥彼此优势和作用，特别是充分发挥工业和城市对农业和农村发展的辐射带动作用，实现工业与农业、城市与农村协调发展。如果人为把农业与工业、农村与城市割裂开来，使它们失去相互联系，形成两个分裂的体系，那么就没有农业和农村的健康发展，工业和城市的发展也会变得不可持续，也即城乡分割，城市和农村都发展不好。只有城乡一体，才能实现农业和农村、工业和城市的可持续发展，才能实现社会主义现代化。

推进我国城乡发展一体化，必须破除城乡二元结构这一主要障碍。在我国，由于城乡二元结构的长期存在，导致城乡资源配置效率低下，城乡生产要素交换不平等，公共资源配置不均衡，基本公共服务不对等，使得农村发展一直严重滞后，且城乡发展差距不断拉大。从根本上讲，城乡二元结构存在一天，城乡发展一体化就不可能实现。因此，全面深化改革，必须健全体制机制，大力破除城乡二元结构，加快形成以工促农、以城带乡、工农互惠、城乡一体的新型工农城乡关系，实现城乡发展一体化。

美丽乡村建设要通过自然村整合，以农村社区化为导向，重新规划空间布局。要积极推进农村土地制度改革，引导农村人口向中心村聚集，推进农业规模化生产，要积极落实公共服务均等化等措施，努力推动城市基础设施与公共服务进一步向农村延伸，坚决遏制城乡差距继续扩大，提升农民生活的幸福指数，净化乡村风气，促进农村和谐发展，积极探索新型农村管理方式，通过环境整治与维护，彻底解决脏、乱、差问题，从根本上改善农村居住环境。

相对于城市，良好的自然生态是乡村的独特优势。美丽乡村建设必须尊重这种自然之美，在逐步渗入现代文明元素的同时，更要注重农村生态修复和保护，全面营造农村山清水秀的优美环境，充分彰显乡村美丽的田园风光，体现天人合一、人与自然和谐相处的境界。在农村产业化发展方面，要把推动农业集约化发展为着力点，通过对化肥农药的减量和生产生活垃圾污水等有机废弃物的循环利用，有效治理农业面源污染。

乡村优美的自然风光和田园野趣十分重要，但是如果千村一面，也会缺乏特色和活力，容易引起视觉上的疲劳。因此，美丽乡村建设必须因地制宜，培育地域特色和个性之美。要善于挖掘和整合本地的生态资源与文化资源，合理开发当地历史古迹和传统习俗习惯，使乡村充满浓郁的人文气息，这样既可以使乡村文化得到提升和展现，让绵延的地方历史文化得以有效传承和发展，还可以从特色产业发展、景观开发等方面入手，实现一村一景、一村一品，培养乡村的独特韵味。有条件的地方要因地制宜地发展特色旅游休闲经济。精心打造都市人向往的，集现代文明、田园风光、乡村风情于一体的美丽乡村。

美丽乡村建设是一场涉及农村环境与农民生产方式变革的革命。因此，要立足于改善村容村貌，通过环境整治和科学规划，实现交通便利、照明设施齐全、卫生洁化、环境美化，使村庄布局更加合理，村容村貌更加优美。在建设过程中不可避免地会遇到诸如与农民的观念利益冲突以及征用土地等诸多问题，为此，要积极做好宣传工作，多从农民的立场考虑问题，这样才能建立起长效的环境质量管理机制，只有这样才能彻底解决农村的脏、乱、差问题，从而从根本上改善农民的生产生活环境，让农民群众享受美好家园。

就美丽乡村的实践主体而言，农民才是美丽乡村建设的主体力量和最终受益者，在具体实践过程中，一定要注意调动广大农民的积极性、主动性和创造性，充分体现他们的主体地位，发挥他们在美丽乡村建设中的聪明才智。农民群众的参与热情直接决定着乡村建设的速度和质量，因此相关部门要充分利用各种宣传途径，采取科学合理的方式，大力宣传美丽乡村建设对农民群众的重大意义。通过美丽乡村建设，把生态文明的理念渗透到农业生产生活，潜移默化地改变农民的思想观念与行为方式，不断提升农民的整体素质。在培养农民素质方面，要十分重视文化知识、公民素质及创业等方面的教育，培育有文化、懂技术、会经营的新型农民，使农民综合素质与美丽乡村建设的要求相匹配。总之，城乡一体化是不可阻挡的历史趋势，美丽乡村建设必须利用这一有利趋势，要因地制宜，采取多种措施，使广大农村真正成为生态良好、环境优美、功能完善、特色鲜明、干净整洁、农民生活幸福的新型乡村，促进农村物质文明、精神文明、政治文明和生态文明的全面进步。

2. 推进城镇化发展的经济社会功能

城市依托乡村而存在，没有美丽的乡村就不可能有美丽的城市。这是因为乡村不仅为城市提供生态屏障，为城市提供粮食等重要的工业原料，更重要的在于乡村具有城市不具备的特殊功能，这种功能的差异性是城乡一体化的基础，也即美丽乡村建设为城镇化发展提供了不可或缺的经济社会功能。从这种意义上讲，美丽中国建设要把乡村建设得更像乡村，把城市建设得更像城市，在城乡功能差异中寻求互补，而不是消灭农村。

毋庸置疑，乡村是生态系统的一个重要组成部分。中国是世界上唯一不曾中断的文明古国，也是世界上农业起源最早的国家之一。中华文明根植于农业，农业文明在源远流长的中华文明体系中占据核心地位，影响着中华民族的思想观念和伦理价值。在漫漫历史长河中，农业文明不仅为中华民族的繁荣发展提供了丰富多样的衣食产品，也为中华文化的发展提供了宝贵的精神食粮。农业文明是现代文明、城市文明的根基，是中华民族的文化根脉和精神家园。在市场经济快速发展的当代社会，工业化、城镇化对传统文化造成了毁灭性的冲击，缺乏信仰让当代人没有心灵归宿，找寻不到"幸福感"。生态优美、生产高效、生活和谐的"美丽乡村"，不仅让农民受益匪浅，更让城市人向往不已。乡村文明不仅不能消亡，而且负载着城市不能替代的历史使命，建设"美丽中国"和"美丽城市"离不开"美丽乡村"。

在推进城镇化发展的过程中，农村为城市提供了不可或缺的土地、工业原料、资金和劳动力等生产要素。下面我们重点讲一下劳动力这一要素。城镇化中的城乡要素融合最重要的是劳动力资源的自由流动，核心是农业劳动力向城镇转移。农村劳动力转移是现代化进程中的必然现象。改革开放以来，中国走了一条以工业化带动经济增长为主的发展道路，在较短时期内迅速实现了向工业化中期阶段的迈进，数亿农村劳动力到城市就业，实现了职业转换，为城镇化发展做出了不可磨灭的贡献。从一定意义上说，没有农业劳动力的自由转移，就没有城镇化。当然，城镇化的发展又能够进一步促进农业劳动力的转移，一定程度上也改善了农民的生活。这是因为城镇化的发展过程就是第二产业和第三产业向城镇聚集的过程。随着城镇产业的聚集，进一步带动了产业分工，增加了就业岗位，扩大了对劳动力的需求。尤其是随着城镇产业和农村产业的关联强化，带动了农村非农产业和服务于农业的相关联产业的发展，为农业劳动力转移到非农产业提供了岗位，为农业剩余劳力的转移创造了无限的就业空间。同时，随着技术的发展和城市产业对农业的影响，农业劳动生产力得到提高，这就推动了农业剩余劳动力的产生，进一步促进了农业劳动力的转移。

3.奠定工农互惠可持续发展的坚实基础

十八大报告中提出，要推动城乡发展一体化。形成以工促农、以城带乡、工农互惠、城乡一体的新型工农、城乡关系。这是继十六大以来中央先后提出统筹城乡发展、"三化"同步推进之后，我党在探索和解决工农关系、城乡关系方面的又一重大决策，既反映了广大人民对于城乡发展一体化的期待，更体现了我们党实事求是、与时俱进的创新精神。工农关系、城乡关系是事关国民经济发展全局的重大经济、社会、政治关系。随着我国改革开放的继续深化，工农关系和城乡关系已经发生了质的变化，由新中国成立初期的农业支持工业、农村支持城市演变为工业化中期以后的工业反哺农业、城市带动农村。着力形成以工促农、以城带乡、工农互惠、城乡一体的新型工农和城乡关系是推进城乡发展一体化的必然要求。着力形成新型工农和城乡关系，是我国进入工业化中期阶段之后破解"三农"问题的根本要求，是关系我国国民经济和社会发展的重大政策。2013年11月，十八届三中全会提出："城乡二元结构是制约城乡发展一体化的主要障碍，必须健全体制机制，形成以工促农、以城带乡、工农互惠、城乡一体的新型工农城乡关系。"这为我国城乡一体化发展、构建新型工农关系指明了方向，也进一步明确了发展新型工农关系的政策框架。可见，推动城乡发展一体化、构建新型工农关系已经在新的历史时期上升为国家发展战略。

　　建立工农互惠、城乡一体的工农关系、城乡关系是全面建成小康社会的应有之义。借鉴世界各国经济社会发展的经验，工业化和城市化都是经济社会发展的必经之路，中国发展也不例外。但是，工业化、城市化必须具备两个历史条件：一是农业产品不仅要能够满足农村人口的消费需求，还必须有大量的剩余农产品供应城镇人口消费；二是城市必须为将要进城的人提供足够的生存空间、生活条件和就业机会。世界各国之间城镇化率和工业化水平之所以呈现出巨大差距，基本原因也是这两大条件的发育程度不同。为此，城市管理者必须承担城市化过程中的财政成本，经过一定的发展和积累过程为城市人口增长创造条件；而农村的管理者必须在工业化、城镇化深入发展的同时推进农业现代化发展，以满足城市人口对食物和原料的需求。在当前势不可挡的工业化、城镇化浪潮下，农业的弱质性令人担忧，因此与时俱进地建立工农互惠、城乡一体的工农、城乡关系就显得尤为重要。

　　当前我国新型工农关系面临四大挑战：城乡发展差距继续扩大，二元经济结构仍然长期存在；工业和农业发展不均衡，影响到新型工农关系的构建；我国农业发展面临需求减弱和外部竞争双重压力；农业法律法规发展严重滞后，农民权益缺乏法律保护。建设美丽乡村，我们必须接受上述四大挑战，重构我国新型工农关系的新格局。对此，我们必须在以下五个方面做好工作。

　　第一，调整工业和农业的投资比重，大力增加在农村基础设施等方面的投入。在我国工业化和城镇化发展的进程中，国家应协调和均衡对农业和工业这两大产业的投资比重，在稳定工业发展的同时，适当增加对农业的投资，以构建起"以工促农、工农互惠"的新型工农关系。当前，要加大对农村基本设施的投入。一是要进一步完善政府财政资金投资机制，以公共财政投资为主导，采取贴息、税收返还、补助等各种政策措施，积极引导社会资金参与农村基础设施建设，以缓解农村建设资金的不足；二是积极鼓励邮政储蓄银行、农村信用社等金融机构参与农村基础设施建设，针对良好发展前景的基础设施项目，积极开展优惠业务或放宽贷款条件等，从而为农村基础设施建设做出贡献。

　　第二，积极推进现代化农业的发展，不断加快农村经济的快速发展。当前，不断加快农业产业化进程，对于促进农村经济发展，乃至推进我国城镇化、工业化进程均具有重大意义。一是要积极建设农业产业化的相关制度环境。针对当前我国农业产业组织形式发展不完善，且其与市场运行和农户经营不能有效衔接的现实，加强相关的制度创新，尽快出台和完善相关的法律法规，制订与农业产业组织相关的治理结构等规则，以降低交易成本，促进经济合作。二是积极构建与农业产业化相关的产业链。要重点发展和建设"农工商横向产业一体化"，在农业生产的各个环节中加强与银行、上下游企业的联系，重点发展农工产业集群，提升市场适应能力和竞争力。三是鼓励和引导农业生产中的合作与联合。积极鼓励和组织生产相同或区域邻近的农业产业进行合作或联合，以生产组织来替代个体生产，发挥协调合作效益，规避风险的同时，实现经济效益最大化与合作共赢。

第三，为乡镇企业发展提供有利条件，在小城镇建设过程中着重解决城乡就业矛盾。当前，我国工业化已进入中后期，城镇化也进入到矛盾突发期，农村大量剩余劳动力的转移一定程度上制约了我国城乡一体化发展及新型工农关系构建。所以，当前一是要大力发展乡镇企业，引导农村剩余劳动力在乡镇企业就业。在制度产权方面，要进一步深化乡镇企业改革，努力建立现代企业制度，进一步明晰乡镇企业产权，支持乡镇企业做大做强，引导乡镇企业向小城镇集中布局，这样可以改变乡镇企业分布分散的情况，有利于发挥集群效应和外部经济效应。二是大力推进中小城镇建设。当前，我国仍有部分农村剩余劳动力无法向大城市转移，可以先推进农业人口的城镇化，之后再由城镇发展到城市。目前，应积极制订与中小城镇建设相关的发展规划，加强和完善小城镇中的基础设施建设，改善乡镇公共服务质量，同时不断加快户籍制度改革，为农村剩余劳动力向城镇转移提供制度保障。此外，还应大力发展劳动密集型的城镇企业和服务业，在解决城镇居民就业的同时，也可以吸纳周边农村剩余劳动力来小城镇就业。

第四，加快推进农村信息化建设，打造工农互惠的信息交流平台。当前，我国农村地区普遍存在着经济发展水平不高、农民科技文化素质低下等问题。同时，广大农村地区一般交通条件较差，与外界沟通不畅且交通通信等基础设施建设落后，这不利于农民获取各类市场中的经济技术信息，造成了生产经营的盲目性，不利于农业资源的配置效率和农民增收。此外，各地区农业信息不能及时与外界沟通交流，也对工业获取农业原料带来了负面影响，不利于城乡一体化发展。当前，政府有关单位需要重点加强与农业相关的经济技术信息网络的建设，为农村经济发展和科技运用保驾护航，构建一个全国乃至全球的信息服务平台，为广大农民、乡镇企业以及其他各类工业企业获取生产、销售、人才、科技等各种相关信息提供帮助，提高农业生产经营的信息化水平，推进农业现代化进程，从而切实提高农民收入，最终实现工农一体化互惠发展。

第五，重点筹办各类联谊和共建活动，密切工农关系。构建和谐共赢的新型城乡关系对于城乡一体化发展有重大意义，所以应积极鼓励和引导各类工业企业与广大农村地区加强联系，可以经常开展各种交流互动的活动，共同推进精神文明建设。各类工业企业要以履行企业社会责任为主题，积极帮助农村地区发展经济，为周边农村地区提供就业岗位，千方百计地帮助农民增加收入。各类工业企业在处理与农村的关系时，应积极努力探索工农互惠互利的发展途径，及时总结有关经验和教训，认真规划和开展工作，在新的历史时期建设具有时代特点的工农联盟，为推进城乡发展一体化、构建新型工农关系做出应有贡献。

（三）美丽乡村建设顺应农村居民的期待

建设亿万农民的美好家园，共筑中华民族的美丽乡村，是广大农民群众的美好愿景。让生活在乡村的农民既能享受现代化物质文明，又能置身于山清水秀的绿色家园；城市的市民既能享受健康安全的美食美味，又能体验乡土中国历久弥新的传统氛围。这是全体国人的共同心愿，更是中国梦动人心魄的力量之源。美丽乡村的美丽包含两层意思：一是指生态环境良好和基础设施完善；二是指农民富裕、社会和谐。具体包括四个层面的改善：生态环境优美、基础设施完善、收入增加、幸福感提升。

1. 生态环境的改善

美丽乡村是美丽中国的基础，没有山清水秀的乡土中国，就没有美丽中国；没有天蓝水净的美丽乡村，也就没有生态文明。那么，美丽乡村怎么建？如何处理好农村经济发展与环境的关系？十二届全国人大政府工作报告明确指出："村庄建设要注意保持乡村风貌，营造宜居环境，使城镇化与新农村建设良性互动。"这可理解为现阶段中国建设美丽农村的内容与目标。

（1）美丽乡村生产、生活环境的目标

五千年的中华文化源远流长，中华文明发源于村庄，无论大小，每个村庄都是中华民族的重要组成部分，其风貌是历史沉积的结果，蕴藏了田园风光、韵味与故事，是今天人们旅游观光、休闲养生的好去处。当前一些地区大拆村庄，也就不可避免地拆掉了乡村的风景和故事，拆掉了中华民族的历史。保持乡村风貌，一要保留传统村庄历史布局。据调查，我国许多传统村落有老街、老屋、老桥、老树、老井，个个都有故事可讲，个个都渗透着祖先的古老智慧。有形无形的民族文化元素，经过挖掘整理、妥善修葺保护，不仅能保存下历史的记忆，还能为美丽乡村增添深厚的内涵。二要挖掘文化底蕴，展现人文内涵。我国许多传统村庄也都遗留着有科学价值和艺术价值的文物古迹、建筑文化艺术、名人故居、革命遗址和手工工艺等文化遗产。这就是人文内涵，应予以呵护，古为今用。

英国《经济学家》每年推出全球宜居城市排行榜，评定内容包括社会稳定、医疗健康、环境、文化教育水平和基础建设5项指标。我们建设美丽乡村也可以借鉴这些指标。从我国村庄出发，营造宜居环境，应当是既要实现农民增产增效，又要保持原生态的自然环境。据有关报告，我国人口2030年将达到顶峰，即使城镇化率达到70%，还有30%的人生活在农村。城镇化前提是让农民先富起来。如果不把农村经济发展好，为了城镇化而城镇化，建成美丽乡村也就无从谈起。

实现经济发展与保护生态环境的目标，营造宜居美丽乡村，应包括以下内容：其一，营造优美的生态环境，传统乡村大都拥有良好的生态环境，这是大自然的恩赐，更是人民群众长期共同维护的结果，要维护山清水秀、蓝天白云的良好生态环境；其二，实现生产发展（如现代畜牧业和种植业、特色旅游产业等）、生活富裕、生态良好的平衡发展；其三，建设比较完善的基础设施和生活设施，包括现代化的交通设施、水电供应设施、生产生活垃圾处理设施，便利的医院、银行、邮电以及学校等，全面改善农村生产生活条件，实现城乡公共服务均等化；其四，加强农村生态建设、环境保护和综合整治，尤其加强农作物秸秆综合利用，搞好农村垃圾、污水处理和土壤环境治理，实施乡村清洁工程，加强农村河道、水环境综合整治等。当下农村的污染排放已占全国污染排放的"半壁江山"，不少乡村生态环境不同程度恶化，甚至出现垃圾围村的现象，房前屋后垃圾乱丢。

（2）建设生态新农村，实现永续发展

经济基础决定上层建筑。然而，发展农村经济绝不能以牺牲生态环境为代价，绝不能走先污染后治理的老路。若经济的发展伴随着生态环境的恶化，同样会降低农民的幸福感。目前我国的工业化发展速度惊人，但一些高度发达的地区已经付出了巨大的生态代价和社会代价。开着劳斯莱斯、喝着受到污染的水、得一些怪病或重病，这样的生活又有什么幸福感？因此，农村要在发展经济的过程中兼顾生态，坚决避免破坏性的开采和破坏性的利用。不发展没有出路，但不科学的发展是死路；发展是硬道理，但是这个"硬道理"要建立在可持续发展的基础上。自然生态是支撑可持续发展的坚实基础。要金山银山，更要秀水青山；要衣食丰富、腰包鼓鼓，也要山水做伴、人情和美。打造农村生态文明，必须着力转变粗放式的生产经营方式。经济基础决定上层建筑，农业生产方式转变是打造农村生态文明的重要保障。

（3）防止面源污染，发展循环经济

点源污染是农村在工业化、城镇化初期的污染特点，具体表现为乡镇企业、村民聚集点的污水及垃圾的收集处理等。为解决农村的点源污染问题，要集思广益，总结农村污染的特点，结合当地实际建立一些简易高效的生产和生活的污水处理设施和垃圾填埋设施。同时，农村的面源污染主要表现为滥用农药化肥及家禽家畜散养等造成的污染。针对这种状况，要重点加大面源污染问题的解决力度，要大力倡导使用绿色肥料，逐步减少化肥的使用量。要减少农药的使用量，积极采取生物措施，以解决农作物的病虫害问题。农村应当尽早推行改厕、改灶、改栏的"三改工程"和沼气的推广应用。努力使农村的点源污染和面源污染能够逐步妥善地得到解决。传统的农业生产方式只关注农业产量，忽视农村环境保护，大量使用化肥、农药、地膜等，造成水污染、大气污染、土质破坏等，制约了农村经济社会的进一步发展。必须着力改变粗放式的农业生产经营方式，大力发展现代化农业，大力发展特色农业，促使农业增产由依靠资源要素投入为主向依靠科技进步、创新经营转变，切实实现农村经济的可持续发展，实现农村环境的良性发展。走农业可持续发展之路，用生态文明理念引领现代农业，大力提倡生态农业、绿色农业，使农业生产与环境相协调，循环可持续。通过加快培育新型农民，提升新生代农民的整体素质，引导他们养成健康、绿色、环保的生活方式，使人与自然和谐相处能够落到实处。

2.基础设施的建设

长期以来，我国经济建设以城市为中心构建工业体系，忽视了农村的发展，特别是农村基础设施建设相对于城市十分落后，城市发展很快，城乡差距不断拉大。在社会主义新农村建设中，必须充分认识加强农村基础设施建设的重大意义，以科学发展观为指导，大力发展城乡一体化，大力加强农村基础设施建设，进一步改善农民的生产生活条件。

各国的发展经验表明，建设和完善农村基础设施对农民增收、农业增效和农村发展具有关键的基础性作用。农业经营收入是农民收入的重要组成部分，但经营收入依赖于运行良好的基础设施。由此，如何用好农村基础设施建设资金并真正发挥其功效是一个很现实且重要的话题。

（1）乡村基础设施的功能

乡镇交通条件和医疗卫生设施在降低农业生产成本和增加农民收入方面有显著作用。大量学者的研究表明，农村道路、电力、通信和教育基础设施建设水平对我国农业经济发展和农民人均收入均有统计上的显著影响，其中有关教育的基础设施的作用最显著，而道路、电力和通信设施的作用在个别方面显著。从长期和短期两方面来看农村基础设施建设对农村经济发展的促进作用，短期来讲，农村仍然存在大量剩余劳动力，基础设施投资增加会引起乘数效应，成倍地创造就业机会和增加农民收入；从长期效益来讲，良好的基础设施条件能够为农民的生产经营提供便利，节约农民的交易成本，提高生产和交换的效率，最终实现农村经济内生性增长。

据研究，在其他条件不变的情况下，农村投资中每增加 1 元道路投资可以对农业贡献 3.84 元，每万元道路投资可减少 3.61 人的贫困人口数；每增加 1 元水利设施投资可以对农业贡献 1.75 元，每万元水利投资减少 0.77 人的贫困人口数。农村水、电等和生活有关的小型基础设施建设属于高度劳动密集型，能够吸纳众多的农村劳动力，对增加当地农民收入有显著作用。农村基础设施在推动农村农业生产，降低农业经营成本，提高农民素质，提高农村经济市场化程度，提高农民的购买能力等方面具有重要作用，通过影响这些方面来增加农民收入，改善乡镇交通、农业科研项目和农村医疗卫生设施，可以有效降低农民生产支出和增加农民收入，所以政府应该进一步加大对农村基础设施的投资力度。

（2）建立长效稳定的基础设施建设投入增长机制

建立长效稳定的财政支农增长机制是解决我国农业农村基础设施投资不足问题的有效保障，今后国家对农业农村基础设施建设投入，不仅总量要增加，而且投资结构要调整。应严格按照"多予少取、灵活多变"的方针政策，制定一系列适合我国国情的支农惠农措施，改善农村生产生活环境，降低农民生存发展成本，促进农民增收。第一，在宏观政策方面，应及时地在农业农村基础设施建设方面采取积极的财政政策，通过制定一套科学有效的政策框架，稳定财政支农现有渠道，创新渠道，高效运用农业农村基础设施建设投入。第二，减免农村居民负担，巩固农村税费改革的成果。各级财政部门贯彻执行中央的部署计划，调整农村基础设施建设支出结构，尽量减少或者取消农民的配套投入，原则上不增加农民的负担。支持农村金融服务的发展，鼓励农村和城市的金融机构加大对农村基础设施建设的投入。进一步调动和保护农民参与基础设施建设的积极性，促进农业生产水平的提高。第三，对农村的投入要做到可持续发展，用于农村基础设施建设投资的预算规模要逐年扩大。可以灵活地采取政府贷款、发行国债等各种积极有效的方式增加资金来源。

同时，还需要调整基础设施建设地区优先序和类别优先序。破除传统二元财政分配结构，协调好东、中、西部农村基础设施建设，注重协调区域经济发展。根据基础设施建设的重点与难点，协调好各类农村基础设施建设，确立基础设施建设类别优先序，继续加大对农业农村基础设施的投入。第一，政府在财力增长的情况下，要科学把握农业农村基础设施建设的配套和补贴方式。通过多种方式扩大中央财政对农村的转移支付，重点向中西部地区和农村落后地区倾斜，大中型基础设施建设要对中西部地区降低配套比例，合理设计补贴制度。第二，采取中央和地方共同出资的办法，加强对农业农村基础设施建设的投入，两级政府需要共同将积极财政政策的投资向农村信息和通信基础设施的建设倾斜。第三，对于在长期内才能发挥效用的基础设施应继续加大建设力度。例如，下一步要攻克农村道路建设中自然村与自然村之间的道路衔接、提升乡镇卫生院的设备和医疗人员配备水平等难题。

最后还要积极推行农村基础设施建设村民自建机制。为从源头上抑制基础设施建设资金挪用、截留问题，使投入资金实实在在落在基础设施建设项目上，须推动基础设施建设项目投资管理体制改革，变政府代建制为村民自建制，实行由政府出钱，工程项目由村民"自选、自建、自管、自用"和政府进行监管服务的新机制，让农民拥有自选工程项目、自主建设和自我管护的自主权。第一，采取民主投票的方式确定建设项目，这样才能充分调动群众参与决策的积极性，基础设施项目以村为基本单元，由省级相关部门直接预拨投资额度，省相关部门并不确定项目，只下达投资规模；村委会在下达有关项目的时候，要组织召开村民代表大会，根据大多数村民的意愿，采取民主集中制原则选定建设项目，按照规定程序公报核准。第二，为充分保证项目的有效实施，设定建设项目理事会，由村委会组织村民代表大会民主选举产生项目建设理事会，选举过程必须做到直选、无记名投票、现场宣布结果和村内公示，确保项目理事会选举公开公正。第三，建设项目要民主，要充分调动村民自主建设的积极性。项目核准后，将项目建设权交由村委会选举产生的项目理事会，理事会在村委会领导下，在村民的监督下，负责项目建设与管理，按照县（区）批准的实施方案负责施工、建筑材料采购、派工、设备租赁、财务支出管理、质量监督、项目费用明细支出公示和报账等。

3.增收增效的保障

农民占我国人口的绝大部分，是中国改革开放和现代化建设的重要力量和受益者。但近年来由于多种原因，农民人均收入增长缓慢，城乡收入差距不断扩大，城乡经济发展不平衡已经成为制约全面建设小康社会和美丽乡村建设的主要障碍。这不仅影响了农民增收，而且影响了粮食生产和农产品供给；不仅制约农村经济发展，而且制约整个国民经济的健康发展；不仅关系到农村社会进步，而且关系全面建设小康社会能否顺利实现。因此，农民增收问题不仅是重大的经济问题，更是关系到国家和社会稳定的重大社会政治问题，是中国实现现代化必须解决的重大问题。党的十八大提出了城乡居民人均收入翻一番的宏伟目标，实现这一目标的重点和难点都在农民增收。近年来，我国农民收入结构、增收动力机制以及宏观背景都发生了深刻变化。当前农民增收的内外部条件总体有利，农民收入有可能迎来又一个快速增长的"黄金期"，但制约农民增收的深层次矛盾依然存在，城乡、区域、群体以及收入内部构成等方面的结构性问题突出。实现农民收入倍增目标，需要抓紧开展促进农民增收的顶层设计，从初次分配和再分配两个环节全面促进农民增收，在城乡一体化发展中持续缩小城乡居民收入差距。

"三农"问题的核心是农民增收问题。近年来，尽管农民收入略有回升，但我们不能盲目乐观。目前城乡收入差距仍然十分巨大，农民增收困难重重。促进农民增收致富，是美丽乡村建设的必然要求和根本保证。实际上，农民增收远不如人们想象的普遍和稳定。我们应该努力从根本上解决影响农民增收的深层次矛盾，建立农民收入持续快速增长的内生机制。农民增收的主要影响因素有资源禀赋不足、城乡二元结构、农民权益缺陷等，这些主要因素呼唤构建农民增收的长效机制。促进农民收入稳定增加可以有如下思路：

①技术革命。就是依靠科技解决"三农"问题，利用高新技术改造传统的粗放式的生产经营方式，依靠加快农业科技创新来构建粮食安全与农民增收长效机制。

②统筹城乡发展。解决"三农"问题不能头疼医头、脚痛医脚，问题不仅出现在农村，解决这个问题要和城市发展结合起来，努力实现城乡一体化发展。加快破除城乡二元结构的速度，统筹城乡发展和深化农村改革是促进农民增收的有力保障，主要内容包括公共服务一体化建设，完善社会保障体系、废除户籍制度等一系列社会制度体系。

③农村基础设施投资。应该动用财政力量，支持农村自来水化、电气化、道路网为核心的新农村建设。当前供求关系发生了变化，农民增收的三条基本渠道即发展商品性农业、兴办乡镇企业和进城务工，对农民增收有一定的局限。因此，必须开辟农民增收的第四条渠道，即政府应大规模向农村基础设施建设领域投资，增加农民收入，进而提高农村的消费力，借助乘数效应增加农民收入。

④就业保障。在农业方面，为了避免谷贱伤农的现象，要适时地提升农产品价格，维护农民生产的积极性；在二、三产业方面，要鼓励和创造条件转移农村富余劳动力，解决"三农"问题的中心环节。当前农业不再是农民增收的主要来源，只有大力发展非农产业，加快农村人口转移，才是今后一个时期农民收入增长的必然选择。促进农民就业的途径一是推动剩余劳动力向外转移，二是减少农民数量。根据刘易斯

的"二元经济理论"，减少农民数量是国外工业化先行国家农民收入增长的成功经验。

⑤加大资源投入力度。现代生产要素和人力资本的投资才是增加农民收入的关键着眼点，要合理地引导和运用农民的投资，并且要积累农村居民的人力资本，特别要努力提高农民的整体素质，主要方法是增加教育投资、对他们进行必要的职业技能培训。提高农村人力资源质量是增加农民收入的人力保障。

⑥综合推进。影响"三农"问题的因素众多，不是靠某一方面所能解决。农民增收长效机制在于能够克服各种不利因素的综合影响，归根到底还是需要通过制度创新，多途径地解决不同群体农民增收的制度性障碍。要增加农民收入，必须贯彻"多予、少取、放活"的方针。要从微观层面和宏观层面全面促进农民收入持续、稳定、健康地增长，用综合措施来建立长效机制。

4.生活质量的提高

当前，我国已进入一个敏感的"矛盾凸显期"。在社会转型期间，我国收入分配不公和贫富差距拉大的问题已十分严重，人们的生活方式、思维方式及利益主体的多样化等诸多矛盾，对不同社会阶层的人群心理造成了较大的影响。改革开放以来，"蛋糕"虽然做大，但是农民群众对"蛋糕"的分配方式感到不满，农民的幸福感并没有随着"蛋糕"的做大得到同步增强，这显然不符合共同富裕的原则。"有无幸福感"已成为社会各界关注的热点问题。所谓的幸福感主要是指个体根据现有的社会评价标准对自己的生活现状进行的一种整体性与肯定性的评估，也即个体对自己生活满意度的一种主观反应，其中包含了人内心的积极情感。农民的主观幸福感是当代农民对自己目前生活质量的一种主观评价，其主观幸福感的高低与农民享受的权益和社会保障等有密切的联系。

现阶段，我国处于工业化的中后期，城镇化水平仍然不高，农民在全国人口总数中依然占有较大比例。中国经济社会发展不平衡和城乡差别扩大，使得农民社会地位逐渐边缘化。当前我国正在建设社会主义和谐社会，幸福感问题成为评价落实政府施政的重要指标，进一步提升农民的幸福感，自然成为现阶段各级政府和社会各界关注的一个重要课题。

建设美丽乡村关系到广大农民群众的根本利益。美丽乡村建设的成功与否应当以农民群众满意不满意、高兴不高兴、幸福不幸福为依据。农民的幸福感是衡量美丽乡村建设程度的重要指标和晴雨表。通过对农民幸福感问题的研究，探索提高农民幸福感的有效途径和方法，真正提高农民的幸福感水平，对促进美丽乡村建设，进而维护我国农村的稳定，促进全面建设小康社会的实现，具有重要的理论意义和现实意义。

提升农民幸福感主要面临两大问题：第一，农民的民主权利得不到有力保障，政府惠农政策不能落到实处。在现阶段，农民的幸福指数，很大程度上源于其民主权利得到保障的程度和社会地位。畅通农民诉求渠道，让农民充分地行使其民主权利才是农村基层民主政治建设的重点工程。第二，社会保障体系不够完善，尽管在全国范围内开展新型农村社会养老保险试点，也在一定程度上消除了农民老无所养、老无所依的顾虑，但是目前我国的社会保障事业发展还十分不均衡，社会管理体系仍须改善，这也成为影响农民幸福感提升的一个关键性因素。我国现有的社会保障制度受到二元经济结构的严重制约，具有非常明显的"城乡分割"的二元结构特征。原有的社会保障制度的侧重点在城市，而在广大农村地区劳动者主要以家庭保障和个人保障为主，在社会保障的体制框架内，他们所能享受的社会保障利益微乎其微。农村社会养老保险政策尚待试行，保障效果还未真正显现，在一段时间内，困难群体、留守老人的生活困难问题还得不到彻底解决。

虽然近年来国家不遗余力地解决"三农"问题，但由于方方面面的原因，城乡二元经济结构仍然存在，城乡贫富差距还在进一步拉大。因此，我们需要深入探究"三农"问题的根源，找到从根本上提升农民幸福感的切实可行的对策，不仅是为了中国社会的稳定，更是为了八亿多农民兄弟的未来。以下分别从公共服务、民主政治、社会管理三个方面提出提升农民幸福感的具体途径。

首先，建立完善的基本公共服务体系，让农民生活无后顾之忧。调整国家财政资源和建设资金的投向，由以城市为主向更多地支持农村转变，优先安排农民最急需、受益面广、公共性强的农村公共品和服务，统筹推进城乡教育、卫生、文化和社会保障等体制改革，全面提高农村社会事业的支出数量和质量。一是健全覆盖城乡居民的社会保障体系。社会保障作为一项基本制度，是经济社会发展的"安全网"和"稳定器"。经过多年努力，我国社会保障体系已初步建立，但总体上还不完善，主要是城乡社会保障发展不平衡，一些基本保障制度覆盖面还比较窄，基本统筹层次低，保障水平不高，与农民的期待相比还有不小差距。二是加快医疗卫生事业改革发展。在我国农村，"看病难""看病贵"问题仍然比较突出，总量上讲，我国医疗卫生服务供给仍然不足，结构上讲，医疗卫生资源配置不均衡，城乡医疗保障水平差距较大，按照中央深化医药卫生体制改革的重大决策，到 2020 年要基本建立覆盖城乡居民的基本医疗卫生制度，实现人人享有基本医疗卫生服务。这是我国医疗卫生事业发展从理念到体制的重大变革，也是一个逐步的、长期的甚至是艰苦的过程。为此，中央提出要重点推进基本医疗保障制度、国家基本药物制度、基层医疗卫生服务体系、基本公共卫生服务、公立医院改革试点五项改革。三是大力发展农村义务教育，加快教育改革发展，把一些优质教育资源向农村转移，这是国家现代化建设的根本大计。在党和国家工作全局中，必须始终坚持把教育摆在优先发展的位置，这样才能做到科教兴国。要按照优先发展、促进公平、提高质量的要求，推动城乡教育事业协调发展，努力提高农村现代化教育水平。

其次，加强农村民主政治建设，通过保护农民合法权益，不断提高农民的政治参与度。相对于城镇居民，农民的参政议政渠道较为狭窄，由于农村民主政治不完善，许多农民的利益诉求表达不畅，很大程度上压抑了农民的幸福感。为此，需要创新具体制度，提升农民的政治地位，保障其合法权利。通过制度创新，确认一定数量的农民人大代表或农民政协委员，让农民代表走进"两会"，让党中央和政府能够倾听到农民的心声，加强国家政治机构中农民的话语权。同时，加强政府对农协的立法和扶持，利用法律改变农民在利益分配格局中的弱势地位。此外，应努力建立和健全村民自治制度。广大农民群体是农业和农村的根基，要采取各种措施提高农民的维权意识，让农民对自身的权益有所认识，能够凝聚起来，为维护自己的权益而努力，要不断提升农民的参政热情和水平。

最后，改革户籍管理制度，打破城乡分割的二元结构。农民弱势地位的成因很多，也很复杂，而最为重要的一个因素即为城乡二元结构。这种结构是根据户籍、身份等将农民和城市居民进行人为划分，这样农民被标上了"二等公民"的标签，人为造成了农民与城市居民的差别待遇，严重损害了农民作为国家公民的合法权益。传统的户籍制度形成了城乡二元体制桎梏，造成城乡居民在社会福利和教育、医疗保障等方面的差别待遇，很大程度上阻碍了农民幸福感的进一步提升。因此，要改革户籍管理制度，让农民群体和城市居民群体做到真正意义上的"一体化"，打造农民群体的幸福家园。

二、美丽乡村建设的理论依据

（一）城乡统筹理论

乡村和城市是区域发展两个不可分割的主体，二者之间的关系一直是国内外学者和政府决策者研究关注的重点和热点问题之一。不同学者从各自的角度对这些问题进行了研究，产生了一系列城乡发展理论。这些理论是美丽乡村建设的重要依据。

1.城乡统筹理论萌芽

自工业革命以来，随着西欧资本主义的发展，社会贫富严重分化，基于对当时社会经济发展中各种问题的深刻认识，西方早期的许多学术流派都主张城乡平衡发展。以圣西门、傅立叶和欧文为代表的空想社会主义学说中已经包含了城乡一体发展的原始构想，如圣西门的城乡社会平等观、傅立叶的"法郎吉"与"和谐社会"、欧文的"理性的社会制度"与共产主义"新村"都从不同侧面体现了城乡协调的构想。西方早期城市理论学者也相当重视城乡一体发展，城市规划理论的重要奠基人霍华德明确提出了要建设兼有城市和乡村优点的理想城市，即"田园城市"，田园城市实质上是城和乡的结合体。

恩格斯是最早提出"城乡融合"概念的人。恩格斯认为，乡村变为城市，生产者也改变着，通过生产而发展和改造着自身，造成新的力量、新的观念、新的需要和新的语言。列宁在对城市研究的基础上进一步指出，在所有的现代国家，城市是人民的经济政治和精神生活的中心，是进步的主要动力。

2. 城乡协调理论

20世纪50年代后的城乡协调理论主要围绕城乡发展关系而展开研究，主要包括二元经济理论和非均衡增长理论。

（1）二元经济理论

城乡关系是发展经济学研究的主要对象之一。发展经济学探讨了发展中国家在经济发展过程中普遍面临的城乡关系、结构变迁、劳动力转移等一系列重要问题，形成了基本的理论分析框架，特别注重用二元结构解释经济发展过程中的城乡、工农关系等问题。

美国经济学家刘易斯是最早分析二元结构对经济发展影响的发展经济学家。1954年，刘易斯在其论文《劳动力无限供给下的经济发展》中提出"二元经济"模型。他认为，发展中国家一般存在着性质完全不同的两个经济部门：现代工业部门和传统农业部门。经济发展的中心是传统农业向现代工业的结构转换。两个部门的生产组织和劳动力市场有着本质的差别，农业部门是发展中国家传统生产部门的典型代表，农业部门生产效率比较低下，劳动者收入水平很低，但农业部门的劳动力十分丰富。工业部门发展没有劳动力供给的约束，可以源源不断地获得从农村转移出来的大量富余劳动力。刘易斯认为，经济发展过程就是不断扩大现代工业部门，为传统部门的剩余劳动力提供就业机会的过程。也就是，通过现代大工业的发展，取得资本的积累，使工业部门的工资高于农业部门的工资，引起农村富余劳动力转移，引发产业结构的演变，使城市化水平得以提高，最后经济由二元变成一元。

拉尼斯和费景汉继承并发展了刘易斯的劳动力转移模型，认为农业对经济发展的贡献不仅在于为工业部门扩张提供所需的劳动力，还为工业部门提供农业剩余，工业和农业两个部门平衡增长对避免经济增长趋于停滞很重要。因此，要实现农村剩余劳动力向城市现代部门顺利转移，必须保证持续的农业生产率提高。

乔根森提出了农业剩余下的二元经济发展模型。乔根森也把发展中国家的经济划分为两个部门，一个是以农业为代表的传统部门，一个是以工业为代表的现代部门。落后的传统农业部门的产业和收入是人口增长的函数，劳动边际生产力大于零，农村不存在隐蔽失业，农业剩余是农业经济转变为二元经济的前提条件；技术进步是工业部门发展的重要推动力量，工业部门和农业部门之间的贸易平衡由技术进步率、农业部门技术进步率、人口增长速度等参数决定。工业部门的技术进步越快，储蓄率就越高；劳动力增长越快，经济也就增长越快，最终完成二元经济结构的转化。

（2）非均衡增长理论

1950年，法国经济学家弗朗索瓦·佩鲁提出的增长极理论是其代表。他认为，增长并非同时出现在所有地方，它以不同的强度出现于一些增长点或增长极上，然后通过不同的渠道向外扩散；并对整个经济产生不同的最终影响，城市作为一个增长极，城乡之间的联系主要是城市资源要素通过不同渠道向农村扩散来实现，强调以城市为中心，资源要素从城市到乡村的流动来带动乡村地区的发展。

美国学者弗里德曼于1955年出版的《区域发展政策》中提出"中心外围"理论，认为在若干区域之间因多种原因个别地区会率先发展起来而成为"中心"，其他区域因发展缓慢而成为"外围"，中心与外围之间存在着不平等的发展关系。从总体上看，中心居于统治地位，而外围在发展上依赖于中心；中心依靠技术进步、高效的生产活动以及生产的创新优势而从外围获取剩余价值。城市和乡村在谋求发展的过程中势必对区域内有限的资源禀赋展开激烈的竞争，在资源和要素趋于高投资收益和机会的诱导下，城市逐步成为"中心"，乡村成为落后的"外围"地区，形成了城乡经济不平等的发展格局。

缪尔达尔在《经济理论和不发达地区》一书中提出"地理二元结构"，利用"扩散效应"和"回流效应"概念，把二元结构理论引入了经济发展理论。他指出，城乡的诸多差异会产生并引起"累积性因果循环"，导致城市区域发展更快，乡村区域发展更慢，使城乡差异在逐步增大中出现"马太效应"，最终在空间组织结构上呈现为"中心外围"结构。要改变这种地理上的二元经济，政府应该在某些发达地区累积发展优势时采取不平衡发展战略，促进其扩散效应的形成。

美国经济学家赫希曼提出了区域非均衡增长的"核心区——边缘区"理论。赫希曼认为，经济发展不会同时出现在所有地方，率先发展或具有较高收入水平的区域为核心区，与核心区相对应，周边的落后地区称为边缘区。在核心区与边缘区之间同时存在着两种不同方向的作用，赫希曼称其为"极化效应"和"涓滴效应"。在经济发展初期"极化效应"强于"涓滴效应"，区域差距逐步拉大，主要表现为资本、技术、高素质劳动力等集中在核心区，而在经济发展后期"涓滴效应"要强于"极化效应"，核心区对边缘区形成积极的推动，使核心区的资本、技术、劳动力等向边缘区扩散，促进边缘区的发展，从而缩小区域差距，从长期来看整个地区将趋向均衡。

在城乡空间作用中，极化效应主导发展趋势。缪尔达尔认为，在市场经济体制中"自由市场的作用使经济向区域不均衡方向发展是一个内在的趋势"，"这种趋势越强化，农村也就越穷"。要改变这种地理上的二元经济，政府应该在某些发达地区累积起发展优势时采取不平衡发展战略，促进其扩散效应的形成。在对发展极两种效应的认识上，缪尔达尔和赫希曼都认为，任由市场机制的自发作用，"回流效应"（"极化效应"）总是大于"扩散效应"（"涓流效应"）。为防止区域差距过于悬殊，不应消极等待"扩散效应"，而应由政府采取积极的干预政策，刺激落后地区的发展。

这些理论视角有利于深化对城乡关系的认识，也为我国新时期统筹城乡发展提供了重要的理论参考。在当前和今后相当长一段时间内，城市和农村作为人类社区的两种基本形式仍将长期存在。城市和农村是一种共生共荣的关系，而不是谁消灭谁的关系。城乡本质上有区别，认识这种区别，差别化规划建设，才能互补发展。城乡一体化并不是同质化。缩小和消除城乡差别最根本的办法就是解放生产力和发展生产力。当生产力发展到一定阶段的时候，城市反哺农村、工业支持农业是实现统筹城乡发展的重要手段。

3."城市偏向"理论和"乡村偏向"理论

（1）城市偏向理论

20世纪70年代后，英国经济学家利普顿认为，"对城市的偏向（包括政治、社会、经济各方面）导致了乡村的贫穷"，"农村地区的不平等也大部分归因于发展政策的城市偏向"，认为城乡关系的不平等是乡村贫困的根源。发展中国家城乡关系的实质就在于城市人利用自己的政治权力，通过"城市偏向"政策使社会的资源不合理地流入自己利益所在地区，而资源的这种流向很不利于乡村的发展，其结果不仅使穷人更穷，还引起农村地区内部的不平等。

英国经济学家科布纳基从社会结构变化的角度来认识城乡联系，他认为城乡联系是一些社会基本结构作用的结果，并依附于这些社会进程。他并且认为"城市偏向"

的原因在于低廉的食物价格以及其他一系列不利于农村的价格政策，偏向于城市工业的投资战略及其导致的乡村地区技术缺乏，农村地区普遍存在的医疗、教育等基础设施的落后。

城市偏向理论强调非市场因素对城乡发展失衡的影响，具有很强的对策指向性。以城市偏向理论为基础，提出"自下而上"的城乡关系发展战略，内容包括加强农村的综合发展与综合建设、积极发展非农产业、改善农村人口的生活环境和生存条件、缩小城乡之间就业机会的差别、减轻城乡收入不平衡性等。

（2）乡村偏向论

"城市偏向"理论的提出引发了对自下而上发展战略的探索。弗里德曼和道格拉斯首次提出了乡村城市发展战略。这一战略认为，在地方层面上与城市发展相关联，乡村的发展才能取得最好的效果；城镇应作为非农业和行政管理功能的主要场所，而不是作为一个增长极；本地文化应该纳入地区规划的范畴，而行政区是适当的发展单位。乡村城市发展战略代表了一种空间发展的基本需求战略，适合于那些人口稠密、人口增长率高、处于早期城市工业化、高度对外依赖、不平衡指数在上升的发展水平较低的农业社会国家，以亚洲和部分非洲国家最为典型。乡村城市发展战略的问题在于：乡村城市与现存城市的关系不是很明确；乡村城市不依赖集聚经济，可能导致发展的低效益；只要求基本需求，所以人均收入水平低。

（二）新农村建设理论

1.托达罗的农村发展理论

托达罗在考察发展中国家城市失业问题时，发现仅依靠城市工业扩张不能完全解决发展中国家的城乡发展和城市失业问题。经济学家托达罗提出一个预期收入的模型，来解释城市失业人口与乡村人口向城市涌入两者并存的现象。托达罗对农村剩余劳动力的转移提出了如下几个假设：第一，农村人口向城市的迁移量或迁移率与就业概率成正相关，城市就业机会越多，来自农村的劳动力移民规模越大。第二，农村劳动力依据自己对城市就业机会的了解而做出迁移的决策，带有很大的"盲目性"。第三，农村剩余劳动力进入城市后，并非全部立即进入现代工业部门。第四，农村劳动力移入城市的因素有三个：一是人们对城乡间"预期收入"的期望；二是城市就业的可能性，就业可能性越小，农村人口就越会认真对待这种迁移行为的选择；三是城市人口自身的自然增长的状况。

从托达罗模型可以得出如下几个结论：第一，对迁移的成本——收益的比较分析，是人口流动的决策基础；第二，城乡预期收益的差异是决定人们迁移决策的关键变量，而影响城乡预期收益差异的主要因素是现在的工资水平与就业率；第三，现代部门的就业率取决于城市传统部门就业总人数与城市现代部门的新创职位数，就业率的大小能自动调整人们的迁移行为；第四，当城乡收入存在巨大差异时，就业率对人们迁移决策行为的影响会减弱，人口净迁移的速度会超过城市现代部门的就业创造率，而出现严重的城市失业现象。

同时，从这些基本结论出发，我们还可以发现该理论对制定有关城乡收入战略、农村发展战略以及工业化战略具有重要的政策意义：第一，应当关注因发展战略偏向城市而引起的城乡就业机会不均衡的现象。这其中，特别要控制城乡收入差异，如果听任城乡收入差距扩大，城市失业问题会不断加剧。人口大量涌入城市，不仅会引起城市的许多社会经济问题，而且最终还会造成农村劳动力短缺的局面。第二，在城市部门中，通过工资补贴和对稀缺要素的传统定价方式不能有效地扩大城市就业。因为这会扩大城乡的收入差异，导致人口流动的进一步加剧。第三，要想控制和消除城市失业，就必须鼓励和支持农村的发展。通过制定和实施有效的农村发展战略，可以提高农民在农村中的收入水平，改善其经济状况，提高农村居民的实际收入水平，这同样起到防止由于农村收入水平低下而使农民过度迁往城市的作用。

2. 舒尔茨改造传统农业理论

美国著名经济学家舒尔茨从 20 世纪 50 年代开始，就强调农业、农村发展在工业化过程中的重要作用，强调人力资本开发对农业现代化至关重要。他认为，在工业化过程中，农业像工业一样是经济的重要部门，农业对经济发展的贡献巨大，重工抑农的政策不可能取得良好的工业化绩效，也不可能使社会现代化，反而会使国民经济因比例失调、结构失衡而陷于停滞，人民生活更加贫困。舒尔茨在他的重要著作《改造传统农业》中指出，传统农业是一个经济概念，不能根据其他非经济特征来分析传统农业。他提出："完全以农民世代使用的各种生产要素为基础的农业可以称之为传统农业"。从经济分析的角度看，"传统农业应该被作为一种特殊类型的经济均衡状态"。舒尔茨的传统农业实际上是一种生产方式长期没有发生变动，基本维持简单再生产的、封闭和长期停滞的经济类型。舒尔茨提出了改造传统农业的对策。

舒尔茨认为，如果仅限于对传统农民世代使用的生产要素做出更好的资源配置以及对传统要素进行更多的投资，并无助于经济的增长，充其量也只能有很小的增长机会。舒尔茨认为，把农业改造成为经济增长的重要源泉是投资问题，即必须使农业投资变得有利可图。他认为，"处于传统农业中的农民一定要以某种方式获得、采取并学会有效地使用一套有利的新要素"。这些新要素可以把"农业改造成一个比较廉价的经济增长的源泉"。为了引进一种新技术，就必须采用一套与过去使用的生产要素有所不同的生产要素。要实现传统农业从长期停滞到快速增长的转化，唯有用高效率的现代农业要素去替代已耗尽的传统要素，这是改造传统农业的根本出路。

舒尔茨认为，农民通过教育、培训、健康和信息取得各方面的投资而形成驾驭现代农业生产要素的能力，他指出："有能力的人民是现代经济丰裕的关键。他们是经济增长的一个主要源泉。如果我们忽视了人的技能和知识的改善，忽视了使一个人变得更有能力的信心，那么经济增长的事业就令人乏味又得不到报偿。""离开大量的人力投资，要取得现代化农业的成果和达到现代工业的富足程度是完全不可能的。"舒尔茨预见人类的未来是由知识发展来决定的，既然人力资本是经济增长的主要源泉，又是相对收益率最高的，就应该加大对其的投资。舒尔茨指出了向农民进行人力资本投资的多种形式，如在农闲期间举办短期培训班，向农民的健康进行投资，向农业人口流动的投资，使他们开阔眼界，更新观念。

舒尔茨认为，"适宜的制度有利于通过现代要素的顺利引入来完成对传统农业的改造。因此，他认为市场体制和农场规模是最重要的两项制度安排，就其体制而言，改造传统农业的体制有两种，一是依靠行政命令，政府不仅要重新组织农业生产，而且要指挥农业活动；二是主要以经济刺激为基础的市场方式，这种刺激指导农民做出生产决策并根据农民配置要素的效率而进行奖励"。舒尔茨认为，市场方式才是有利于传统农业改造的体制安排。

3. 诱导技术变迁论

日本经济学家速水佑次郎和美国经济学家弗农·拉坦，着重研究农业技术在农业现代化过程中的关键作用，提出了诱导技术变迁论。1985年，速水佑次郎和拉坦提出了一个完整的农业发展模型，即在任何一个经济中，农业的发展都要依赖于资源禀赋、文化禀赋、技术和制度的相互作用。他们集中分析了技术变迁对农业发展的贡献以及技术进步在农业转型过程中的作用。他们认为，消除二元经济结构主要取决于农业现代化，农业现代化主要取决于农业技术的变迁及其诱导。欠发达国家农业落后，是因为农业技术落后和停滞，在从自然资源型农业向科学型农业转变方面落后。

三、美丽乡村建设的政策指导

（一）生态文明打造乡村绿水青山

1. 生态文明的演进

回顾人类社会的发展历程，依次经历原始文明、农业文明和工业文明三个阶段，目前正在向生态文明迈进。不同的阶段人与自然关系也各不相同，从崇拜自然到依赖自然，再到掠夺自然，最终发展为融入自然。

原始文明时期，由于生产力水平极其低下，原始人群在生产中软弱乏力，只能通过采集野果、狩猎动物等方式来获取生活资料。人类在从自然界获取必需的生活资料的同时，也承受着来自自然的灾害。虽然人类想尽办法企图克服自然界带来的灾难，但受生产力水平的限制，效果极其有限。在这种背景下就产生了对自然界的崇拜，将大自然的日月星辰、风雨雷电、土地山河、凶禽猛兽等无不加以神化，并对它们产生崇拜。

随着人口的不断增加和生产工具的日益改进，尤其是火的使用和农耕的发明，人类进入了农业文明时期。人类凭借发明的青铜器和铁器等工具，使生产力水平有了质的飞跃，社会发展速度逐渐加快。在这段时期，人类对大自然的开发与改造能力不断增强，虽然对自然的平衡和原来的生态系统内部的稳定造成了一定的冲击，如旱涝灾害时有发生，但是由于当时的生产力水平并不高，人类使用的工具还仅是简单的铁制生产工具，使用的能源也仅是人力、畜力、风力等可再生资源，因此并没有从根本上破坏自然生态系统的平衡。人类的一切行为都要依赖于自然界，对自然的依赖程度不断加深。

随着生产力的发展，在18世纪以蒸汽机的发明和应用为标志爆发了第一次工业革命，从此人类进入了工业文明时期。经过三次工业革命，人类从蒸汽机时代进入电气化时代，继而又步入了以信息技术为代表的高科技时代，科学技术得到了巨大发展，生产力水平得到不断提高。但由于人类的贪婪以及对自身利益最大化的追求，无视大自然的承受能力与可持续发展，对自然界肆意掠夺、任意破坏。最终，科学技术在给人类带来前所未有的物质享受的同时，也给人类带来了前所未有的生态破坏以及与之相对应的自然灾害，如水土流失、土地沙漠化、旱涝频发、全球变暖、生物多样性锐减等。此时人与自然的关系发展成征服与被征服、掠夺与被掠夺、奴役与被奴役的关系。

在人类面对全球气候变暖等自然环境问题束手无策时，人类对传统的工业文明进行了反思。工业文明虽然带给人类巨额的物质财富，但也带给了人类无尽的自然灾害，环境污染、生态破坏已经危及人类自身的生存与发展。人类也逐渐认识到，自然资源并非取之不尽、用之不竭，应该遵守自然界系统的内部规律，与自然和谐共生。人类的科技和经济社会的发展目标应当向协调人与自然界关系进行战略转移。只有合理地利用自然界，才能维持和发展人类所创造的文明。生态文明的思想在此过程中孕育而生，人类开始进入人与自然协调发展的新阶段。

国际上生态文明逐步从边缘走向世界中心的主要标志是联合国等组织发表的报告或宣言。1972年联合国发表《人类环境宣言》；1987年联合国发表《我们共同的未来》；1992年巴西里约热内卢世界环境发展大会发表了《环境与发展宣言》《21世纪议程》，制定了《联合国气候变化框架公约》；1997年在日本京都召开的联合国气候变化会议制定了《京都议定书》；2009年哥本哈根联合国气候会议达成了《哥本哈根协议》。国内于2007年党的十七大首次提出，要"建设生态文明，基本形成节约能源资源和保护生态环境的产业结构、增长方式、消费模式"，这标志着生态文明建设国家发展战略的正式确立及其理论形态的初步形成。2009年，党的十七届四中全会将生态文明建设与经济建设、政治建设、文化建设和社会建设并列。2010年，党的十七届五中全会强调"要加快建设资源节约型、环境友好型社会，提高生态文明水平，积极应对全球气候变化，大力发展循环经济，加强资源节约和管理，加大环境保护力度，加强生态保护和防灾减灾体系建设，增强可持续发展能力"。2012年，党的十八大报告从新的历史起点出发，提出了由生态文明建设与经济建设、政治建设、文化建设、社会建设共同组成的"五位一体"的建设中国特色社会主义总体布局，要求大力推进生态文明建设，加强生态文明制度建设，努力建设美丽中国，实现中华民族永续发展。

2. 生态文明对美丽乡村建设的指导意义

（1）生态文明为美丽乡村建设设计了目标要求

党的十七大报告对生态文明建设目标作了说明，指出"建设生态文明，基本形成节约能源资源和保护生态环境的产业结构、增长方式、消费模式。循环经济形成较大规模，可再生能源比重显著上升。主要污染物排放得到有效控制，生态环境质量明显改善。生态文明观念在全社会牢固树立"。这为美丽乡村建设明确了目标。

（2）生态文明为美丽乡村建设提供了指导思想与原则

党的十八大报告给出了指导思想与原则，提出包含生态文明建设在内的"五位一体"总体布局，指出"把生态文明建设放在突出地位，融入经济建设、政治建设、文化建设、社会建设各方面和全过程，努力建设美丽中国，实现中华民族永续发展"。在生态文明建设中，要"坚持节约资源和保护环境的基本国策，坚持节约优先、保护优先、自然恢复为主的方针，着力推进绿色发展、循环发展、低碳发展，形成节约资源和保护环境的空间格局、产业结构、生产方式、生活方式，从源头上扭转生态环境恶化趋势，为人民创造良好的生产生活环境，为全球生态安全做出贡献"。

（3）生态文明为美丽乡村建设指明了具体实施途径

党的十八大报告提出从"优化国土空间开发格局""全面促进资源节约""加大自然生态系统和环境保护力度""加强生态文明制度建设"四方面推进生态文明建设，这也为美丽乡村建设指明了途径。

① 优化国土空间开发。国土作为美丽乡村建设的空间载体，要按照人口资源环境相均衡、经济社会生态效益相统一的原则，控制开发强度，调整空间结构，促进生产空间集约高效、生活空间宜居适度、生态空间山清水秀，给自然留下更多的修复空间，给农业留下更多良田，给子孙后代留下天蓝、地绿、水净的美好家园。严格按照主体功能区战略中所规划的本地区主体功能定位发展，与其他地区共同构建科学合理的城市化格局、农业发展格局、生态安全格局。

② 全面促进资源节约。节约资源是保护生态环境的根本之策。要节约集约利用资源，推动资源利用方式的根本转变，加强全过程节约管理，大幅降低能源、水、土地消耗强度，提高利用效率和效益。控制能源消费总量，加强节能降耗，支持节能低碳产业和新能源、可再生能源发展，确保能源安全。加强水源地保护和用水总量管理，推进水循环利用，建设节水型社会。严守耕地保护红线，严格土地用途管制。加强矿产资源勘查、保护、合理开发。发展循环经济，促进生产、流通、消费过程的减量化、再利用、资源化。

③ 加大自然生态系统和环境保护力度。良好的生态环境是人和社会持续发展的根本基础。要实施重大生态修复工程，增强生态产品生产能力，推进荒漠化、石漠化、水土流失综合治理，扩大森林、湖泊、湿地面积，保护生物多样性。加快水利建设，增强城乡防洪抗旱排涝能力。加强防灾减灾体系建设，提高气象、地质、地震灾害防御能力。坚持预防为主、综合治理，以解决损害群众健康的突出环境问题为重点，强化水、大气、土壤等污染防治。

④ 加强制度建设。美丽乡村建设需要完整的制度保障。要把资源消耗、环境损害、生态效益纳入经济社会发展评价体系，建立体现美丽乡村要求的目标体系、考核办法、奖惩机制。建立国土空间开发保护制度，完善最严格的耕地保护制度、水资源管理制度、环境保护制度。建立反映市场供求和资源稀缺程度、体现生态价值和代际补偿的资源有偿使用制度和生态补偿制度。积极开展节能、碳排放权、排污权、水权交易试点。加强环境监管，健全生态环境保护责任追究制度和环境损害赔偿制度。加强美丽乡村宣传教育，增强全民节约意识、环保意识、生态意识，形成合理消费的社会风尚，营造爱护生态环境的良好风气。

（二）科学发展引领乡村美好未来

1.科学发展观的内涵：全面、协调、持续统筹兼顾

科学发展观，第一要义是发展，核心是以人为本，基本要求是全面协调可持续，根本方法是统筹兼顾。发展，对于全面建设小康社会、加快推进社会主义现代化具有决定性意义。要牢牢扭住经济建设这个中心，坚持聚精会神搞建设、一心一意谋发展，不断解放和发展社会生产力。实施科教兴国战略、人才强国战略、可持续发展战略，着力把握发展规律、创新发展理念、转变发展方式、破解发展难题，提高发展质量和效益，实现又好又快发展，为发展中国特色社会主义打下坚实基础。努力实现以人为本、全面协调可持续的科学发展，实现各方面事业有机统一、社会成员团结和睦的和谐发展。农村、农业和农民问题始终是中国现代化建设的根本问题，因此发展农村经济、增加农民收入成为美丽乡村建设的中心环节。只有农村经济发展，农民收入增加，才能真正提高农民的物质生活和文化生活水平，促进农村各项事业的全面发展，实现城乡经济社会的良性互动和和谐发展，才能为建设美丽乡村奠定物质基础。

以人为本是科学发展观的核心。全心全意为人民服务是党的根本宗旨，党的一切奋斗和工作都是为了造福人民。要始终把实现好、维护好、发展好最广泛人民的根本利益作为党和国家一切工作的出发点和落脚点，尊重人民主体地位，发挥人民首创精神，保障人民各项权益，走共同富裕道路，促进人的全面发展，做到发展为了人民、发展依靠人民、发展成果由人民共享。广大农民群众是推动生产力发展最活跃、最积极的因素。能否充分发挥广大农民群众的主体作用，是决定美丽乡村建设能否取得成功的关键。而把农民作为美丽乡村建设的主体，恰恰贯彻和落实了科学发展观的核心，即以人为本的根本要求。只有把农民视为美丽乡村建设的基本依靠力量，才能最广泛、最充分地调动农民建设美丽乡村的积极性、主动性和创造性。美丽乡村建设的每一个目标，都紧紧围绕着农民群众的根本利益，以增加农民收入、保障农民权益、提高农民的生活水平和生活质量、改善农民生活条件和生活环境、提高农民综合素质、切实保障广大农民的合法权益为出发点，确保让农民真正成为美丽乡村建设的受益者。

全面协调可持续发展是科学发展观的基本要求。要按照中国特色社会主义事业总体布局，全面推进经济建设、政治建设、文化建设、社会建设和生态文明建设，促进现代化建设各个环节、各个方面相协调，促进生产关系与生产力、上层建筑与经济基础相协调。坚持生产发展、生活富裕、生态良好的文明发展道路，建设资源节约型、环境友好型社会，实现速度和结构质量效益相统一、经济发展与人口资源环境相协调，使人民在良好的生态环境中生产生活，实现经济社会的永续发展。因此，在建

设美丽乡村的过程中，应通过发展和创新农村经济组织，把先进的生产方式、现代化的管理手段、可持续发展的理念运用于农业生产的各个环节，加速现代生产要素的积累，从而实现农业的经济效益、社会效益、生态效益的高度统一，促进传统农业向现代农业转变。

统筹兼顾是科学发展观的根本方法。要正确认识和妥善处理中国特色社会主义事业中的重大关系，统筹城乡发展、区域发展、经济社会发展、人与自然和谐发展、国内发展和对外开放，统筹中央和地方关系，统筹个人利益和集体利益、局部利益和整体利益、当前利益和长远利益，充分调动各方面积极性。在美丽乡村建设过程中，在统筹兼顾的基础上，应坚持从实际出发，在搞好科学规划和抓好试点示范的基础之上，因地制宜、分类指导、量力而行、循序渐进，摒弃强求一律、盲目攀比、急于求成等思想倾向，不搞形式主义，使美丽乡村建设取得实实在在的成效。

2.科学发展观对美丽乡村建设的指导意义

（1）科学发展观对美丽乡村建设提出了总的目标

党的十七大报告指出："必须坚持把发展作为党执政兴国的第一要务。发展，对于全面建设小康社会、加快推进社会主义现代化，具有决定性意义。要牢牢扭住经济建设这个中心，坚持聚精会神搞建设、一心一意谋发展，不断解放和发展生产力。""解决好农业、农村、农民问题，事关全面建设小康社会大局，必须始终作为全党工作的重中之重。"可见，根据科学发展观的精神实质，美丽乡村建设的总目标即实现农业、农村和农民的发展，从而全面建成小康社会，而不是简单地改变村容、村貌或村风的形象工程。美丽乡村建设是一项长期而艰巨的历史任务，必须以此为总目标确定不同地方、不同时期的具体目标，在实践中应避免盲目性、形式化、短期性的做法。

（2）科学发展观为美丽乡村建设提供了科学的价值判断标准

价值判断标准问题事关美丽乡村建设这项事业是否符合社会主义性质和中国共产党的根本宗旨的问题，也是事关美丽乡村建设成败的问题。党的十七大报告指出："必须坚持以人为本。全心全意为人民服务是党的根本宗旨，党的一切奋斗和工作都是为了造福人民。要始终把实现好、维护好、发展好最广大人民的根本利益作为党和国家一切工作的出发点和落脚点，尊重人民主体地位，发挥人民首创精神，保障人民各项权益，走共同富裕道路，促进人的全面发展，做到发展为了人民、发展依靠人民、发展成果由人民共享。"这就给美丽乡村建设提供了基本的价值判断标准。根据科学发展观的内涵，美丽乡村建设一切工作得失成败的价值判断或者说检验标准，就是能否坚持发展为了广大农民、发展依靠广大农民、发展成果惠及广大农民，就是广大农民满意不满意、拥护不拥护、赞成不赞成。只有始终坚持这个标准，美丽乡村建设才有不竭的动力。

（3）科学发展观为美丽乡村建设明确了基本要求

科学发展观的基本要求是全面协调可持续，具体就是"要按照中国特色社会主义事业总体布局，全面推进经济建设、政治建设、文化建设、社会建设，促进现代化建设各个环节、各个方面相协调，促进生产关系与生产力、上层建筑与经济基础相协调。坚持生产发展、生活富裕、生态良好的文明发展道路，建设资源节约型、环境友好型社会，实现速度和结构质量效益相统一、经济发展与人口资源环境相协调，使人民在良好的生态环境中生产生活，实现经济社会的永续发展"。根据科学发展观的基本要求，美丽乡村建设既要按照生产发展、生活富裕、乡风文明、村容整洁、管理民主的总要求，全面推进农村经济建设、政治建设、文化建设和社会建设，又要注重节约资源、保护生态；既要注意统筹安排，又要主次有别，轻重分明，缓急有序，保证农村经济社会全面协调永续发展。

（4）科学发展观为美丽乡村建设提供了科学的方法论指导

只有有科学的方法论做指导，美丽乡村建设才能实现其正确的目标。科学发展观的根本方法是统筹兼顾，也就是"要正确认识和妥善处理中国特色社会主义事业中的重大关系，统筹城乡发展、区域发展、经济社会发展、人与自然和谐发展、国内发展和对外开放，统筹中央和地方关系，统筹个人利益和集体利益、局部利益和整体利益、当前利益和长远利益，充分调动各方面积极性"，"既要总揽全局、统筹规划，又要抓住牵动全局的主要工作、事关群众利益的突出问题，着力推进、重点突破"，这就给美丽乡村建设提供了科学的方法论指导。以科学发展观指导美丽乡村建设，根本方法就是既要统筹城乡发展，正确处理好城乡关系、工农关系，真正建立以工促农、以城带乡长效机制，形成城乡经济社会发展一体化新格局，又要总揽美丽乡村建设的全局，避免片面发展，还要善于在纷繁复杂的矛盾中抓住主要矛盾，在千头万绪的工作中抓好主要工作，在错综复杂的问题中破解突出难题，解决关键问题。

（三）新型城镇化推动乡村跨越发展

1.新型城镇化的内涵：关联、互动、融合步调一致

新型城镇化是以城乡统筹、城乡一体、产城互动、节约集约、生态宜居、和谐发展为基本特征的城镇化，是大中小城市、小城镇、新型农村社区协调发展、互促共进的城镇化。新型城镇化的核心在于不以牺牲农业和粮食、生态和环境为代价，着眼农

民，涵盖农村，实现城乡基础设施一体化和公共服务均等化，促进经济社会发展，实现共同富裕。

新型城镇化的指导思想是科学发展观，即要坚持以人为本，以统筹兼顾为原则，走全面协调可持续的道路，推动城市现代化，农村城镇化、生态化、规范化，进一步地提升城镇化的质量和水平，使社会更加和谐，城镇功能更加完善，进一步突破城乡二元结构的模式。其中，新型城镇化的"新"就是相对于过去片面注重追求城市规模扩大、楼房增多增高，转变为以提升城镇的居住环境、公共服务等内涵为中心，真正提升城镇宜居程度。彻底扭转以"扩规模、建高楼"作为城镇化标志的病态认识，真正做到使人口从农村到城市安居乐业。

新型城镇化的重点是改变以前错误的城镇化发展模式及认识。以前，发展城镇化习惯大规模的扩张，如今必须从思想上坚定走资源节约、环境友好之路，过去城镇化发展动力主要是来自中心城市的带动，现在要更注重城市群、大中小城市和小城镇协调配合发展。由于我国各地的地理环境千差万别，所以要改变盲目追求统一发展的思想，要因地制宜，找到适合自己的城镇化道路。

新型城镇化的要求是坚持与经济社会协调发展。新型城镇化的发展有利于扩大我国内需，要由偏重经济发展向注重经济社会协调发展转变，要由原来的城镇化过分依赖工业化，转变为同时结合农业现代化、现代服务业等多力支撑体系。加速新型城镇化，必须加强城市基础设施建设，从而完善城镇的功能。

2. 新型城镇化对美丽乡村建设的指导意义

新型城镇化是促进中国经济社会健康、稳定、可持续发展的根本途径。新型城镇化的发展有利于加快我国现代化的步伐，促进农业现代化和工业现代化，更好地适应经济全球化。新型城镇化对未来乡村发展的指导作用可以从以下几个方面体现：

（1）明确了农村发展的方向

新型城镇化要求城镇化不再是城区扩展、城市人口增加的城镇化，而是农村与城市共同发展，农村人口与城市人口保持合理比例的城镇化。农村与城乡应是一个有机的整体，分别承担着不同功能，彼此协作，共同发展，形成一个包括城市乡村在内的和谐的地域综合体。农村享有城市生活之便利，城市享有乡村的绿色环境，农村拥有健康的农业生产、整洁的生活环境、民主的社区管理、浓厚纯正的具有地域特色的乡土文化和充满幸福的乡村生活。

（2）确定了农村在经济发展中的角色

新型城镇化是城市和乡村共同发展的城镇化，城市和乡村承担着不同的角色。城市作为一个人口集中的聚落，主要承担商业、居住、交通和工业生产的功能，而农村的主要发展目标是在发挥好自己的粮食生产功能的同时，根据自身的区域特点发展具有比较优势的农业类型，提高农户的收入。除生产功能外，农村还要发挥生态功能、旅游功能和文化功能，与城市功能形成一个整体。

（3）提出了农村发展目标

新型城镇化要求打破城乡二元结构的差别，彻底改变农村脏、乱、破的景观面貌，贫穷、封闭、落后的社会面貌，以及文化低、陋习多、思想旧的精神面貌，将农村建设成一个规划合理、干净清洁、生态宜居、交通通达、基础设施完善、文化氛围浓厚、人口综合素质高、人民生活幸福的新社区，与城市无生活质量上的差异，只是生活环境不同的生产生活兼备的居住区。

第二节 美丽乡村的科学规划

美丽乡村建设规划是基于创建活动要求编制的专项规划，按照规划先行的原则，统筹编制美丽乡村建设规划是美丽乡村建设格局优化的基本途径。作为未来一段时期内的主要任务，规划的编制和实施不但是创建活动的基本要求，更是美丽乡村创建试点评价的重要指标。科学合理的规划是一项全局性、战略性的工作，是协调各方关系的重要手段，也是指导乡村建设和发展的指导性蓝图。立足现实、目光长远的科学规划有助于引导乡村走向和谐可持续发展，进而提升乡村的整体风貌。

一、理论与实践结合，提高指导性

美丽乡村规划编制主要是围绕美丽乡村创建工作的总体目标和框架，注重短期利益与长期利益的协调、局部利益与整体利益的协调、总体目标与阶段目标的协调，更要注重地区总体发展与生态建设的协调，明确其目标的针对性。

美丽乡村建设规划的突出目标是保障生态优先和生态安全，生态优先是美丽乡村建设的核心要求。作为一个长期过程，应当兼顾适时效益和长期可持续发展。在规划过程中，运用生态学原理和技术，维护和强化整体自然地貌格局，保护生物多样性。保持农村传统社会特征和文化特色，突出农村和谐发展的原始风貌，依自然条件、地形地貌、资源禀赋设计村庄格局、房屋建筑、基础设施，有助于防止出现千村一面的现象，从而更好地树立农村独特的形象，保持人文气息。

（一）规划依据要求科学系统

美丽乡村建设规划相关的理论基础较多，理论依据包括学术理论依据和规划依据两部分，这两大理论体系共同支撑着建设规划的科学性，其中规划依据与建设规划工作关系最为密切。

美丽乡村建设规划以 2013 年中央 1 号文件关于推进农村生态文明、建设美丽乡村的要求和《农业部办公厅关于开展"美丽乡村"创建活动的意见》文件精神为主要依据。

2013 年中央 1 号文件要求推进农村生态文明建设。其中，在美丽乡村建设方面主要涉及以下 6 个方面的内容：① 加强农村生态建设、环境保护和综合整治，努力建设美丽乡村；② 推进荒漠化、石漠化、水土流失综合治理，探索开展沙化土地封禁保护区建设试点工作；③ 继续加强农作物秸秆综合利用；④ 搞好农村垃圾、污水处理和土壤环境治理，实施乡村清洁工程，加快农村河道、水环境综合整治；⑤ 发展乡村旅游和休闲农业；⑥ 创建生态文明示范县和示范村镇，开展宜居村镇建设综合技术集成示范。其中生态建设、环境保护和综合整治是美丽乡村创建工作，尤其是规划编制和实施工作的纲领性要求；荒漠化、石漠化、水土流失综合治理和实施乡村清洁工程是生态环境的保护性要求，即美丽乡村创建的基本要求，达不到这一基本要求的乡村将无法通过审定成为试点地；农作物秸秆综合利用作为农村资源利用的典型工程，乡村旅游和休闲农业作为农村经济发展生态化的产业发展目标，两者是推进农村生态文明建设、创建美丽乡村的发展性指标；生态文明示范村和宜居村镇建设综合技术集成示范是美丽乡村建设的主要目标。

2013 年农业部在文件中强调"规划先行，因地制宜"的原则，即充分考虑各地的自然条件、资源禀赋、经济发展水平、民俗文化差异，差别性制订各类乡村的创建目标，统筹编制美丽乡村建设规划，形成模式多样的美丽乡村建设格局，贴近实际，量力而行，突出特色，注重实效。按照文件要求，美丽乡村建设规划是美丽乡村创建工作的重要组成部分，规划内容应包括对自然条件、资源禀赋、经济发展水平、民俗文化差异等方面的分析，制定乡村发展目标，进而实现美丽乡村建设格局的生态化、多样化和科学化。

作为省级专项规划，美丽乡村建设规划需要以全国主体功能区规划为基础，与国家及省级经济和社会发展总体规划等上级规划相衔接，与土地利用规划、村庄整治规划等规划相协调。

全国主体功能区规划由国家主体功能区规划和省级主体功能区规划组成，分国家级和省级两个层次编制。主要任务是根据不同区域的资源环境承载能力、现有开发密度和发展潜力，统筹谋划未来人口分布、经济布局、国土利用和城镇化格局，将国土空间划分为优化开发、重点开发、限制开发和禁止开发四类，确定主体功能定位，明确开发方向，控制开发强度，规范开发秩序，完善开发政策，逐步形成人口、经济、资源环境相协调的空间开发格局。

上级规划包括国家总体规划和省（区、市）级总体规划，其中最基本的依据是《中华人民共和国国民经济和社会发展五年规划纲要》，这类总体规划是国民经济和社会发展的战略性、纲领性、综合性规划，是编制本级和下级专项规划、区域规划以及制定有关政策和年度计划的依据，作为总体规划在特定领域的细化的专项规划需要符合总体规划的要求。要加强土地利用的宏观控制和计划管理，合理利用土地资源，促进国民经济协调发展。

村庄整治规划是为贯彻落实全国改善农村人居环境工作会议的精神、指导各地结合农村实际提高村庄整治水平，由住房和城乡建设部出台安排的规划工作。该规划以改善村庄人居环境为主要目的，以保障村民基本生活条件、治理村庄环境、提升村庄风貌为主要任务。重点对村庄风貌进行整治提升，同时保护历史文化遗产和乡土特色。

（二）建设规划指导意义明确

美丽乡村建设规划是基于创建活动要求编制的专项规划，也是美丽乡村创建活动的重要组成部分。作为未来一段时期内的主要任务，规划的编制和实施不但是创建活动的基本要求，更是美丽乡村创建试点评价的重要指标。美丽乡村建设规划与美丽乡村建设工程、美丽乡村建设评估和美丽乡村建设保障体系共同构成美丽乡村创建活动的支撑框架。美丽乡村建设规划是美丽乡村创建工作的重要技术保障，也是美丽乡村建设工程落实在空间上的具体表现，更是美丽乡村建设评估和美丽乡村建设保障体系的辅助支撑。科学、有效、实用的美丽乡村建设规划是美丽乡村创建工作的前提，只有规划好，才能建设好。只有在规划的指导之下，才能更好地统筹协调来自各方的资源和力量，解决当前乡村发展面临的各种问题，保护乡村生态环境。

美丽乡村建设规划的主要任务包括以下几点：① 从乡村整体持续发展目标出发，合理有序地配置资源；② 保障社会经济发展与生态环境保护相协调，重点着眼于乡村生态文明建设；③ 通过空间格局优化，提高乡村社会经济发展；④ 在保障生态社会经济协调发展的同时，以乡村传统文化为基础繁荣文化事业；⑤ 建立相关机制，协同工程建设、建设评估和保障体系建设，确保美丽乡村创建工作顺利开展。

73

党的十八大报告首次将"美丽中国"建设作为党的历史任务，作为国家未来发展的重要目标，将生态文明建设的理念融入中国特色社会主义建设中。美丽中国建设的总体思路是，以五位一体总布局为框架，基于人地关系演进的基本规律，以科学发展观为指导，以促进社会经济发展、人居环境改善为目标，从全面、协调、可持续发展的角度，构建科学、量化的评价体系，建设天蓝、地绿、水净、安居的自然与人文环境。我国是一个农业大国，农民占据人口的主体，几千年农业文明积累下，乡村一直都是未来发展不可忽视的重要方面。与城镇相比，乡村受到人工干预和影响相对较小，自然生态环境受到的破坏程度也相对较低。美丽乡村建设规划的设计和实施不仅要围绕美丽中国建设这一总体目标，更具有自身的特殊性、易操作性和重要性。

改革开放以来，乡村面貌发生了极大的变化，随着经济发展的加速，农村土地利用出现粗放化、随意化、乱用化趋势，土地利用类型被随意变更，宅基地占用耕地现象普遍，生态保护区域大范围被人工干预和影响。农业无序发展带来的盲目占地、资源浪费和环境污染等问题日趋严重，水土流失、生物多样性锐减等现象频发。乡村生态文明建设受到极大的挑战。严格保护耕地，严格按照规划类型使用土地是乡村建设的基本要求。美丽乡村建设需要切实发挥规划的指导作用，使乡村建设走上"科学规划、合理布局、因地制宜、规模适度、配套建设、功能完善、保护环境、节约资源"的道路。

农村经济发展是农村整体发展的基础，美丽乡村建设规划的设计和实施的任务之一就是解放和发展农村综合生产力，这里所谓的综合生产力不仅包括农业自身的发展、经济结构的调整和产业布局的优化，也包括了与农业生产相关联的农民产业知识的积累、技能水平的提高、生产环境的改善、基础设施的完善等多个方面，是在充分发挥自身资源优势的情况下，乡村经济社会的全面协调发展。在美丽乡村建设框架之下，全面综合的发展才能保障农业的可持续发展，而美丽乡村建设的规划也为实践提供了新的途径。

乡村是承载中华民族几千年文明发展的重要载体，也是中华民族传统文化的集聚地带，乡村除已有的历史文化村落保护工作外，还有众多其他类型的文化遗产，在保护优先的前提下进行科学有序的开发利用是规划实施的重要内容。党的十七届六中全会决定提出大力发展积极向上的农村文化，即挖掘当地传统文化和传统知识，倡导资源节约、环境友好型的生活生产方式，推动农村文体设施建设工作，做好科普，破除迷信，把握乡村文化走向。

二、长期与短期结合，提高有效性

美丽乡村建设规划应从美丽乡村创建活动的要求和乡村社会经济总体发展目标出发，力求高起点，注重长期目标的实现，确保规划在较长时间内具有指导作用，注重前瞻性与循序渐进相结合。

美丽乡村建设规划涉及村域范围内各种土地利用、产业布局、基础设施建设等多个方面，是一项复杂的工作，因而需要系统有序的安排。由于资金、人力的投入有一定的时效性，规划的实施也需要因时因地展开，美丽乡村建设不可能一蹴而就，需要树立长期持续的思想观念。因而在规划设计和实施过程中，需要区分轻重缓急，通过座谈走访了解农民意愿和需求，同时着眼于未来，科学地设定目标和步骤，有计划、有重点地推进美丽乡村建设工作。在这一过程中因势利导，抓好典型和示范，以点带面，点面结合，切实追求实际效果。

（一）长期目标设定，保证规划的持续性

根据美丽乡村建设规划的性质和定位，四维协调是规划实施的重要方面，也是美丽乡村建设的长期目标。这四个维度包括了生态宜居、生产高效、生活美好和文化繁荣。

1. 生态宜居

美丽乡村建设规划的实施应当紧紧围绕"美丽"这一关键词，充分了解社会经济发展与自然的关系，围绕生态文明建设这一概念展开，这就要求必须始终坚持以改善农村生存环境为工作重点，突出做好维持生态系统稳定、环境问题整治两个环节的工作，以此为基础统筹协调其他各项建设，将打造生态宜居的乡村环境作为一个重要的维度。乡村人居环境的整治是美丽乡村创建工作的重要切入点，也是可以让农村居民直接感受到的实惠，乡村环境的生态宜居化有利于美丽乡村建设的顺利开展。

2. 生产高效

美丽乡村建设内涵丰富，安居与乐业密不可分，良好的经济基础对生态环境、生活水平及文化发展均有积极正面的促进作用。因此，在强调保护乡村生态环境的同时，还要树立紧抓生产、经营富民的理念，坚持生态与生产并重、规划与经营同行，把美丽乡村建设规划的实施与低碳高效的可持续发展型业态有机结合，开拓发展乡村经济，增强农村建设发展的动力。

3. 生活美好

生态宜居和生产高效的主要目的都是为生活在乡村内的村民获得基本的民生保

障，在此基础上不断提高生活水平，促进社会和谐稳定。人居环境的改善是农民生活美好的重要体现，因此需要抓好基础设施建设。

4.文化繁荣

按照党的十七届六中全会决定和十八大精神，大力发展积极向上的农村文化。挖掘当地传统文化知识，倡导低碳生态的生活方式，推动文体设施建设，使农村在经济发展的同时，文化发展也得到有力地加强。美丽乡村创建工作中应突出乡土特色，弘扬传统文化，同时作为乡村文化重要载体的传统村落也是规划实施中应着重关注的问题。

（二）短期目标落实，提高规划的示范性

美丽乡村建设规划的远期目标主要是前面所述的四个维度，这四个维度决定了规划应当体现在生态、生产、生活三个层次的环境提升上。为落实规划，使其对其他广大农村地区具有示范作用，在建设规划的过程中，应有针对性地设定可以在短期内实现的目标，根据美丽乡村建设的目标及规划设计的发展方向，短期目标具体可以包括以下几大部分。

1.自然景观保护与开发

按照美丽乡村创建的标准，农村地区通常具有山水环绕、沃野葱葱、稻浪滚滚、花鸟交织等乡村风味深厚的田园风光。这种独特的景观资源对周边城市具有极强的吸引力，是城市化过程中市民乡愁的落脚点。以农田、果园、池塘、森林等自然景观为主要的依托资源，兼以各类农林牧副产品加工生产为基础，用乡土文化和传统农作贯穿景观开发的全过程，实现观光、娱乐、服务一体化的新型农业旅游业态。

2.文化景观设计与利用

传统的农耕文化是乡村文化的重点，也是其繁荣的基础。不同于自然景观的天然性，文化景观具有很强的可塑性，同时基于不同发展环境和不同的经济社会发展水平，不同乡村的传统文化也存在较大的差异。坐落于乡村内部的楼、台、亭、塔等古建筑均可作为乡村的标志性景观，特别是某些民族文化相对繁荣的地区，民居也是独特的景观元素，这些景观的合理开发和利用，有助于体现美丽乡村建设的文化影响，同时提升村民的凝聚力。

3.农村基础设施建设

基础设施的建设与保障是农村社会发展的基础，也是打破乡村相对闭塞环境的重要方式。美丽乡村的内涵要求其人工环境的便捷性和便利性，因此乡村道路的建设是基础设施建设的重点，供水、供电等设施的建设也应在短期内有序进行。此外，在有

条件的试点乡村，应建有一定规模的文化娱乐场所，这种统一场所的构建有助于提升乡村内部艺术环境，改善农民的精神面貌。

（三）分类推进，协调规划的整体性

规划的分类推进是由美丽乡村建设的基本原则和要求决定的，美丽乡村建设要求保障乡村整体健康可持续发展，这一整体包含了农村、农业和农民，也可理解为生态、生产和生活诸多方面。

生态环境整治方面，主要展开生态系统保育工作，对生活环境进行集中整治，改善村容村貌，确保乡村实现生态宜居的近期目标。

乡村经济发展方面，主要明确美丽乡村试点地产业发展方向和产业结构，改善生产条件，大力推动资源节约型和环境友好型低碳节能产业，提倡有条件的乡村发展生态农业、生态旅游业和文化产业。

基本民生建设方面，按照统筹城乡发展思路，满足美丽乡村试点地基本公共服务均等化要求，保障试点地基本医疗卫生、教育文化、公共安全。以社会公平为基本原则，打造公共服务圈，保障乡村和谐稳定以及邻里关系和睦。

乡村传统文化方面，传统文化包含实体文化和非物质文化，应改变过去对于实体文化单一保护、盲目开发的方式，整体推进实体文化遗产与周边环境的综合保护、重视非物质文化的发掘传承，努力保存历史的真实性、突出乡村风貌的完整性、体现生活的延续性以及保护利用的可持续性。

空间格局优化方面，即整合上述所涉及的生态、经济、社会、文化四个方面，统筹各方面资源，打造生态安全、经济发展、社会公正、文化繁荣的多目标综合空间格局，将美丽乡村试点地打造成为宜居、宜业的生态环境保护示范地。

（四）分步实施，提高规划的有效性

在追求整体健康可持续发展的过程中，不能一蹴而就，必须有序推进。规划实施中，按照规划内容设计，大体可分为以下几个阶段进行：

第一阶段为生态环境整治期。鉴于规划将从美丽乡村试点地开始着手，此类地区乡村生态环境基础应在全国处于较高水平，因而其实施期限定为 2 年。

第二阶段为基本民生建设普惠期。美丽乡村建设的主体是农民，根据以人为本的原则，民生问题相对比较急迫，因此基本民生建设实施期限定为 3－5 年。

第三阶段为乡村经济发展总体构架期。乡村经济发展框架设计工作应从规划实施起开始，与生态环境整治期同步。

第四阶段为乡村传统文化促进期。经济发展对传统文化的影响是双向的，但对于传统文化的促进也不可或缺，但文化的培育有其自身的规律，不能一蹴而就，更不宜操之过急。试点地乡村可按规划中期目标完成，传统文化基础较好的地区可视自身条件安排文化发展展望 2050 年远景目标。

第五阶段为整合优化示范期。原则上美丽乡村创建试点地区达到示范水准须完成以上四个阶段的主要任务，鉴于美丽乡村创建工作的重大意义和紧迫性，此阶段仅作为规划参考，无硬性要求和时间节点，各乡村可酌情设置。

三、宏观与微观结合，提高可行性

美丽乡村建设规划编制应对生态系统和农村资源环境基础及社会经济发展情况进行科学系统地分析，对其面临的优势和劣势、机遇与挑战，尤其是对当前存在的突出问题进行科学评估，对经济、社会、文化和生态的发展和保护目标进行合理设定和量化，对规划实施过程中应采取的措施进行规范，确保其可操作性。

此外，因地制宜是确保科学性与可操作性相结合的重要原则。美丽乡村建设内容要求建设生态良好的乡村环境，因而保障生态系统的稳定是规划的一个重点。这种生态系统稳定性的维持需要以当地现状为基础，因而地形地貌、乡村区位条件、经济发展水平、交通基础设施等因素对规划的编制与实施有很大的影响。如何既能尊重乡村发展与建设的客观规律，又能利用现有条件满足农民的实际需要，这就需要对不同乡村进行因地制宜的分类指导，避免强制性统一模式要求下的大拆大建。

（一）分析乡村特征

规划区特征分析是规划编制的基础，是保证其科学性、完备性和可行性的必要工作。规划编制和实施的首要原则就是与科学性和可操作性相结合，要求规划必须符合乡村实际情况，考虑农民实际生产生活状况。脱离实际地一味完成规划设计，通过大量的土建工程改变自然地形地貌等行为，不但会造成资源、人力等方面的浪费，还会让乡村失去地方特色和文化风貌。规划设计应当遵循乡村的自然性，一切为了美观效果而要求道路笔直、建筑整齐划一的不切实际的设计，都会让乡村失去文化底蕴，这种没有基于规划区资源环境、社会经济发展水平、文化风俗等实际特征的规划都是对乡村发展的历史和未来的不尊重。

1.自然条件与资源禀赋

在乡村范围内从事生产、生活等活动必然受到自然环境的影响，作为人类聚集地的乡村形成的基础同样在很大程度上取决于自然条件的优劣。资源是人类发展所必需的物质基础，也是进行生产和生活必要的资料。自然条件的优劣和资源禀赋的差异对乡村总体发展有着根本性的影响。这些因素具体包括了气候条件、地形地貌、水土条件、能源矿产、林草覆盖等多个方面。

2. 生态环境状况

对乡村生态环境定性评价的方法有很多，但作为以生态环境建设为核心目标的美丽乡村建设规划状况评价，建议引入生态安全评价等更为系统和科学的定量分析方法。由于美丽乡村建设规划的特殊性，要求生态环境状况的分析作为规划区特征分析的重点内容。

生态安全评价的方法很多，主要通过建立评价框架来进行计算，其中包括生态承载力评价、生态足迹法以及应用较为广泛的类 P-S-R 模型方法。P-S-R 模型即压力—状态—响应模型，此方法通过建立指标体系系统化、层次化计算生态安全总体情况，其中压力指标反映人类活动产生的负荷，状态指标表征生态系统和环境质量的状况，响应指标表征人类对生态环境问题的反馈。规划编制过程中，不同乡村可根据各自情况设计建立评价指标体系。

3. 社会经济发展现状

由于自然条件和发展历程、文化背景的差异，不同地区的经济发展水平也呈现出不同的层次。不同地区的社会经济发展水平影响着乡村的总体布局，也影响其空间形态，进而对乡村发展、空间格局和建设水平都有直接的影响。一般社会经济发展水平较高的地区，由于民生的改善和村民生活水平的提高，会提高对所居住环境的要求。而传统从事农业生产的地区，由于各方面条件制约，多会出现人口流动的情况，从而产生新的空间格局。

因此，社会经济发展现状是美丽乡村建设规划编制中必要的内容。此外，作为社会经济发展的空间基础，也应对土地利用现状进行分析，以此为基础明确空间格局调整方式和限制。

4. 历史文化保护传承

不同自然条件、社会经济发展水平下，村民文化观念和生活方式也存在较大差异。作为历史悠久的文明古国，文化发展一直是中国社会尤其是农村社会的核心问题。关于历史文化传承的分析有两大方面，一是对实体文化形态的保护，二是对非物质文化的传承。因此，在规划编制过程中，对乡村特别是具有文化保护价值的村落需要明确文化保护范围，进而确定乡村发展和整体建设的路径。在实体形态保护为主的乡村，可以考虑将旅游业作为产业发展的重点。对非物质文化的传承，尤其是对传统农业文化知识的保护和传承，要注重维持其生存条件和空间，保护传统农业这一业态，在规划编制过程中细化并明确有待保护的历史文化的名录。

5. 区位条件与空间格局特征

这里的区位条件是指美丽乡村创建地所处国土空间位置状况，主要从产业、文化和生态保障等多个角度，通过空间分析的手段，分析美丽乡村创建地与所属地级市和周边乡村的关系，明确其发展优势和不足，其中包括创建地与所属县市的经济关联度，包括交通条件、产业接续条件、产业链承接情况、劳动力转移条件等。文化方面主要涉及创建地文化辐射程度及与周边其他乡村文化的联系等。生态保障方面较为复杂，除了其自身所处地形、地貌等自然环境影响下的特殊发展空间状况外，还应分析其对周边地区的影响，尤其是其生态重要性和脆弱性影响下的区域总体格局情况，以及由于生态保障功能强化需要周边地区生态补偿的情况。

另外，应对乡村内部空间格局特征进行分析。乡村空间格局不但影响社会经济发展，也影响乡村用地效率，土地利用类型的破碎化对农业生产和生态保护均有显著的影响。因此在分析乡村内部空间格局特征时，应对生态、经济、社会、文化四个方面的空间格局状态进行分析，同时还应针对乡村土地利用现状特征进行分析。

6. 存在的突出问题

由于各种条件的制约和建设理念的影响，当前美丽乡村建设面临诸多问题。这些问题包括了理念层面、操作层面和规划层面，对美丽乡村建设规划区，即美丽乡村创建区来说，生态环境问题相对少于非创建区，因此可以作为问题之一进行基本描述，而不必作为突出问题深入分析。因此，规划内容中所关注的较为严重的问题包括土地利用浪费情况、空间格局无序状态、基础设施与服务设施情况等。由于各乡村具体情况不尽相同，面临的问题也必然存在差异，因此在规划编制过程中，关于存在的突出问题部分内容可视具体情况增减。

（二）明确发展方向

美丽乡村建设规划编制与实施的目标是对评选审定后的创建地进行规划，在其优势领域的基础上统筹发展，明确乡村建设的方向定位，包括了生态、经济、社会和文化等多个方面。其中经济作为乡村发展的基础，经济发展方向和产业结构对乡村建设有着重要的影响，它也是实现乡村整体可持续发展和生态文化建设的物质基础。在美丽乡村创建和乡村整体可持续发展的目标下，经济发展是各项工作开展的基础之一，也是美丽乡村建设的必要物质准备，因此经济建设和产业发展的多元化和生态化是建设规划的主要内容之一。

产业发展的多元化是指根据不同的自然资源环境特征、社会经济发展水平和区位条件，分析美丽乡村创建地产业发展前景，协调创建地与所属县市和周边地区的关系，发展多种业态形式，以此提高乡村经济总体水平，增加农民收入及就业机会。产业形态的多样化既要求保障种植业、养殖业的发展，也要鼓励适宜本地区的林果业和蔬菜花卉种植业发展，同时应在产业发展上做好产业链接续工作，抓好农产品加工业等第二产业和旅游业、文化产品开发等第三产业的发展。

产业发展的生态化即围绕生态经济建设统筹协调乡村发展方向。生态经济是指以生态文明理念为指导，在经济与生态相适应的原则下，在生态系统容量范围内，以基本满足人的物质需要为目的，按照生态经济学原理、市场经济理论和系统工程方法，运用现代科学技术，改变传统的生产和消费方式，发展生态高效的产业，把环境保护、资源和能源的合理利用、生态的恢复与经济社会发展有机结合起来，实现经济效益、社会效益、生态效益的可持续发展和高度统一。

环境问题的实质，一是人类经济活动索取的资源速度超过了资源本身及其替代品的再生速度，二是向环境排放废弃物的数量超过环境的自净能力。生产是人类活动的一个极其重要的组成部分，是造成目前生态环境恶化最主要的原因。因此，理顺经济生产与生态环境保护之间的关系对乡村可持续发展和生态文明建设有着深远的影响。改变传统的经济发展模式，选择可持续的经济发展模式的途径包括以下几个方面。

1. 建立完善的经济可持续的增长机制

生态文明建设要求我们不能以牺牲环境为代价发展经济，经济发展方式要从粗放型转为集约型。我们选择生态文明的可持续发展模式，就是要考虑经济发展对环境的影响，生态经济的核心在于从经济发展上通过产业结构生态重组，创建一种由全新的生产消费方式支撑的经济体系与发展模式，以促进人类经济社会系统的生态化转变。

传统的经济增长方式主要依靠要素投入的增加，形成"高投入、高消耗、高排放、低效益"的增长方式。在生态文明建设理念下，可持续的增长机制主要通过大力发展高新技术、提升生产效率、调整产业结构、促进产业生态化、促进循环经济和低碳经济的发展等方式实现。所谓循环经济是由"资源—产品—再生资源"所构成的、物质反复循环流动的经济发展模式。在全球气候变暖的背景下，以低能耗、低污染、低排放为基础的"低碳经济"成为全球热点。低碳经济针对碳排放量来讲，指通过提高能源利用效率和采用清洁能源，以期降低二氧化碳的排放量、缓和温室气体，使在较高的经济发展水平上碳排放量比较低的经济形态。

2.建立有利于生态经济的市场机制

生态文明时代需要产业生态化，所谓产业生态化就是依据生态经济学原理，运用生态、经济规律和系统工程的方法来经营和管理传统产业，以实现其社会效益和经济效益最大、资源高效利用、生态环境损害最小和废弃物多层次利用的目标。其主要手段有产业结构调整、产品结构优化、环境设计、绿色技术开发、资源循环利用和污染控制等。我们可以借鉴国外较为完善的产业生态化市场机制，建立有利于我国生态产业发展的市场机制。为此，除了要研究制订促进生态产业发展的政策体系外，还要通过政府给予政策和法律上的支持，促进绿色产品市场和绿色产业的发展。

3.大力发展环保产业

环保产业是生态环境保护的重要经济基础和技术保障，大力发展环保产业对实现经济社会发展目标，以及促进城市可持续发展具有十分重要的意义。目前我国环保产业发展还面临着产业规模较小、产品结构不合理、区域发展不平衡等问题。另外，环保产业作为新兴的高新技术产业知识密集度高，在科研能力、设备投入、人员技术等方面都有待提高。因而需要政府加大投资力度，积极支持环保企业发展，增强环保产业的技术水平和整体实力。同时，为保障环保产业健康可持续发展，应当统筹协调，制订环保产业发展的相关规划和产业发展政策等。

（三）量化发展目标

规划编制和实施的方向与目标的确定采用定性与定量分析相结合的方法，在发展方向协调内容中以定性为主，在发展目标具体化研究中以定量为主。定量分析包括横向和纵向多种比较方式，具体发展目标的量化包括了三个部分：一是各领域发展规模量化，二是空间格局量化，三是发展时序量化。其中，前两者量化均与乡村人口规模和用地规模有关。在乡村建设重点方向、产业结构调整方向明确的前提下，采用综合分析法对乡村人口增长变化进行预测，进而严格根据集约用地原则，按照人均用地标准和人口规模对用地规模进行分析计算。

空间格局量化是借助空间分析方法，对规划区的空间布局进行图像化表达，为落实以生态文明建设为主导理念的空间管制提供科学依据。空间格局量化除经济发展指标的空间化外，主要涉及环境规划、文化保护规划和基础设施规划。其中，环境规划主要包括生活生产污染防治、环境绿化和景观规划几个方面，在规划设计中，应以科学性、前瞻性和可持续性为基本原则，建立资源节约型和环境友好型的生态化体系。在空间上明确生态环境保护区域，如自然保护区、饮用水源地、森林、湿地等重要生态系统的范围。文化保护规划方面主要处理好传统文化遗存在空间上的保护工作，主要是对文物古迹、风景名胜区及其他法律法规规定的保护范围用地进行严格限制和空间定量。另外，还需要对供水、电力、交通、通信等基础设施空间格局进行优化调整。

发展时序量化即明确规划实施的时间表和美丽乡村工程建设的时间表，按照分类推进、分步实施的总体框架，促进规划要求内容的有序、有效落实。

（四）优化空间格局

乡村空间格局明确是规划切实实施的重要基础和保障，对于乡村这样一个相对较小的空间单元与行政单元，如果没有明确其空间格局，任由其生态、经济、社会、文化空间自行发展，很可能出现某一空间占据极大优势而挤占其他领域空间的情况，这样不但无法保障各领域的协调统筹发展，更有悖于美丽乡村建设的宗旨。

乡村空间格局受到多方面因素的影响，这些影响主要来自乡村内部和邻近城市两个方向。在经历改革开放的经济高速发展期后，经济意识主导的情况趋于严重，乡村工业化和城市扩张分别从内外两个方向威胁乡村空间格局安全。其中，经济高速发展背景下的乡村工业化进程过快，这同样加快了环境污染和对乡村自然景观的破坏，山水田园被工厂、库房切割占用，这种发展模式下，生态安全空间格局、社会公平空间格局、文化繁荣空间格局在强势的经济发展空间格局之下普遍被削弱，导致乡村空间格局无序发展。而在产业链上实际处于低端工业化的发展，更使乡村自身失去应有的优势和竞争力。另外，邻近城市的发展同样挤压着乡村空间，以城市建设用地蔓延为主要现象，对乡村发展，尤其是自然生态造成极大的影响。

在明确乡村空间格局的规划内容编制中，应以国家和省级主体功能区划为主要参考，明确各级禁止开发区和限制开发区，以此为基准，以经济建设生态化发展方向为基础实施。明确空间格局工作可参考以下步骤实施：① 通过访谈、问卷等手段对美丽乡村创建试点区深入调研，综合考虑政府、农民、企业等主体对乡村空间的诉求；② 运用地理学和社会学的技术和方法，判别出维护生态安全、经济发展、社会公正、文化繁荣的关键性空间格局；③ 通过综合分析集成多目标导向下的空间格局优化方案，得到多目标下的空间格局优化方案。

根据上述步骤探索美丽乡村创建区空间格局优化方案，明确乡村空间格局优化重点和类型。这些类型包括生态保护型（具有历史价值和文化传统的乡村，或生态脆弱地区和重要地区，主体功能区规划范围内的禁止开发区）、归并整治型（空间发展无序化严重的地区，表现为基础设施和生产用地过度分散粗放、资源浪费严重）、促进生产型（乡村生态环境条件优越，资源禀赋合理，但由于区位条件等限制，经济和民生水平受到影响的地区，可重点发展生态农业、生态旅游业和其他生态经济）以及其他可定义的类型。最终通过分析判断各试点区空间格局优化方向和类型，据此指导美丽乡村建设实施落地。

集约使用土地并保持传统空间结构相对完整是对美丽乡村建设规划中空间格局研究内容的基本要求。由于土地利用规划已经详细规范了不同地块的不同使用功能，在美丽乡村建设过程中就必须充分考虑土地利用现状，在恰当规模化的基础上，提高建设用地的集约利用水平，使土地的综合利用效益最大化。在有条件的乡村，可考虑将部分农产品加工业等第二产业集中划定在一定范围内，对这类土地严格控制其使用范围，做到集约化、合理化，地尽其用。居住用地的空间形态上应注重其文化内涵，在延续传统村落原有建筑形态风格、空间布局结构等特色的同时，有机地衔接新的建筑设计，实现村落文化特征的延续和空间形态的自然生长。

具体到各领域中，农业生产受土地利用条件限制，总体布局很难有大的突破，因此应在现有条件下，尽量发展规模适度集约的农地利用模式，减少其他用地类型对农用土地的占用和切割，提高土地利用效率，同时为机械化等农业现代化生产方式创造条件。针对林地、草地、园地等用地类型，应遵循自然性原则，依托自然条件，不强求建设，不盲目发展，以维护生态系统稳定为基本要求，尽量为生态文明发展创造合理条件。根据经济生态化发展目标设定，严格控制非生态型工业发展规模和土地占用，空间布局上应充分考虑自然条件、资源禀赋和交通基础设施现状和规划等情况。除交通、通信等经济基础设施建设外，为解决社会民生问题，还应该在空间格局优化研究中涵盖给排水、供电供热等民生类工程设施规划，这类设施的规划原则上已在上一级经济和社会发展总体规划和村庄整治规划等规划中有所体现，美丽乡村建设规划编制中仅在空间格局上予以说明。作为以生态文明建设为核心的美丽乡村建设规划的重要内容之一是生态环境规划，它包括了生态系统保护、生产生活污染防治、环境绿化和景观规划几个方面。在此内容设计中，应坚持前瞻性、实效性原则，注重自然风貌与人工环境相协调，从而保障乡村生态环境的良性发展。

除上述生态、经济、社会和文化空间格局优化外，还应落实美丽乡村建设工程在空间上的布局，以便直观掌握乡村空间总体布局。

（五）规划编制成果

美丽乡村建设规划成果应满足易懂、易用的基本要求，具有前瞻性、可实施性，能切实指导美丽乡村建设，具体形式和内容可结合各地实际工作需要进行补充、调整。规划编制成果原则上要求完成规划文本、美丽乡村建设工程表和美丽乡村建设总体规划图和美丽乡村建设工程规划布局图。

其中，美丽乡村建设工程表主要用于统计相关工程名录，包括产业综合发展工程、安居生活建设工程、生态环境保育工程、和谐民生保障工程和乡土文化繁荣工程。表中需要明确列出工程项目的名称、内容、规模、经费概算和实施进度计划等。表中所涉及的工程项目需要各地农业部门与其他部门相协调安排，确保实效。同时，各项工程均须有关部门进行可行性分析研究，保障项目与规划和美丽乡村创建工作协调。工程计划安排中严禁以空对空，原则上只列出规划期内具有操作可行性的项目，以保证工程落地。

美丽乡村建设总体规划图主要用于展示总体空间布局，图中要素应涵盖生态安全、经济发展、社会公平和文化繁荣四个方面，其中生态安全空间格局明确为规划限制性条件。美丽乡村建设工程规划布局图主要是将美丽乡村建设工程落实在图上。

根据上述关于美丽乡村建设规划的主要内容，需要各县级政府组织规划文本的编写工作，规划文本应包括以下内容：

美丽乡村创建地现状及突出问题特征分析。以基础调查、信息搜集、前期研究为基础，从自然条件与资源禀赋、生态环境状况、社会经济发展现状、历史文化保护传承、区位条件与空间格局特征和存在的突出问题等多个方面进行科学、系统、量化研究，分析创建地在美丽乡村创建工作中面临的机遇与挑战、具有的优势与劣势等。在定性与定量相结合分析的基础上，须另附现状图和现状数据表。

美丽乡村建设规划总纲。从美丽乡村创建总体要求出发，阐述规划编制的必要性和重要性，强调美丽乡村创建工作的重要意义。概要性阐明规划指导思想、规划依据、美丽乡村创建原则和建设规划原则、总体战略、时限与目标。规划依据应列出对美丽乡村创建工作具有指导、约束、参考的法律法规及政策性文件、政府（部门）规划和其他相关文件；规划目标应明确阶段性目标，提出各领域发展方向、总体目标和阶段性目标。

生态环境治理。与全国主体功能区规划衔接，评估美丽乡村创建地生态环境状况，提出生态环境治理与保护的主要任务、措施，结合生态环境保育工程提出生态环境治理的重点方向，并给出阶段性指标和完成进度安排。

经济生态化发展。明确美丽乡村创建地经济发展方向，结合产业综合发展工程提出适用于本地区的经济生态化调整方案和产业发展路径。从发展规模量化、空间格局量化、发展时序量化三方面展开。

社会民生发展。根据乡村用地和人口规模明确社会基础保障设施与机制建设，提出贫困、就业、就学、就医等社会民生问题的解决对策，提出保障安居生活和和谐民生发展的重点工程项目。

文化繁荣。依据乡村传统文化保护与发展的基本要求，根据实际情况确定保护与发展的目标、原则。分阶段、分步骤在传统知识、传统文化、文化景观保护、文化产品开发、旅游开发等方面设定目标，重点开展乡土文化繁荣工程建设。

支撑保障能力。包括乡村空间格局优化，基础设施和公共服务设施建设，人才、教育与科技支撑，社会保障体系建设，体制机制创新等。此外，针对规划实施要求，应阐述规划实施的技术保障和资金保障。其中，技术保障措施是从基础性调查研究和分析、建设评价指标体系、乡村发展的关键性技术研发和专家咨询机构建立等角度说明；资金保障从国家和地方支持（包括相关政策、补贴、项目等形式）、社会资金和市场开拓等角度说明。

四、促进社会各方联动，提高参与度

乡村建设类规划的主要目的是解决农民生产、生活中涉及的空间格局优化问题，这一问题的解决离不开农民与地方政府的共同参与，因此规划编制需要以维护农民根本利益为出发点，尊重农民意愿和文化传统，广泛听取农民的意见和建议，变政府主导为引导，变农民被动为主动，以参与的方式对美丽乡村规划进行框架设计及内容安排，从改善农民生活条件、改善农村人居环境出发，促进农村社会全面发展和农业可持续发展。

（一）积极统筹引导多方共同参与

规划的实施离不开统筹和执行，统筹是为了更有效地执行，执行是为了更持续地统筹。其中统筹包括上下统筹、城乡统筹、内部统筹和规划统筹。

1. 上下统筹

美丽乡村建设规划面临与上级规划衔接和空间规划协调的问题，这是规划实施过程中的重点和难点，也是统筹工作的重要内容，寻求合理的切入点，有助于拓展美丽乡村建设的用地空间，促进创建地做到空间布局优化、功能定位合理、梯次衔接有序、实施落地可行。美丽乡村建设规划由省级人民政府组织专家或委托咨询评估机构对美丽乡村建设规划进行审查。

2. 城乡统筹

以城乡统筹促进城乡协调发展是科学发展观的重要内容之一，由于长期城乡发展不平衡造成的城乡差异给社会带来诸多不稳定因素，以工促农、以城带乡成为当前工作的重点之一。城乡统筹不是简单的城乡一体化，而是城乡协调发展，也即兼顾城乡发展，建立城乡良性互动格局。在规划编制和实施过程中，要重视城市对乡村的带动作用，着力解决城乡公共基础设施和基本服务均等化，打破制度上存在的城乡二元结构。

3. 规划统筹

规划文本编制需要科学的方法，规划的实施需要切实的执行，两者协调一致才能将整个工作更好地开展下去。在美丽乡村建设过程中应重视规划工作，充分发挥其对美丽乡村建设的规范指导作用。严格按照"不规划不设计、不设计不施工"的原则，要求规划建设两手抓，两手都要硬，在这一过程中要有序进行，不能为了建设而建设，忽视规划的引领作用。此外，美丽乡村建设规划应与美丽乡村建设工程建设、美丽乡村建设评估和美丽乡村建设保障体系构建等工作相协调，保障规划科学、有序地实施。

（二）动员利益主体参与规划编制

美丽乡村建设规划在编制过程中，应充分征求社会公众意见，认真听取县级人民代表大会、政治协商会议的意见，自觉接受指导，发挥各方面的积极性和主动性。

村民是美丽乡村建设的主体，美丽乡村建设以农民的发展和意愿为基本原则，坚持以人为本，就是坚持乡村内部和谐共进。农民不但要参与规划文本编制，更要参与规划的实施，也即要把农民的参与贯穿于美丽乡村建设规划编制与实施的全过程，制订农民群众深度参与的规划实施方案，确保让农民群众了解规划、支持规划并参与规划的实施。

美丽乡村建设规划编制后的实施过程中，可能会遇到很多编制过程和发展规划过程中没有考虑到的问题。在这一过程中，应充分调动村民参与的积极性和主动性，通过政策和补偿等手段，鼓励规划区范围内的村民参与住房建筑统一规划和修葺，让村民充分了解乡村建设和发展对他们生活各方面的影响，让他们参与到乡村基础设施改造和建设中去。

（三）动员社会力量保障规划实施

在鼓励和调动广大村民积极参与的同时，美丽乡村建设规划的编制和实施也需要社会各界，尤其是建设工程相关的企业提供资金和实物的支持保障工作。

美丽乡村建设规划涉及整个村域经济和社会发展，企业在这一发展过程中也会因乡村规范化和持续发展而获得相应的利益。在这种情况下，政府应通过多种渠道吸引企业的投入，将乡村建设与企业发展同步起来，建立健全发展机制，让企业充分参与美丽乡村建设的各个环节。通过农产品开发与经营、乡村景观旅游开发等一系列商业化活动，让企业与村民共享美丽乡村建设的成果，将两者的利益关联在一起。只有这样，才能保障规划顺利并有效地实施。

此外，积极探索城市反哺乡村的模式，使创建地周边城市在乡村基础设施建设、公共服务设施建设等方面提供帮助和指导，同时建立多种合作联运机制，加速城乡联运和合作，为乡村农副产品及旅游地开拓渠道。

五、明确法律地位，提高权威性

美丽乡村建设规划工作作为美丽乡村创建活动实施阶段的重要内容，应明确其在创建活动中的定位和作用。按照《农业部办公厅关于开展"美丽乡村"创建活动的意见》（农办科〔2013〕10号）和《农业部办公厅关于组织开展"美丽乡村"创建试点申请工作的通知》（农办科〔2013〕30号）要求，明确规划工作的主体和承继关系，明确美丽乡村建设规划作为美丽乡村创建试点工作的规定完成内容，提高规划权威性。

（一）规划编制实施常见困境

我国幅员辽阔，农村地区更占据了国土空间的主体。不同地区水土条件、能源矿产禀赋、经济、社会历史文化存在明显的差别，导致美丽乡村建设在规划编制过程中时常出现共性与特性、规划弹性与权威性之间的矛盾。

1.各级规划冲突的问题

当前涉及乡村建设和发展的规划较多，各级规划冲突可分为上位规划与下位规划之间的垂直冲突和同位规划之间的水平冲突。一旦编制过程中的强制性内容出现矛盾，常常存在不知道以哪一个为准的问题。作为开发类型的规划，美丽乡村建设规划容易与土地利用规划、环境保护规划及各类空间布局类规划相冲突。在冲突出现后如何理顺关系、排定次序是规划编制中可能面临的重要问题。

2.目标要求过于具体易导致千村一面现象

作为一种指导性规划，美丽乡村规划在实施过程中最应注意的问题是如何结合农村实际，建设独具特色的乡村环境。不考虑农村的特殊性，仅在图上下功夫，违背自然规律一味追求人工美感是此类规划可能出现的主要问题。通过大量的土建工程对乡村进行建设和改造，追求道路平直、建筑整齐，必然会丧失农村的地方特色和原有风格。

3.发展无序化问题

尽管美丽乡村建设规划在编制过程中会对发展目标加以明确，但在实施过程中容易出现缺乏统筹协调，在时间进度把握和近远期目标的设定上前后不一的问题。这种无序会体现在建设进度安排上，还会体现在乡村总体发展和空间格局设计上。道路布局、建筑密度的设计，基础设施跟进速度等各环节均会因无序化而出现问题。

（二）对接其他规划要分清主次

美丽乡村规划的实施不是孤立的，作为省级专项规划，需要严格执行国家及省级主体功能区规划，与国家及省级经济和社会发展总体规划等上级规划相衔接，与土地利用规划、村庄整治规划等空间规划相协调。

首先，严格执行国家及省级主体功能区规划，在禁止开发区和限制开发区应严格避免出现工业化情况，针对不同类型区的发展定位来确定工业化发展的规模和程度。针对生态重要地区应注重现有生态系统稳定性的维护，严禁不可持续性的开发活动，尤其避免可能出现的破坏生态环境的经济活动。针对生态脆弱地区，应注重对现有生态系统的修复，对环境问题进行集中整治，抓好重点工程。按照全国主体功能区规划要求，这两类地区可重点发展生态型产业，如生态旅游，但在旅游开发过程中仍须依照生态为先的原则，不应因为经济利益而扰乱生态系统稳定。

其次，应与国家及省级经济和社会发展总体规划等上级规划相衔接。作为以农村整体可持续发展为主要目的的规划，其编制和实施应与国家及省级的经济和社会发展总体规划相一致，在这一框架下调整农村工作重点，调整农业发展方向和促进农民生活条件改善，最终实现生态文明下的综合发展。另外，美丽乡村创建试点区不可能跳脱出所属地级市单独发展，因此其规划还要与省级区域发展规划和地级市城市总体规划相一致。

最后，应与土地利用规划、村庄整治规划等空间规划相协调。根据乡村实际特征，明确其发展优势和突出问题，依据各级乡村用地配置和人均指标等，结合实地考察、趋势分析，根据人均用地指标和人口预测，合理确定各类用地占用规模。

第三节 美丽乡村建设的特色表达

一、致富：建设提质增效的产业体系

经济发展和生活富裕是"美丽乡村"建设的保障，经济发展与生态环境密不可分，良好的生态环境是可持续发展的重要基础。随着社会经济的快速发展，生态环境

与经济快速发展之间的矛盾越来越突出。面对生态环境保护和经济发展之间的矛盾，美丽乡村建设不应将保护与发展对立起来，而应将生态环境视为发展的要素之一，积极拓展生态资源利用的领域，将生态价值切实转化为发展的动力，在以不破坏生态环境的前提下，大力发展生态产业，走生态环境与经济社会协调发展的道路。坚持在保护中促进发展，在发展中加强保护，突破了经济发展和生态环境保护的"瓶颈"。

（一）推动优势特色产业

特色产业是一定区域内，以资源条件为基础，以创新生产技术、生产工艺、生产工具、生产流程和管理组织方式为条件，制造或提供有竞争力的产品和服务的部门或行业。美丽乡村建设过程中，应充分认识本村的自然资源，结合现有的产业基础，选择合适的产业发展。在产业发展过程中，要注重协调镇域、县域产业规划和当地其他资源的联合开发，并通过突出重点、打造亮点的策略来强化示范效应和扩大效应，通过规模化、产业化进一步延伸产业链条，吸引社会资金和其他行业资金流入农村，实现资源的集聚效应，确保乡村特色产业的可持续发展。

1.加强组织领导、大力宣传发动

发展村级特色产业是提升农业竞争力、发展现代农业、推进美丽乡村建设的战略举措，基层政府要加强对发展村级特色产业的组织领导，明确分管部门和工作职责，齐抓共管，确保工作顺利推进，并在组织保障的基础之上，切实加大对特色产业的宣传，为产业发展营造良好的群众氛围。积极组织开展先进经验和致富典型的宣传活动，激发广大农民学先进、学典型的热情，增强广大农民自主创业的热情，推动产业深入发展。

2.制订发展规划，建立激励机制

农民由于自身认识的局限性，无法把握各方面的信息来制订产业发展规划，政府有义务在认真研究本地资源、区位和布局特点，正确分析国际、国内市场需求规律，找准产业和产品发展的切入点的基础上，帮助农民制订特色产业发展规划，明确各阶段的实施重点和发展目标，加强宏观指导。同时，要对产业的推进实时跟踪，并辅以一定的激励措施，在规划实施期内，每年制订奖助标准，对实施规划的情况进行追踪，对成绩突出的单位或个人给予表彰，激发群众参与产业发展的积极性。

3.培育产业农民，建立合作组织

农民是特色产业发展的主体。村级产业发展关键是培育新型农民，让农民认识自我，认识本村资源优势，认识本村发展潜能，努力开发具有本村特色的产业和产品。农村合作经济组织是特色产业发展的有效载体，能提高农民进入市场的组织化程度，有效规避或降低市场风险。通过培养新型农民、培育新型农村合作经济组织，完善产业发展的生产经营体系。

4.注重财政引导，加强信贷支持

产业调整初期需要财政有倾向性的引导来带动，对于合乎村情的产业，财政应给予一定的支持来促进其发展。同时，要多渠道保证金融资源的供给，灵活财政和信贷政策；积极开展农户小额贷款业务，通过担保、入股、订单、抵押等多种形式，提高产业资金量，为产业发展提供资金保证。通过财政和信贷支持，助推特色产业发展。

（二）发展乡村休闲农业

现代社会生活节奏越来越快，工作家庭等各方面的压力越来越大，人们需要释放紧张的情绪来获得身体上的轻松和内心的自由，于是很多人会通过享受大自然的美景来调节身心，从而帮助人们祛除浮躁，回归自我。所以，在美丽乡村建设过程中，应当善于利用与开发自然界赋予人类的独特资源来提供旅游休闲服务，这种发展模式如果运行得当，会有良好的效果。

休闲农业是在经济发达的条件下，为满足城里人休闲需求，利用农业景观资源和农业生产条件，发展观光、休闲、旅游的一种新型农业生产经营形态。休闲农业也是深度开发农业资源潜力，调整农业结构，改善农业环境，增加农民收入的新途径。休闲农业的基本属性是以充分开发具有观光、旅游价值的农业资源和农业产品为前提，把农业生产、科技应用、艺术加工和游客参加农事活动等融为一体，供游客领略在其他风景名胜地欣赏不到的大自然情趣。休闲农业是以农业活动为基础，农业和旅游业相结合的一种新型的交叉型产业，也是以农业生产为依托，与现代旅游业相结合的一种高效农业，可以分为以下四种类型。

农事体验型。即根据各地特色和时节变化设置不同的农事体验活动，精心打造现代农业园区，集可看、可吃、可娱等多功能于一体的休闲农业精品园。

景区依托型。即通过乡村旅游对生态资源、产业资源进行项目化整合，推进环境优势向产业优势转化，有效带动一批农业基地和加工企业的建设，加快一系列农副产品成为休闲旅游商品。

生态度假型。即依托优良的自然山水资源，融合生态养生的理念，借鉴台湾"民宿"的发展经验，加大周末观光向休闲养生转变，拓展服务功能。加快大型现代生态农庄、高档乡村休闲会所、老年养生公寓建设步伐。

文化创意型。即出台壮大休闲产业和文创产业相关的扶持政策，并依托农业园区、示范基地和旅游集散地的辐射功能，大力推进乡土文化培育与产业化运作，建设展示与体验于一体的乡村文化创意馆所，加大农家乐休闲旅游业的文化内涵。

全国各地的发展实践证明，休闲农业与乡村旅游的发展不仅可以充分开发农业资源，调整和优化产业结构，延长农业产业链，带动农村运输、餐饮、住宿、商业及其他服务业的发展，促进农村劳动力转移就业，增加农民收入，而且可以促进城乡人员、信息、科技、观念的交流，增强城里人对农村、农业的认识和了解，加强城市对农村、农业的支持，实现城乡协调发展。

（三）鼓励农民自主创业

目前农民增收主要依靠的是传统的劳动力和土地资源。要较快地、长效地提高农民的收入水平，必须坚持就业与创业并重，在大力推进农村劳动力转移的同时，鼓励农民群众自主创业，让更多的农民通过直接掌握生产资料来创造财富，提高资产性收入在农民收入中的比重。为促进农民增收，通过引导扶持，将一批符合条件的富有创业、创新精神的农民创业主体，培育成为农民合作经济组织的法人或企业法人，培育成为有技术、善经营、会管理的农民企业家，培育成标准化生产、规模经营的种养大户，充分发挥他们在推进标准化、规模化、专业化生产和产业化经营以及现代流通、劳务经济、农民创业致富中的带动作用，在农村形成强大的创业洪流。为此，政府和社会各方面必须采取切实有效的引导措施，激励农民创业。

1.鼓励农民做"老板"，兴办个体、私营企业

要支持农民特别是经营管理能人和具有一技之长的农民大胆创业。一方面，政府要千方百计降低农民创业的门槛，支持农民开店办厂做老板；另一方面，要加强对农民的思想文化教育、技术和经营管理知识的培训，为未来创业当老板做好充分准备。

2.建立农民教育培训体系，提高农民创业能力

农民创业需要实用技术和技能。因而，政府和社会要利用现有的教育基础设施和科技人员，抓紧抓好农业富余劳动力的培训工作和技术指导，帮助他们拓宽生产经营活动的门路，提高他们对市场经济的适应能力。一是制定农民科技教育培训规划，培养懂技术、善经营的转型职业农民；二是实施"新型农民创业培植计划"，按照农业产业结构调整和专业化生产的需要，选拔培训一批具备创新精神的青年农民，通过政策引导、创业资金扶持和后援技术支持，将其培植成进行规模化和专业化生产的中坚农户，提高农业集约化、商品化、专业化和基地化水平，促进传统农业向现代农业的转化。

3.建立健全融资体系，拓宽农民创业资金来源

为农民创业者提供一个顺畅的融资渠道，建立农民创业融资体系，是激励农民创

业的关键性措施。一是发挥农村信用社的融资主渠道作用。农村信用社是最好的联系农民的金融纽带，建立农民创业融资体系应充分发挥农村信用社的作用。二是改革现行的贷款制度。要为农民开办以土地承包经营权为抵押的贷款业务；全面推广小额贷款，为自主创业农户发放贷款；设立专项资金帮助农民回乡创业；推出针对青年农民的"创业信用卡"制度，优先放贷，使更多的青年农民投身创业行列。

4. 构筑平台，营造农民创业的硬件环境

一要加快民营园区建设，使其成为农民投资创业的主要发展空间。二要扶持壮大龙头企业。要通过政策服务等手段，扶持现有的一批具有带动辐射能力的民营企业发展壮大，帮助他们搞好二次创业，充分发挥他们对发展农民创业的带动作用。三要加快市场体系建设。着眼农民创业，解决"有市无场"或"有场无市"的问题。

5. 努力营造优质的服务环境

农民创业，政府的核心任务就是搞好服务，通过优质的服务让投资者满意，让创业者放心。按照农民创业发展的内在要求，在机构设置、职能确定、人员配备、行政方式上，要让生产力说了算。在信用担保、信息咨询、科技服务、法律保护等方面多为农民创业开绿灯，搭建一个更加优越的服务平台。

6. 发现培养创业农民，着力打造农民经纪人队伍

一是充分发挥农村能人、大户致富的示范、带动和帮扶作用。实践证明，农村先富起来的能人、大户对当地农民创业增收具有极大的示范、带动和帮扶作用，能起到事半功倍、立竿见影的效果。二是加快培育各类农民经纪人队伍。要对经纪人队伍进行扶持和引导，提高素质、提升档次，使经纪人队伍成为农民创业的牛鼻子。

7. 发展新经济组织，提高农民创业的组织化程度

要加快经济组织创新步伐，成立产业协会、经济联合体及销售公司等各类流通经济组织。在城镇，要成立商会，组建各类行业协会、中介组织等，各类民有民管的专业协会和经济联合体必须坚持由农民自愿组织、自主管理，各级党委、政府要加强扶持，但不能包办代替。由农民投资形成的经济联合体，既是一种专业合作组织，又是开展企业化经营乃至发展成为公司性企业的前奏。对此必须加强引导和扶持。

（四）推进乡镇企业转型

乡镇企业的发展，对促进国民经济增长和支持农业发展、增加农民收入和吸纳农村富余劳动力、壮大农村集体经济实力和支持农村社会事业都发挥了不可替代的重要作用。一个组织在成长过程中需要转型的机会比较有限，但战略转型却非常重要。对于乡镇企业而言，转型是一种扬弃。过去的成功经验应该加以发扬，要继续发展自

己的优势产业模式。同时，针对面临的外界压力和自身存在的问题，要适时地进行转型，以适应社会主义市场经济发展的实际情况。转型意味着战略调整，包括产权的改革、组织结构的转变、产品结构的更新、企业科技的创新、信息技术的发展等，主要包括以下几方面的内容。

1.发展模式的转型

乡镇企业来源于集体经济和个体私营经济，相对于国有经济来说具有与生俱来的缺陷，其产权结构、产品结构等方面存在与市场要求不符的因素。同时，由于在发展中始终受到地方政府和国家政策的影响，没有能够真正利用市场的资源得以充分、无束缚地发展，因此其发展模式存在着"先天不足，后天畸形"的问题。转型意味着改变原有的路径，通过产权的改革、管理体制的转变，摆脱地方政府的行政干预，充分利用市场的资源，形成一种符合市场规律、具有竞争优势的发展模式。

2.发展思路的转型

如果没有正确的方向，南辕北辙只会让企业走入绝境。过去相当长的时间里，乡镇企业由于缺乏科学的发展思路，如开拓市场时普遍面临二、三线市场，而面临一线市场的企业往下发展时无招架之力；不重视科技创新使产品呈现生命周期短的特点，经常表现为昙花一现，整个地区的产品趋同性较强，发现某个产品或产业具有优势则一窝蜂上马，结果总是良莠不齐，经常大面积失败；不重视人才的吸收和培养，使企业发展后劲不足，在持续的竞争中失去优势。因此，要用先进的发展理念武装企业，在经营者和管理层中更新发展思路，增强创新意识，坚持科学发展，赢得比较优势。

3.产业结构的转型

产业层次较低是乡镇企业的共性问题。从乡镇企业的实际情况来看，本地资源型产业、劳动密集型和低效型产业比重大，在市场竞争中处于劣势。因此，必须结合自身的实际，提高产业层次，立足自身优势，加大技改力度，建立起自己的高科技企业群。

4.企业结构的转型

乡镇企业的主要弱点之一是主导产业无优势，骨干企业无规模，产品结构无特点。而现在市场经济的竞争主要是优势产业之间、巨型企业之间、精品名牌之间的竞争。一直以来，相对于国有企业、外资企业，乡镇企业在产业特色、品牌建设、企业核心竞争力建设上存在较大的劣势，因此，必须在骨干企业规模、竞争品牌上寻求突破。进行乡镇企业战略性重组，通过多种资本运营形式，加速资产向优势产业集结、向骨干企业流动、向高效产品汇集。

二、安居：打造清洁舒适的生活空间

良好的生态环境是人和社会持续发展的基础。美丽乡村是美丽中国的基本单元，要建设美丽中国，首要任务是全面提升农村生态环境，努力把农村打造成环境优美、生态宜居、底蕴深厚、各具特色的美丽乡村，并积极推动社会物质财富与生态财富共同增长、社会环境质量与农民生活质量同步提高。

（一）开展村庄环境整治

整洁优美的村庄环境是美丽乡村建设的核心，体现的是一种内在"美"。宜居宜业宜游的美丽乡村，是农民幸福生活的家园和市民休闲旅游的乐园，既要重视规划建设上的高水平、高质量，更要重视管理创新，不断促进美丽乡村建设的可持续发展。增强农民的生态环保意识，着力改造传统的生产生活方式，大力推行清洁生产和绿色消费，力求把美丽乡村打造成为没有门票、开放共享的景区。

1. 整治生活垃圾

集中清理积存垃圾，完善村内环卫设施布局，提高垃圾收集设施建设标准，做到村庄垃圾箱数量、位置设置合理，颜色和外形与村庄风貌协调。落实保洁队伍，强化村庄生活垃圾集中无害化处理，积极推动村庄生活垃圾分类收集、源头减量、资源利用，建立比较完善的"组保洁、村收集、镇转运、县处理"的生活垃圾收运处置体系。

2. 整治乱堆乱放

全面清除露天粪坑，整治畜禽散养。拆除严重影响村容村貌的违章建筑物，整治破败空心房、废弃住宅、闲置宅基地及闲置用地，做到宅院物料有序堆放，房前屋后整齐干净，无残垣断壁。电力、电信、有线电视等线路以架空方式为主，杆线排列整齐，尽量沿道路一侧并杆架设。

3. 整治河道沟塘

全面清理河道沟塘有害水生植物、垃圾杂物和漂浮物，疏浚淤积河道沟塘，突出整治污水塘、臭水沟，拆除障碍物、疏通水系、提高引排和自净能力。加快河网生态化改造，加强农区自然湿地保护，努力打造"水清、流畅、岸绿、景美"的村庄水环境。

4. 整治生活污水

优先推进位于环境敏感区域、规模较大的规划布点村庄和新建村庄的生活污水治理。建立村庄生活污水治理设施长效管理机制，保障已建设的正常运行。完善村庄排水体系，实现污水合理排放，有条件的村庄实行雨污分流。加快无害化卫生户厕改造步伐，根据村庄人口规模、卫生设施条件和公共设施布局，配建水冲式公共厕所，原则上每个村庄至少配建 1 座。

5. 整治工业污染源

加强村庄工业污染源治理，建立工业污染源稳定达标排放监督机制，严格执行环境影响评价及环保"三同时"制度。对已审批的落后、淘汰工艺，责令企业限期技术改造。对未经审批的企业等，要依法取缔、关闭。

（二）提高资源循环利用

美丽乡村不仅需要美丽的青山绿水，更需要对低碳减排的重视和现代生活方式的培养。农村既是能源的消费者，也是能源的生产者，既是废弃物的产生地，也是废弃物资源化利用的开发地。运用沼气、太阳能、秸秆固化碳化等可再生能源开发技术，推进沼气供气发电、沼肥储运配送以及太阳能光热技术等在农业生产、农村生活中的应用，实现物质能量循环利用，有效提高农业资源利用率，改变农民传统的生活方式，提高节能环保的意识，为培育新型农民奠定基础。

1. 沼气

沼气作为一种可再生能源或清洁能源被我国各级政府确定为解决农村能源问题的主要开发能源。它可以用来做饭、照明、发电、烧锅炉和加工食品等，也可以替代汽油、柴油用作农业机械的动力能源，如开动汽车和拖拉机、碾米、磨面、抽水、发电等，既方便又干净。在蔬菜大棚里点燃沼气灯，可以增加棚室温度，沼气燃烧后产生的二氧化碳是一种气体肥料，能促进作物生长。从沼气池中抽出的沼液和沼渣是优质的有机肥料，不仅能替代化肥，还能替代农药，同时能改良土壤。用沼液、沼渣种植的瓜果蔬菜是无公害农产品。沼气建设可以改善农民家居环境和卫生状况，对提高农产品产量和质量，消除传染源和降低疫病发生率，有不可替代的重要作用。

在我国长期的农村沼气建设实践中，形成了南方"猪沼果"、北方"四位一体"和西北"五配套"三种最具典型的能源生态模式。将种植业与养殖业有机联结，实现了向资源循环利用型的生态农业转变。农林废弃物致密成型技术实现了废弃物的资源化利用，拉长了农业产业链，实现了农业资源的再生增值。

2. 太阳能

太阳能是清洁可再生的能源，目前已在我国得到较大范围的使用。为了推进农村节能节材，促使农村路灯、太阳能供电、太阳能热水器等太阳能综合利用进村入户，不断拓宽农村能源生态建设内容，在水产养殖、养猪、鸡场育苗、花卉苗木上应用推广了地源热泵、太阳能集中供热系统，在太阳能杀虫灯、太阳能路灯、庭院灯、草坪灯基础上，试点推广了太阳能光伏瓦发电，极大拓展了传统的农村能源利用范围。太阳能杀虫灯和沼肥在现代农业中的广泛运用，有利于减少化肥、农药使用量，提高农产品质量和安全水平。

3.风能

风能是地球表面大量空气流动所产生的动能，是一种可再生、无污染且储量巨大的清洁能源。对风能的利用，在当前主要是风力发电。开发利用风能资源，既是开辟能源资源的重要途径，又是减少环境污染的重要措施。

（三）推进乡村民居改造

建设美丽乡村，按照"科学规划布局美"的要求，应坚持以下原则。

规划引导。强化规划的先导性和控制性作用，引导农民依法依规相对集中建房，确保农村住房建设规范有序，改善农村人居环境。

量质并重。围绕全面建设小康社会目标要求，引导和鼓励农民投资建房和改造危房，建立健全农村住房质量保障体系，确保农村住房数量适度增长，建设水平和质量稳步提升。

农民自愿。坚持农民主体地位，在充分尊重农民意愿的前提下，按照以人为本、经济适用的要求，积极引导和组织农民新建、改建住房，不搞强迫命令，切实保障农民合法权益。

突出特色。尊重各民族生产生活习惯，注重保护、挖掘和传承村镇的自然、历史、文化、景观等特色资源和优秀传统建筑文化，在建房中突出民族特色、地方特色和时代特征。

科学发展。按照节能、节地、节水、节材和环境保护的要求，严格农村住房标准，完善管理措施，切实改变长期以来形成的高投入、高消耗、低效率的建设模式，兼顾环境效益、社会效益和经济效益。

另外，在建设美丽乡村的过程中，要注意改造危旧房。结合扶贫工作，加强农户建房规划引导，提高农户建房的标准，做到安全、实用、美观，推进农村危旧房改造和墙体立面整治，改善视觉效果。

（四）加强基础设施建设

农村基础设施是农村经济社会发展和农民生产生活改善的重要物质基础，加强农村基础设施建设是一项长期而繁重的历史任务。开展美丽乡村建设，亿万农民既是受益主体，又是主力军。在农村基础设施建设中，要坚持政府主导、农民主体，通过政府强有力的支持，组织和引导广大农民发扬自力更生、艰苦奋斗的优良传统，用辛勤的劳动改善自身生产生活条件，改变落后面貌，建设和谐农村。

1.对农村基础设施建设的科学规划

在农村基础设施建设过程中必须科学规划，明确农村基础设施建设的总体思路、基本原则、建设目标、区域布局和政策措施。规划既要立足当前，从实际出发，明确阶段性具体目标、任务和工作重点，有步骤、有计划地加以推进，又要着眼长远，体现前瞻性。在制定农村基础设施建设规划时，既要做到尽力而为，努力把公共服务延伸到农村去，又要坚持量力而行，充分考虑当地财力和群众的承受能力，防止加重农民负担和增加乡村负债搞建设；既要突出建设重点，优先解决农民最急需的生产生活设施，又要始终注意加强农业综合生产能力建设，促进农业稳定发展和农民持续增收，切实防止把美丽乡村建设变成表面形式的建设。

2.对农村基础设施建设的分类指导

各地美丽乡村建设起点有高低之分，进程有快慢之别、特色也各有不同，农村基础设施建设必须坚持从实际出发，实行因地制宜、分类指导。在农村基础设施建设中，要把加强农田水利建设、提高农业综合生产能力、改善农民生产生活条件、发展壮大县域经济放到重要位置，同时协调推进其他各项建设，探索符合自身特点的美丽乡村建设路子，确保农民群众实实在在得实惠。

3.要尊重农民意愿，调动农民参与农村基础设施建设的积极性

开展农村基础设施建设，要充分调动农民群众的积极性，组织和引导他们用辛勤的双手改善自身生产生活条件。各地基础设施建设中，要广泛听取民意，围绕农民需求进行谋划。要把国家支持与广大农民群众投工投劳有机结合起来，调整工作思路，改进工作方法，坚持群众自愿、民主决策，搞好引导服务，改变过去自上而下发号施令、层层压任务的做法，把政府支持与农民自觉自愿结合起来，由过去的"要我干"变为"我要干"。只有这样，才能取得事半功倍的效果。同时，要鼓励社会各界积极参与农村基础设施建设，各级政府要积极组织工商企业、社会团体和个人帮扶农村，鼓励和支持他们投资、投劳、投物，参与农村基础设施建设，为建设社会主义新农村贡献力量。

4.增加农村基础设施建设的资金投入

美丽乡村建设需要大量资金，当前农村基础设施建设投资需求与资金供给的矛盾十分突出，必须坚持把基础设施建设和社会事业发展的重点转向农村，国家财政新增固定资产投资的增量主要用于农村，政府在美丽乡村建设中，也要按照存量适当调整、增量重点倾斜的原则，积极调整财政支出结构，努力增加本级财政预算用于农村

建设的投入，加快建立美丽乡村建设投资稳定增长机制。制定优惠政策，鼓励社会各界共同参与美丽乡村建设，吸引更多的银行资金、企业资金和其他社会资金投入农村基础设施建设，建立多元化的新农村建设投入机制。

三、绿色：保持持续健康的生态环境

随着经济的发展、社会的进步和人民生活水平的不断提高，特别是随着社会主义新农村建设的全面推进，农村基层组织和广大农民群众不再把注意力仅放在吃饭穿衣上，而是越来越注重居住环境的改善。

（一）强化生态环境保育

生态保育系指对物种和群落加以保护和培育，以保护生物多样性，保持生态系统结构和功能的完整性，生态保育不排除对资源的利用，而是以其持续利用为目的。通过对生态系统的生态保育，可以使濒危物种得到有效保护，使受损的生态系统结构和功能得到有效恢复。

1.重视环境教育

通过环境教育，增进了民众保护环境的知识、技能、态度及价值观，民众的环保意识、环境素质得到较大提升。美丽乡村建设应重视环境教育，建立学校环境教育和社会环境教育体系，提升自然人、企业管理者、公务员保护环境的知识、技能、生态伦理与责任。要特别重视学校环境教育，培育具有正确环境伦理观和良好环境素质的公民。

2.综合运用法律、行政与经济手段

要有效利用排污收费、环境补偿费、排污权交易等经济手段和市场机制，使守法成本和收益远远超出违法成本和收益，才能真正达到保护环境和生态的目标。为鼓励植树造林、修补山坡地的水土保持和水源涵养、景观建设，应当推出造林奖励政策。

3.设立特殊保护区域

为保护和恢复自然生态环境，应在环境敏感地区设立自然保护区、野生动物保护区、野生动物重要栖息环境、自然保护区等自然生态保育特殊保护区域。各类自然保育特殊保护区域的设立，严格限制资源利用与开发，有效保护野生动植物栖息环境，对森林和山坡地保育、水源区保育、水土保持、生物多样性保护等发挥重要作用。

4.调整产业结构，注重源头污染治理

采取兼顾环保的经济发展政策，调整产业结构，注重源头污染减量。产业发展政策鼓励"两大、两高、两低"（市场潜力大、产业关联效果大；技术层次高、附加价

值高；污染程度低、耗能系数低）产业发展，以加速产业结构调整、转型和升级，同时鼓励海外投资。鼓励农业向休闲、有机、生态等可持续农业发展，推广有机肥与生物肥料，重视农业环境保护，以减少农业生产对环境的冲击，达到既提升农业产品创新服务与品质安全，又保护生态环境和土地资源复育的目的。

农村生态环境直接关系到美丽乡村的建设程度，因此，要把优化提升农村生态环境作为建设美丽乡村的重点，抓紧抓实抓好。开展生态环境保育，不仅能够提高广大农村居民的生活质量及生存环境，更是建设全面和谐社会的重要内容。

（二）加强生物多样性保护

生物多样性是人类社会赖以生存和发展的环境基础，也是当今国际社会关注的重点课题。但是，由于自然、人为及制度等方面的原因，生物多样性正遭受着严重的损失和破坏，而这种破坏造成的生态失衡，最终也会反噬人类。保护生物多样性已成为摆在人类面前急中之急、重中之重的事情。为加强生物多样性保护工作，应该从以下几方面考虑。

1.稳步推进农业野生植物保护水平

一是继续推进《全国农业生物资源保护工程规划》的实施。加快新批复农业野生植物保护原生境示范点建设进度，确保建设质量。对已建示范点的保护设施及仪器设备进行管护，杜绝"建而不管、管而不力"的现象。建立农业野生植物保护原生境保护点例行监测制度，对保护点的资源和生态环境变化等进行动态监测，实现监测工作的日常化、标准化和规范化。二是继续开展物种资源调查工作，对列入国家重点保护名录的农业野生植物进行深入调查，为保护工作提供科学依据。三是加强抢救性保护，减少农业野生植物种群和原生境受损，扩大增殖研究，为濒危物种的增殖、恢复和利用探索可行途径。

2.有效应对外来物种入侵

一是加快科技创新，提升支撑能力。支持科研单位加大科研力度，加强生物入侵规律、监测防控技术、科学施药技术的攻关研究，加强综合防治技术的集成应用，加强生物防治与生态修复技术和设备的研发，提高外来入侵生物防治工作的科技水平。二是建立长效机制，提升防控能力。大力开展综合防治技术的试点示范和宣传培训，建立外来入侵生物综合治理示范区，指导农民及时防治、科学防治。三是继续夯实基础，提升监测能力。进一步建立完善全国外来入侵生物监测预警网络，健全信息交流和传输途径，提高监测预警的时效性和准确性。在东北、新疆、海南和沿海地区建设外来有害生物监测防控带，有针对性地开展外来有害生物监测工作，防止其入侵和扩散。四是做好应急防治，提升防控能力。各地要切实落实应急防控预案，储备应急防控物资，提高应急防控能力。要巩固过去应急防控工作的成果，思想不能麻痹，工作不能放松，确保外来入侵物种危害不反弹、不扩散。

3. 增强宣传和保护生物多样性

保护生物多样性，需要人们共同的努力。对于生物多样性的可持续发展这一社会问题来说，除发展外，更多的应加强民众教育，广泛、通俗、持之以恒地开展与环境相关的文化教育、法律宣传，培育本地化的亲生态人口。利用当地文化、习俗、传统、信仰、宗教和习惯中的环保意识和思想进行宣传教育。总之，一个物种的消亡经常是多个因素综合作用的结果。所以，生物多样性的保护工作是一件综合性的工程，需要各方面的参与。

生物多样性为人类的生存与发展提供了丰富的食物、药物、燃料等生活必需品，以及大量的工业原料。生物多样性维护了自然界的生态平衡，并为人类的生存提供了良好的环境条件。生物多样性是生态系统不可缺少的组成部分，是自然界长期演化的结果，是人类赖以生存的最基本条件，它关系到全球环境的稳定和人类的生存与发展。保护生物的多样性，从某种意义上讲，就是保护人类自己。多保护一个物种，就是为人类多留一份财富，为人类社会的可持续发展多做一份贡献。保护生物的多样性是人类共同的责任。因而，在美丽乡村建设过程中，要注重生物多样性保护。

（三）促进农田环境保护

耕地是国民经济及社会发展最基本的物质基础，保护基本农田对促进我国农业可持续发展和社会稳定具有重要意义，环境保护是基本农田保护工作的重要组成部分。近年来，随着经济的迅速发展，我国农田环境污染及生态恶化的问题日趋严重，耕地环境质量不断下降，已成为制约农业和农村经济可持续发展的重要因素之一，加强基本农田环境保护工作已是当务之急。为做好基本农田的环境保护工作，应该从以下几方面考虑：

1. 加强工作宣传

一方面，要宣传领导。由于农业资源环境保护这项工作本身并不能够成为地方经济发展的内生动力，经常有些地方的领导对其认识不够，因此要努力提升领导的认识，增强他们对农业资源环境保护工作的重视程度。另一方面，要发动群众。农村环境污染防治是需要全社会共同关心和支持的事业。要通过广播、电视、报刊、网络等新闻媒体，开展多层次、多形式的宣传发动，进一步增强全社会农田环境保护意识，动员和吸引社会各界力量积极参与农田环境保护。

2.农业面源污染防治

农业生态环境保护工作是一项长期的系统工程，相关部门要确立"预防为主"的思想。一是要将农业面源污染普查形成制度，建设数据库，各地必须重视农业面源污染监测点的建设和运行维护，争取财政补助，确保农业面源污染监测工作长期正常开展，争取每两年形成一个农业面源污染动态报告。二是要把农业面源污染防治综合示范区做成亮点。目前，在农业面源污染防治工程技术方面已经积累了丰富的经验，但仍缺乏技术易推广、工程能操作、资金可落地的工程项目。三是要突出抓好畜禽污染防治。畜禽污染 COD 占农业面源污染总量的96%，重点问题要突出抓，下大气力抓突破。

3.控"源"

全面推广测土配方施肥，大力扩种绿肥与推广应用商品有机肥，实施农药化肥减量工程，着力提高化肥农药利用率。推进农村面源氮磷生态拦截系统工程建设。加快建立农药集中配送体系，实行农药统一配送、统一标识、统一价格及统一差率，杜绝高毒、高残留和假冒伪劣农药流入市场，从源头上控制农业面源污染。

4.治"污"

按照垃圾"减量化、无害化、资源化"的要求，以农业废弃物资源循环利用为切入点，推广种养相结合、循环利用的生态健康种养生产方式。科学合理地制定养殖业发展规划，推进规模化养殖场建设，推广发酵床生态养殖，建立持续、高效、生态平衡的规模化畜禽养殖生产体系。采取粉碎还田、沤肥还田、过腹还田等省工、省时、实用的秸秆还田技术和方法，大力推广秸秆机械化全量还田，增加土壤肥力，积极开发秸秆饲料、秸秆发电、秸秆造纸、秸秆沼气、秸秆食用菌等，多渠道综合利用秸秆试点示范与推广，提高秸秆资源综合利用率。

5.加强调查处理力度

相关部门要加大对基本农田环境污染事故调查处理的工作力度，采取有力措施，提高污染事故处理率，切实保障农民利益，促进农业生产和农村经济的可持续发展。对破坏生态环境、乱占耕地的开发建设项目要严肃处理，对直接向基本农田排放污染物的严重污染企业要限期整改，对化肥施用量过高、农药残留严重的基本农田，要提出合理施用化肥和农药的措施。

农业资源环境保护事关广大农民的切身利益，事关农业农村经济社会全面协调可持续发展。要把农业产业生态化、发展清洁化作为建设美丽乡村的根本举措，积极发展生态农业，转变农业增长方式，严格防控农业面源污染，改善和提升农业生态环境。

四、和谐：健全公平民主的社会机制

（一）提升科学教育水平

改革开放四十年，农村发生了翻天覆地的变化，农民生活质量得到了很大提高，但制约农村快速发展的瓶颈，仍然是农民素质提高的问题。农村的教育备受农村孩子家长和社会的关注，为农村孩子提供一个好的受教育环境已然成为改善民生工作的一项重要内容，也成为衡量教育公平和社会公平的一把尺子，是关系到科教兴国和人才强国战略能否顺利实现的具体体现之一。为此，美丽乡村建设过程中要着力提升科学教育水平。

1.加大教学投入，创造良好的教育教学条件

当地政府加大对教育的投入力度，使教育教学条件不断改善，扩大教育的容量，缓解当地就学难的压力。一是通过加强教育基础设施建设，不断提高教学水平，优化校园环境，促进教育事业长足发展。学校校舍状况得到极大改善，能够很好地满足教学和人才培养的需要。除普通教室外，学校还应注意测绘、琴房、绘画、舞蹈等专用教室的建设，这样才能满足实践教学因材施教的需要。二是高度重视图书馆工作，坚持以评促建，不断加大硬件建设和软件建设，以丰富的馆藏和网络文献资源、舒适的环境、便捷的服务，更好地满足教学、科研等工作的需要。随着办学规模的扩大，为了更好地发挥图书馆为师生员工，为教学、科研服务的功能，学校应当不断加大对馆藏文献资源建设经费的投入。

2.提高教师素质和教学质量

"国运兴衰，系于教育"，"高素质的教师队伍，是高质量教育的一个基本条件"，要"采取有效措施，大力加强教师队伍建设，不断优化队伍结构和提高队伍素质"。没有高素质的教师队伍，肯定没有高水平的教学质量，教师是提高教学质量的核心，部分学校教师中新教师多，还有一部分非专业教师，相当一部分教师的教育观念很难适应当前的教育发展需要。要提高教育质量，就需要不断充电，加强教师特别是年轻教师的培训工作，提高教学理论水平和驾驭学科教材的能力。具体来说，一要积极开展业务理论的学习；二要继续抓好中层以上领导和骨干教师帮扶新教师的工作；三要扎实开展课堂技能竞赛、镇级骨干教师示范课、新教师汇报课等常规工作，为教师提供学习和展示自我的平台；四要适时开展各类业务培训工作。

3.切实加强对教育工作的领导

一是建立党政主要领导抓教育的制度，要像抓经济工作那样抓好教育。二是把教育列入党委和政府工作的重要议事日程，纳入本地区经济和社会发展规划。三是各级党委和政府的领导干部建立联系点制度，深入学校调查研究，发现并帮助解决问题。四是组织动员全社会力量关心、支持教育，优化育人环境。五是把重视教育、保证教育必要的投入、为教育办实事，列为各级领导干部的任期目标和政绩考核的重要内容，加强对各级党委和政府抓教育工作的评估。通过以上措施，强化党和政府领导教育的职能，真正形成党以兴教为先、政以兴教为本、民以兴教为荣的社会氛围。

（二）建设医疗卫生服务

农村卫生服务体系建设涉及基本民生问题，是统筹城乡经济社会协调发展、建设社会主义新农村和全面建设小康社会的一项重大任务，是一项民心工程、责任工程、系统工程。农村卫生服务体系建设将对提高农村群众医疗健康水平、保障农民群众切身利益、维持农村社会稳定有着非常重要的意义。为此，美丽乡村建设过程中要建设医疗卫生服务。

1.强化政府责任，健全投入机制

农村公共卫生和基本医疗服务具有公共产品特性，应当作为政府重要的公共服务项目。医疗卫生服务体系的项目建设，除中央、省财政下达的资金外，地方财政配套部分要投入到位。应该把财政支持的重点调整到支持公共卫生、预防保健、人员培训和乡镇卫生院、村卫生室基础设施建设上来。合理降低卫生院和村卫生室的运行成本。

2.加强基层卫生队伍建设，重视人才的引进和培养

一是要加大培训教育力度。努力打造一支公共卫生技能扎实、知识面广、预防实践经验丰富的应急处理队伍。

二是制定相关政策措施，优化人才结构。要尽快研究制定优惠政策，鼓励吸引专业人才，包括医疗机构业务骨干、大中专毕业生到农村从事公共卫生工作。

三是建立完善考核机制，严格实行目标管理工作责任制。切实加强对业务机构、专业人员工作责任的考评。

四是创造条件，不断改善医务工作者的工作环境和生活待遇，使公共卫生工作得到全社会的关注和尊重。

3.进一步完善农村卫生体系建设，不断改善农村医疗卫生条件

增加承担农村公共卫生事务的村医补助标准，落实必要的福利待遇，吸引优秀的

医务人员扎根基层，保证农村的医疗服务质量。进一步规范、完善财政补助资金拨付办法，保证各级财政补助资金及时、足额拨付到合作医疗基金账户，构建农民健康保障平台。完善农村大病医疗统筹保障制度，提高医疗保障水平，切实减轻农民群众因病带来的经济负担，提高农民健康水平。

4.加强监管，提高基层医疗卫生行业社会公信度

切实加大行业管理和社会监督力度，规范医疗服务和医疗收费行为，研究制定医疗卫生定期检查制度，以及医生药品使用量、抗生素使用量、住院自费药品使用量评估制度，严格控制医药费用的不合理增长，坚决杜绝过度用药、过度检查、过度治疗、过度住院的问题。对医疗服务中的大检查、大处方等违规问题，一经查实要按照有关规定严肃处理。大力开展医德医风教育，强化卫生监督机构对医疗机构医德医风奖惩机制。不断优化执业环境和就医环境，加强医患沟通，建立完善第三方医疗纠纷调节机制，规范医疗纠纷处理流程，营造尊重医学科学、尊重医务人员、尊重患者的良好社会氛围。

（三）健全村民自治制度

村民自治是村民通过合法组织与程序行使民主权利，实行自我管理、自我教育、自我服务、民主选举、民主决策、民主管理和民主监督的一项基本制度。村民自治实行民主集中制。充分发扬民主，集体议事，在村民的意愿和要求得到充分表达和反映的基础上，集中正确意见，依程序做出决策。村民自治制度的基本内容和核心是"四个民主"，即"民主选举、民主决策、民主管理、民主监督"。

1.民主选举

民主选举是指由广大村民直接选举村民委员会干部的民主权利和民主制度，它是村民自治的关键环节和重要前提。在民主选举中，通过无记名投票的直接选举方式，把选举产生和罢免村干部的权利真正交到了广大农民群众手中，实现了农民选举上的自主权。村民参与村委会选举提高了村民选举的积极性，增强了村民的民主意识，锻炼了农民的民主素质与能力。它是农民向知政、议政、参政迈出的重要一步，有利于实现人民当家做主的社会主义民主本质，推进社会主义民主政治的发展。当地各级党政领导和相关部门应当重视总结、研究农村民主选举的经验，并以科学发展观为指导，针对农村实际制定出相应的措施，努力着手解决目前存在的问题，把农村民主政治建设推上一个新的高度。

2.民主决策

民主决策是以全体村民为主体，以"直接"参与的形式，按照平等原则和少数服

从多数的原则，共同讨论决定属于村民自治范围内的重大事务。它是村民自治的关键与核心内容之一。在民主决策中，广大农民和村干部一起讨论决定涉及村民利益的大事，实现了农民群众对重大村务的决策权，实行直接民主决策不仅有利于激发广大村民的政治热情和调动村民参与农村管理的积极性，而且有利于农村的和谐稳定发展，可以为国家的长治久安奠定牢固的基础。

3. 民主管理

民主管理是指村务在管理工作上接受全体村民的监督，每个村民均可对村里的建设和管理提出建议和意见，并可直接交给民主管理小组，组内将及时给予答复。在民主管理中，让村民直接参与和管理村内事务，实现了农民群众对日常村务的参与权。只有健全农村民主管理制度，才能确保农村民主选举、民主决策、民主管理、民主监督依法有序开展，促进村民自治的制度化、规范化、程序化。美丽乡村建设过程中，要通过发展农村经济、增加村民收入、提高村民素质、增强村民的民主意识，来调动村民参与民主管理和村民自治的积极性。

4. 民主监督

民主监督是指村民对村民委员会的工作及村干部的行为实施监督。村务公开是民主监督的主要内容，民主监督是村民自治的关键环节和重要保证。民主监督有利于干部工作作风和工作观点的转变，有利于化解干群矛盾、融洽干群关系，有效解决农村诸多疑难问题。在民主监督中，农民有权监督村委会工作和村干部的行为，实现了农民群众的知情权和评议权。

美丽乡村建设应坚持党的领导、村民当家做主、依法治村的有机统一，依据法律法规建立村民自治组织、健全村民自治制度、完善村民自治机制，推进村级民主政治制度化、法制化、规范化建设。

（四）完善社会保障体系

我国城镇基本上建立了以养老保险为核心的比较完善的社会保障体系，而农村社会保障体系却严重残缺，农村社会保障依然处于以土地经营为主导的家庭保障的低水平状况，农民的生、老、病、死基本上由个人或家庭承担。农村社会保障的缺失，无法为农村社会的发展和农业现代化的实现提供有力的保障。只有建立起完善的农村社会保障制度，才能逐步缩小城乡收入差距、消除城乡差别，加快美丽乡村建设的步伐。农村社会保障主要包括社会救助、社会保险、优抚安置和社会福利四个基本部分。

1.社会救助

社会救助是农村社会保障中最低层次的部分，也是最广泛、最基本的保障，是社会保障的最后防线。目前，一般包括最低生活保障制度和农村社会救灾与扶贫。社会救灾是指国家对因遇到自然灾难和意外事故生活陷入困境或低收入人群给予现金或实物帮助和救济，以帮助他们渡过难关的紧急性救助制度。社会扶贫是对处于温饱线以下的农民给予必要的生活救助。

2.社会保险

农村社会保险是农村社会保障的核心部分。实行权利与义务对等的原则，它主要包括养老保险、医疗保险、农业保险等。由于我国财政能力的限制和农村社会经济发展状况，目前大部分地区没有建立起养老保险制度，传统的家庭养老模式仍占主导地位；而医疗保险主要是指新型农村合作医疗制度。

3.社会福利

农村社会福利是狭义上的社会福利，指目前对农村中的孤、寡、老、弱、病、残这些特殊对象提供的物质帮助和生活服务，使其能维持基本生活的一种制度。现在农村的福利设施主要指各县、乡、村兴办的敬老院、福利院等。当然，广义上的农村社会福利应包括在农村社会保障之中，但要随着农村经济的发展才能逐渐建立和完善起来。虽然也是农村社会保障的一部分，但它作为社会保障内涵的最高层次，需要较高的经济条件，近期不可能成为农村社会保障发展的重点。社会福利一般是政府推行的福利政策、福利设施和社会的公益事业等。

4.优抚安置

优抚安置是指对现役军人以及在服役或战争中牺牲、病故的烈士家属和对本人伤残、退役后给予物质帮助的一种制度。目的是使优抚对象基本生活得到保障，能够安居乐业。

农村社会保障的建立是消除城乡差别、体现公平、实现农民国民待遇的重要举措。它可以通过扩大社会保障的覆盖面，维护农村弱势群体的基本利益。在坚持效率优先的前提下，兼顾社会公平，调节收入分配，缩小城乡、地区、阶层之间的贫富差距，构建合理的社会格局，从而构建真正意义上的和谐社会。

第四节　美丽乡村建设的关键要素

一、发展现代农业

建设美丽乡村，首要的任务是发展农业，只有农业发展起来，才可以实现农民增收与致富，奠定坚实的物质基础。同时，美丽乡村对农业建设提出了新要求，应致力于发展现代农业。

（一）现代农业与农业现代化

我国对农业现代化的认识是一个逐步深入的过程，在不同的时期有不同的理解。20世纪五六十年代，学者们主要研究的是农业现代化的特点，包括机械化、电气化、水利化和信息化等，随后对现代农业的内涵表述大致都是这些内容的细分。后来，关于现代农业有了一些新的内涵，包括：①强调土地利用的集约化、科学化和产品生产的社会化与商品化；②利用技术革新改造传统农业、利用现代管理模式管理农业、培育新型农民等；③认为现代农业的重要标志之一是生态特色或是可持续发展农业，这是基于发展生态文明的要求，也是对现代农业等同于"石油农业"认识偏差的纠正，这些都从不同角度诠释了现代农业的美丽乡村内涵。

因此，现代农业概念只是一种相对性的概念，随着时代的进步，将会被赋予不同的内涵，就目前来看，现代农业的内涵主要包括三方面内容：①与传统农业比较，利用先进技术进行装备，发展方式为可持续、集约化；②在农业生产中强调制度因素的作用，包括利用现代化的管理制度进行运作和管理，进行专业化操作等；③现代农业是提高传统农业竞争力的有力方式，也代表了农业发展的方向。

农业现代化是走向现代农业的必经之路，它是一个动态的推进过程。通过国外发达国家的农业发展实践，可以发现实现农业现代化都具有一定的共性，如主要是通过将工业技术运用到农业生产中，利用高科技装备农业，实现农业的规模化与自动化运营。此外，也有农业服务体系的不断完善，管理效率的提高与管理水平的改善，最终是通过市场性的运作实现农业生产资源的有效配置。同时，不同国家因自然环境的不同，在发展现代农业过程中，发展的重点和采取的步骤也有所不同，如果只是盲目照搬，将发展农业与本国国情割裂开来，或是仅通过追求某些量化指标的改善而不关注农业系统内各个要素之间的联系，不仅不会实现农业生产的进步，还会影响一国的农业经济安全。

农业现代化是将传统农业改造成为现代农业的必经之路，它不是单单引入某一生产要素，如技术要素，进行生产要素的重新整合，更是将这些要素地位与功能的重新匹配，实现要素效率的最大化。若将农业纳入整个经济社会系统，发展现代农业更是关系到城乡关系的改善、工农关系的调整等社会结构转型的重要方面，目的是要将农业发展成为同样拥有特色竞争力的优势产业，同时引发从事农业生产的人员社会地位、经济地位与其他行业从业人员地位趋于均等化。具体而言，发展现代农业意味着在未来某个时间，会出现农业比较优势与竞争优势的改变，包括农业与二、三产业之间资源的重新配置，如技术、信息等要素逐渐向农业倾斜；农业参与国际贸易中比较优势的变化；引发一系列制度的改善，包括农产品营销制度、土地流转制度与经营制度、农业金融制度、产品价格形成制度，以及由此引发的关于政府对农业管理职能的改革等。

（二）我国现代农业发展模式

为了有效指导我国现代农业发展工作的开展，为中国特色新型农业现代化道路提供支撑，农业农村部通过突出区域代表、工作抓手、典型路径和理论提炼的方式，系统地分析梳理了我国各省土地、水和劳动力三种资源利用的特点，始终坚持区域代表性强、特点突出、推动有力、政策配套、成效显著的原则，最终促使我国现代农业形成了劳动节约型、土地与劳动力节约并重型、土地节约型、水土资源高效利用型、水资源节约型和全要素集约型等六类现代农业发展模式齐头并进的全新局面。

这六种模式的共同特点是，以区域的农业资源禀赋为出发点，将制约因素变成区域农业发展的核心竞争优势。"黑龙江模式"为劳动节约型农业发展模式，突出特点是发展现代化大农业，具体表现为通过规模化实现机械化的发展，以此提高劳动生产率，这种模式在我国东北和西北地区较为常见；"浙江模式"为土地节约型农业发展模式，突出特点是将粮食生产功能区和现代农业园区建设相结合，形成生态高效和特色精品的发展方式，以此提高土地的产出率，这一模式在地价昂贵的东部地区较有代表性；"甘肃模式"为水资源节约型农业发展模式，突出特点是将旱作农业示范区和高效农田节水示范区相结合，始终贯彻保水节水的原则，通过多种方式提高水资源利用效率，在西北地区非常具有借鉴意义。

这六种模式的另一个共同点是，突出区域的农业生产特色，将地域特色转变为产业品牌。作为我国重要的粮食生产基地，河南省将建设高标准粮田和实现产业化集群相结合，始终坚持稳粮增效的目标，努力建设"全链条、全循环、高质量、高效益"

的现代农业产业体系,是中部地区农业发展的代表;作为我国重要的粮经作物生产基地,四川省在推进农业现代化进程中,始终坚持把建设规模化、标准化现代农业产业基地作为发展方针,并且还大力推广"千斤粮万元钱""吨粮五千元"粮经复合种植新模式,是西南地区发展农业的代表;作为现代都市农业发展的"领头羊",天津市优势资源丰富,如人力资源、科技资源和资本资源等,以拓展农业功能为着眼点,逐渐形成高科技农业、设施农业、会展农业、休闲农业为一体的农业发展体系,在大城市郊区具有一定的代表性。

二、弘扬传统生态居住方式

美丽乡村推进"生态人居"工程,全面建设宜居、宜业、宜游的美丽乡村。其中改造旧村,改造危旧房成为"生态人居"工程的重中之重。农村的房屋建设即将发展到一个新的阶段,如果不把握好当前发展态势,农村新的房屋建设很可能对农村的生态环境造成新一轮的破坏。因此,我们应顺从自然,重新弘扬传统生态居住方式。传统生态居住方式蕴含着丰富的科学自然地理原理,历经千年的摸索和积淀,这种理念将会为美丽乡村建设添砖加瓦。

虽然中国是在近些年才开始关注生态居住,但很多发达国家在 20 世纪八九十年代就开始对生态住宅进行系统研究并实施建设。尤其在欧洲,很多国家有许多有特点的生态住宅:德国巴伐利亚双户住宅,采用了一种由半透明隔热材料、蓄热墙、百叶相结合的隔热墙体系,以最大限度地利用太阳能;丹麦哥本哈根斯科特帕肯住宅小区,集中采用大面积的太阳能热水器,能够满足秋冬季住宅采暖和全年热水供应的 60 % 以上;英国伦敦连排住宅,每户都有一个 3 层高的多功能阳光室,可供起居、贮能之用。跟国外生态住宅的建设相比,我国美丽乡村的生态住宅建设任重而道远。

(一)生态居住方式的内涵及其意义

生态居住是指在一定生态条件下建筑房屋和居住,而生态居住区是生态居住的载体,生态居住区指以生态设计原则来指导居住区的开发与建设,从土地的规划、建筑的设计、建成后的运营,甚至物业管理等都包括在内。生态设计遵循"以人为本"的原则,并用"生态美学"来创新,协调人、自然、建筑和社会生态环境之间的关系。此外,以绿色技术来支撑,从而体现居住区人格化、自然化和生态化的设计理念。

近些年,随着人类毫无节制地开发建设而向环境投放污染物质造成全球范围内出现温室效应,河流污染,物种灭绝。于是,人们意识到可持续发展的重要性,绿色生态建筑的理论体系就是在可持续发展的理论基础之上建立起来，绿色生态居住区的研究在近几年已成为可持续发展研究的主题之一，它是可持续发展理念的集中体现，所以人类居住理念发展的必然趋势就是绿色生态居住。

生态农村住宅与传统农村住宅相比，具有低能耗、低排放、低污染的优势，并且从成本及静态投资回收效率来看，也优于传统农村住宅。生态农村住宅是生态建设重点关注的问题，它不仅关系到农民生活的改善，还涉及农村节能、节地、节材等可持续发展问题，因而农村生态住宅的建设对于美丽乡村的建设具有重大意义。

（二）生态住宅的种类

随着时间的推移，生态住宅也发展出不同的种类与风格，目前生态住宅大体可以分为六种。

第一，生态住宅类。主要提倡艺术与生态住宅的完美结合，开发生态住宅的艺术性，把它当成艺术品去创造，去建造，最大限度地开发这类生态住宅的艺术性，使住宅达到无论从外部还是内部看起来都是一件艺术品的效果。

第二，生态智能类。主要是将各种生态智能与生态住宅相结合，最大限度地使生态住宅拥有智能性。将任何可运用的智能设备都适当地置入生态住宅内，使主人凭借简单的操作就可以达到一种特殊的享受。

第三，生态宗教类。主要是将宗教或氏族图腾所代表的精神与生态住宅相结合所建造的住宅。

第四，原始部落类。以原始人、土著人的部落形式为主要依据建造的生态住宅。它是一种供人回味、体验部落和栖息方式的住宅。

第五，部分生态类。在有限条件下进行局部尝试来建造的生态住宅。可能是一些房间中的几间，或者是房间中的一部分使用满足生态要求的装置。

第六，生态荒庭类。将最新科技与原始生态相结合，一方面，从形式上最大限度地回归自然，进入一种原始自然状态中；另一方面，又利用最新的科技文化成果，使人们可以在院落里一边快乐地品尝香浓的咖啡，一边用计算机进行广泛的网上交流，为人们造就一方原始与现代相结合的趣味天地。

（三）生态住宅的设计原则

生态住宅中最为核心、最有生命力的就是它的设计原则，而不是某种固定的结论或方法，是用蕴含生态思想的设计原则来建造生态住宅，生态住宅的设计原则主要包括以下几个方面：

生态化原则。生态化原则即为节约资源，低碳化、无污染、可循环。我国目前正处于城市化进程当中，房屋的建设特别迅速，如果房屋建造都使用低碳环保可回收的材料，遵循生态化原则，那么将减轻不少环境污染。

以人为本原则。生态住宅的生态化不能以牺牲人的健康和舒适性为代价，不能为了追求高效节约而降低生活质量。人毕竟是社会的主体，追求的是舒适安全的居住环境。以往为经济落后地区设计的一些太阳能住宅，其室内热，舒适度较低，随着人民生活水平的不断提高，今后这种低标准的"生态"住宅将很难再有发展。

因地制宜原则。生态住宅必须要因地制宜，绝不能盲目跟从。我国住宅以密集型多层或高层居住小区为主，而西方则多是独立式小住宅，建筑密度小，分布范围广。西方国家住宅可以充分利用太阳能进行发电、供热水、供暖。但对我国高层居住小区来说，即便将住宅楼所有的外表面都装上太阳能集热板或光电板，都不足以提供该楼所需的能源。因此，我国的高层住宅只能多使用一些其他符合生态化的装置来满足住宅的生态化，如集中供暖等。

整体设计原则。应综合所有因素进行分析，如气候、文化、经济等诸多因素，不能盲目照搬所谓的先进生态技术。例如，热带地区使用保温材料和蓄热墙体就毫无意义。此外，还应从全局考虑而不是单看局部，如对于有些类型的建筑（像内部发热量大的商场或实验室），没有保温材料反而会更利于节能（利于降低空调能耗）。由此可见，整体设计的优劣将直接影响生态住宅的性能及成本。

（四）生态住宅的特征

生态住宅将可持续发展作为指导思想，试图达到自然、建筑和人三者之间的和谐统一，也就是在"以人为本"的基础上，通过自然条件和人工手段来构建一个舒适、健康、适宜人们居住的生活环境，同时又调控自然资源的使用，在向自然索取与回报之间寻求一个平衡点。

生态住宅的标准定义是：在建筑全生命周期的各环节，通过充分且有节制地运用资源与能源，降低环境负荷及构建健康舒适的居住环境，并与周围生态环境协调共存的住宅（住区）。

生态住宅的特征概括起来有四点，即舒适、健康、高效和美观。

①舒适的生态住宅应是既能保护生态系统平衡，又能实现人与自然和谐共生。生态住宅里，其绿化系统同时具备生态平衡、休闲活动、景观文化等功能，且因地制宜利用自然环境，保护历史人文景观，从而使居住者获得身心健康，精神愉快的居住体验。

②健康的生态住宅对人的身体无害、又使人感到舒适放松，主要体现在建筑材料的选择和使用上，即必须使用低污染、无毒的绿色建材。生态住宅不仅在材料方面总

是选择无毒、无害、隔音、降噪、无污染的绿色建筑材料，在户型设计上也更加注重自然通风。并且通过在生态住宅小区建立废弃物管理与处理系统，能使生活垃圾实现全部回收，密闭存放，收集率高达 100 %。这样就保证了室内与室外都不会因人的生产生活产生有害物质，有利于居住者的身体健康。

③高效的生态住宅尽可能要求节约资源使用和控制不可再生能源的消耗，如在能源系统、水环境系统、气环境系统、绿化系统等方面，均体现了再利用、再节约、再循环这一"3R"原则。就建筑环境来说，在建筑与小区结构和功能不被影响的条件下，材料与能源的使用应当尽可能少，如在设计和建造过程中尽量考虑建筑立面造型简约化；使用强隔热性、高密闭性的建筑材料；尽量利用可更新能源；实现资源循环利用。由于生态住宅采用的绿色材料可以实现隔热采暖，因此居住者在空调使用率上会有所降低。同时，通过将生活排水、自然雨水等处理后重复利用，并配合节水用具推广等，在生活消费方面实际上为居住者节约了不少水费、电费等生活费用。

④美观的生态住宅运用可持续发展理论与生态学原理，结合住宅自身建设特点，通过设计、组织建筑内外各种物质因素的调配，使物质、能源在建筑系统内有秩序地循环转换，从而获得一种高效低能、无废物污染、生态平衡又美观的居住环境。生态住宅不只是外观的绿化，从规划上看，生态住宅小区在总体布局、单体空间组合、房屋构造、自然能源的利用、节能措施、绿化系统以及生活服务等相关配套的设计上，都必须兼顾改善及提高人的生态环境、生命质量这一出发点和目标。在生态住宅的具体设计方面，注重绿化布局的层次、风格与建筑物深度融合；注重不同植物间各方面的融合补充，如除了植栽普通草本植物外，也兼顾观赏花木、阔叶乔木、食用果树、药用植物和芳香植物等的种植；同时，注重发挥景观绿化在整个小区生态中隔热、防风、防尘、防噪音、消除毒害物质、除菌灭菌消毒等更深层次的作用，甚至在视觉感官和心理上起到缓解精神疲劳等作用。而在房屋的建造上，则要考虑自然生态及社会生活的需要，满足节省能源以及居住者对自然空间和人际交往的需求。

三、提倡环保生活方式

近年来，农村地区各类污染事件频发，部分农村自然环境极度恶化，这不仅威胁到农民的生命健康，还制约着农村经济的可持续发展。农村的环境保护问题也关系着我国美丽乡村整体建设，因为没有农村良好的环境，就不可能形成适宜居住的美丽乡村。因而，探寻农村生活污染来源，找到解决办法非常重要。

（一）农村生活污染的主要来源

目前，国内农村绝大部分生活污水未经任何处理就直接排放，这些污水渗漏到地下并对地表水造成严重污染。这些生活污水主要包括洗涤废水、厨房污水等。农村家庭生活产生的洗涤废水含有大量的氮、磷、钾等富营养有机物质，直接排入本地池塘也会加剧水域的富营养化。因此，提高农民的环保意识和农村生活污水处理能力已迫在眉睫。

一方面，随着农村经济的快速发展和农民生活水平的不断提高，垃圾也相应增多，而农村对于生活垃圾普遍的处理方式就是不加处理地简单转移；另一方面，由于城市现有处理垃圾的能力有限，城市生活垃圾呈现向农村转移的趋势。这两方面的原因使垃圾围村，而且很难有效降解。长期以来，随意丢弃垃圾不仅极大地破坏村容整洁，也加剧了农村固体废物污染。

在农村，许多家庭仍在使用煤炭和木材取暖和做饭，这会排放出大量重金属、细粒子、二氧化硫和氮氧化物等。这些污染物对人体健康造成了极大伤害，甚至威胁农民生命，也严重污染农村地区的大气环境。特别是在北方，冬季燃煤取暖对大气产生的污染一直是大气治理的难题。

（二）农村生活污染的成因分析

农村村民养成这样的生活习惯与所处的环境密不可分，他们没有意识到环境保护的重要性。之所以产生这些不良行为，缺乏保护环境的意识，主要是由以下几方面造成的。

1. 农村的环境保护规划严重滞后

相对于国外农村的环保法治状况，我国乡村的发展变迁受传统文化及小农思想的影响巨大，广大农民和各级政府在对农村的环境保护规划方面缺乏正确认识，特别是各级政府对农村产业发展规划的关注和投入不足，受"一切以经济建设为中心"政绩观的引导，只顾盲目发展经济，而忽略农村生态环境的保护，特别是缺乏有效的农村环保规划，这是发生农村环境污染的根本原因之一。

2. 农村居民环保意识薄弱

由于我国农村居民大多文化水平较低，对环境重要性的认识不足，造成了我国农民的生态环境意识比较淡薄，对环境危害的源头和危害程度缺乏正确认识，落后的生产生活方式广泛存在，在生活中缺乏保护环境的积极性，对影响和破坏环境的行为缺乏清醒认识和有效的自我管理，有意无意地对环境造成了污染。

3. 农村环境保护投入不足

在我国各项农村公共服务建设中，环保投入占农村公共投入的比例很小，农村环保基础设施十分落后。农村公共服务体系建设严重滞后，造成垃圾围村，偏远地区村民垃圾无处丢放，也就造成了村民垃圾随意丢放，毫无分类意识。

4. 农村环境保护法律制度建设不健全

环境问题在中国受关注较晚，而且环保立法与实际需求存在一定差距。《环境保护法》在制定过程中针对的主要是城市的环境保护，没有对农村的环保进行规范。目前，国家颁布了一系列有关环境保护的法律法规，但涉及农村环境保护问题的环保政策法规还是过于抽象，原则性太强而执行性差，实践中难以操作，缺乏调整和约束地方政府的行为，相关农村环境保护的法律体系不健全，一些重要的农村环境保护领域还存在立法真空，部分环境问题无法可依。没有法律法规的约束，也就无法在制度上规范村民的生活行为，也就造成了村民的污染行为无法治理的结果。

环保是一种意识，是热爱生活、善待地球、尊重生命的一种生活态度，更是一种行动、一种生活方式。在环境保护中，仅有法律法规的制约还远远不够，必须每个人都从我做起，从小事做起，把外部的强制转化为内在的要求，把法律规范转化为内心的道德约束，把环保理念逐渐融入生活方式中去，把环保变成快乐的生活体验。

环保生活内涵丰富，目的是解决或减轻环境问题，本质是人们与环境的和谐发展，手段是采取各种行动保障经济社会的可持续发展。其方法和手段有节约资源、低碳出行，购买环保产品、对垃圾进行分类、宣传教育等日常活动。环保生活是人类利用环境科学的理论和方法，高效配置有限的自然资源，解决各种环境问题，以创造出适合人类生存和发展的环境，让人们做到与自然和谐相处的概念。

近些年，环保生活的理念得到了更多人的认可和实施，但这大多是在城市之中，而在中国广大农村地区，特别是偏远地区，环保生活的理念仍然没有得到有效的传播。随着我国经济社会的发展，一些因环境恶化诱发的恶果开始陆续显现。农村的环境问题长期得不到关注，进而造成我国广大农村地区环境污染问题长期得不到解决，这已对我国美丽乡村建设构成巨大威胁。农民的传统生活方式，一定程度上也是农村环境污染的原因之一。因此，在农村提倡环保生活的理念已经到了刻不容缓的地步，只有让大家了解到环境污染的严重性，才能让大家采取更加环保的生活方式。只有更多的村民拥有了良好的环保生活方式，美丽乡村的建设才能更加顺利。

第三章　美丽乡村绿色景观设计

第一节　绿色景观设计原则

一、绿色景观的定位

所谓生态绿色景观，就是可持续的、有生命的景观，是生态化、可再生的节约型景观。

（一）可持续景观

罗伯特·萨尔指出可持续景观应具备以下五个特点：①可持续景观采用的主要能源为可再生的能源，以不造成生态破坏的速度进行再生；②最大程度实现资源、养分和副产品的回收，控制垃圾排放，使原材料向无法利用的位置和形式转换；③尊重场地原有生态格局和功能，保持周围生态系统的多样性和稳定性；④保护当地居民社区，为居民生活服务，不破坏社区居民的正常生活；⑤景观设计者应把技术视为次要、从属的手段，不应视其为主要的、控制性手段。

北京大学建筑与景观设计院院长俞孔坚认为，"可持续的景观是生态上健康、经济上节约、有益于人类的文化体验和人类自身发展的景观"。他主持设计的河北秦皇岛汤河滨河公园（见图3-1），保持了原河道的自然形态，保留了天然河流的绿色与蓝色基底，保护原有植被以及历史遗留的人文痕迹。用最少量的人工干预，维持当地生态环境和景观特质，满足了人们对绿色环境的最大需求。

（二）生态景观

生态景观是指既有助于人类的健康发展，又能够与周围自然景观相协调的景观。生态景观的建设不会破坏其他生态系统或耗竭资源。生态景观应能够与场地的结构和功能相依存，有价值的资源，如水、营养物、土壤以及能量等将得以保存，物种的多样性将得以保护和发展。

图 3-1　汤河滨河公园

（三）可再生景观

莱尔指出："生物与非生物最明显区别在于前者能够通过自身的不断更新而持续生存。"他认为，由人设计建造的现代化景观应当具有在当地能量流和物质流范围内持续发展的能力，而只有可再生的景观才可以持续发展，即景观具有生命力。就像树叶凋零，来年又能长出新叶一样，景观的可再生性取决于其自我更新的能力。因此，景观设计必须采用可再生设计，即实现景观中物质与能量循环流动的设计方式。

（四）节约型景观

节约型景观是以最少的用地、最少的用水、最少的财政拨款，选择对周围生态环境最少干扰的绿化模式。建设节约型景观是从中国国情，特别是目前面临严峻的人地关系的客观事实出发，是落实科学发展观、建设节约型社会的根本要求；是建设和谐社会和关注城市居民切身利益的必然选择。建设节约型景观，就是在景观规划设计中充分落实和体现"3R"原则——即对资源的减量利用、再利用和循环利用，这也是走向绿色景观的必由之路。

二、绿色景观设计原则

（一）因地制宜的原则

因地制宜的设计就是应考虑所在的地方，在什么地方做景观设计？无论面对多少个设计问题，设计师首先应该考虑的问题是：设计在什么地方，自然允许我们设计什么，自然又能帮助我们设计什么。人们时常惊叹蓬莱仙境般的中国乡村布局及美不胜收的地方民居，实际上它们多半不是设计师创造和设计的，而是居者们在与所居住的场所的长期体验中，在对自然深刻了解的基础上，与自然过程相和谐的创造性设计。这一原则可从以下几个方面来理解。

117

1.尊重传统文化和乡土知识

当地人的经验，他们依赖于其生活的环境获得日常生活的一切需要，包括水、食物、庇护、能源、药物以及精神寄托。其生活中的一草一木、一水一石都是有含意的，是被赋予神灵的。他们关于环境的知识和理解是场所经验的有机衍生和积淀。

一个适宜于场所的生态设计，必须首先考虑当地人或是传统文化给予设计的启示，是一个关于天地人神关系的设计。例如，在云南的哀牢山中，世代生活在这里的哈尼族人选择在海拔 1500 ~ 2000 米左右的山坡居住，这里冬无严寒夏无酷暑，最适宜于居住；村寨之上是神圣的龙山，丛林覆盖，云雾缭绕，村寨之下是层层梯田（见图 3-2）。丛林中涵养的水源细水长流，供寨民日常生活所用，水流穿过村寨又携带大量牲畜粪便，自流灌溉梯田。山林里丰富多样的动植物，都有奇特的医药功能。所以，山林是整个居落生态系统的生命之源，因而被视为神圣。哈尼梯田文化之美，也正因为它是一种基于场所经验的生态设计之美。

图 3-2　哈尼梯田

2.适应场所自然过程

现代人的需要可能与历史上本场所中的人的需要不尽相同。因此，为场所而设计绝不意味着模仿和拘泥于传统的形式，生态设计告诉我们，新的设计形式仍然应以场所的自然过程为依据，场所中的阳光、地形、水、风、土壤、植被及能量等。设计的过程就是将这些带有场所特征的自然因素结合在设计之中，从而维护场所的健康和设计物本身的健康。

3.选择当地材料

乡土植物和建材的使用，是设计生态化的一个重要方面。乡土物种不但最适宜于在当地生长，管理和维护成本最少，还因为乡土物种的消失已成为当代最主要的环境问题。所以，保护和利用乡土物种也是时代对景观设计师的伦理要求。

（二）保护和节约自然资本的原则

地球上的自然资源分为可再生资源（如水、森林、动物）和不可再生资源（如石油、煤）。要实现人类生存环境的可持续，必须对不可再生资源加以保护和节约使用。坚持减量化、再利用和再循环这三种原则。其中，减量化是指通过适当的方法和手段尽可能减少废弃物的产生和污染排放的过程，它是防止和减少污染最基础的途径；再利用是指尽可能多次以及通过多种方式使用物品，以防止物品过早地成为垃圾；再循环是把废弃物品返回工厂，作为原材料融入新产品生产之中。即使是可再生资源，其再生能力也是有限的，因此对它们的使用也需要采用保本取息的方式，而不应该是杀鸡取卵的方式。

第二节　水体生态景观设计

农村的水体主要包括河道、沟渠、水库、湿地和水塘等，具有重要的生态、生产、景观、美学及社会功能。水体生态景观工程建设，要按照生态和人工防护工程相结合的原则，尽量建设生态景观化缓冲带，同时要生态网络、绿色廊道、休闲廊道建设相结合。

一、缓冲带功能和设计

（一）概念和功能

缓冲带广义的定义是靠近受控制区域的边缘，或在具有不同控制目标的两个生态系统之间的过渡地区。农村生态景观建设中，缓冲带建设是指在农村斑块和廊道边缘地带（如农田、河道、路边、边坡等处），由乔灌木及其他地被植物组成的缓冲、过渡条带区域。缓冲带是农田、廊道、道路，尤其是水体景观工程建设需要考虑的重要景观要素。缓冲带具有控制非点源污染、防止土壤侵蚀、保护生物多样性、提高病虫害综合防治能力和景观生态效果等多种功能。

（二）类型和模式

根据缓冲带所需实现的功能和现场的立地条件，缓冲带宽度变化很大，可以是从生物多样性保护核心区外围几公里的缓冲带，也可以是到农田地块小于1米的缓冲带。主要有以下几种类型：生态网络中的缓冲带、河滨缓冲带、农田缓冲带、畜禽养殖场气味缓冲带、沟渠缓冲带、植物篱缓冲带等。不同类型的缓冲带建设技术不同，但共同点是利用乔灌草构建植物群落，实现生物生境再生，提高生态系统的服务功能，但在建设上要基于线状廊道的结构建设缓冲带，农田道路、田埂、渠道主要以灌草、草本建设缓冲带，河流缓冲带主要采用乔灌草相结合，坑塘湿地缓冲带可以采用乔灌草、灌草相结合。缓冲带和廊道分类一样，基于功能要求又可以分为环保缓冲带、生态缓冲带、病虫害综合防治缓冲带等。

（三）设计原则

从整体上优化布局，缓冲带的布局要注重与其他半自然生境的整合，形成缓冲带系统，提升景观的连通性。注意构建廊道网络，为生物提供更多的迁徙通道。构建多样的缓冲带类型，增加植物多样性和生境多样性，并注重恢复利用原有的栖息地。

植物的选择和搭配是缓冲带功能的具体体现。应因地制宜，根据适合立地条件、坡度、宽度、水分状况，布置合适的植物组合模式。在立体条件允许的情况下，尽量使用乔灌草搭配的模式，模拟原生的植物群落进行营建或进行生境修复。尽量选择本土植物，不能选用入侵性植物，适度保护利用原有的自然生杂草。利用多年生开花植物和连续开花植物组合，提供持续的花粉蜜源等食物；考虑不同植物之间的相生相克性，以及豆科植物和伴随植物的应用。同时，还应该注意时空色泽等景观效果，节约成本和尽可能地争取经济效益，实现缓冲带的多功能性。最后考虑后期维护，尽量避免之后重复建设。

二、不同类型水体生态景观建设工程技术

（一）河道生态景观建设

1.河道生态景观功能

（1）水滨生态系统

水滨生态学是研究水体和陆地以及生态环境相互作用的科学，研究对象是典型的生态交错带，包括河流、湖泊水滨以及海岸带。水滨地带是指水体边缘到陆地的过渡带，河道、湖泊、坑塘湿地岸边也称为水滨。河道最重要的部分是河道两侧的驳岸建设。农村地区存在不同大小的河道，由于农业集约化和存在排污等原因，导致一些地区河道污染，缺乏生态化的河岸建设和管理，严重影响乡村生态景观特征。

水滨缓冲带是指沿河流生长的草、树和灌木，具有控制侵蚀和清洁水体的功能，也称为河道缓冲带。通过生态河道的建设，对河道生态系统涉及的行洪排涝、岸堤改

造、水系整治、水质保护、休闲观光、沿岸绿化等进行统筹规划，以达到生态河道建设目标。

（2）功能

水滨地带的物质、能量和物种流动与交换过程非常频繁，是一个复合生态系统，具有栖息地功能、过滤作用、屏蔽作用、通道作用、源汇功能等。

河道缓冲带具有生态廊道功能，是鱼类、鸟类、爬虫类、两栖类以及一些大型哺乳动物的栖息地；同时，过滤来自径流的污染物和沉积物，控制农田地表径流，防治农业面源污染导致的水体污染。一个适当宽度的缓冲带，能够最大限度地缓解农业耕作、放牧、交通运输、修建房屋等人类活动对水域造成的影响，缓解人类活动对河溪生态系统本身的影响。河溪缓冲带还可以调节水分循环、阻挡洪水、削减洪峰、净化空气、涵养水源。河溪缓冲带拥有丰富的植被类型，郁郁葱葱的树木及草本植物可以提高整个流域的景观美学及游憩价值。

2.河道生态景观结构模式

农村地区除主要流域河流外，大多数河溪水流较少、水流较缓，在满足河道、堤防安全的前提下，尽量避免混凝土护岸，应根据当地自然河流水滨形态，建设生态景观化缓冲带。

（1）基础型缓冲带

河道宽度在 15 ~ 25 米时，应该建设基础型缓冲带。基础型缓冲带的宽度一般为 10 ~ 15 米，主要结构包括：① 农田地被缓冲带 3 ~ 5 米（降雨后通常会造成养分流失，种植草和野花等地被植物）；② 栖息林带 5 ~ 10 米（多年生自然乔木植被，截留水分和养分，为小动物提供阴凉的栖息条件）。其中，草被带主要考虑防止面源污染，通过种植豆科植物提高土壤肥力；中间林带种植较大乔木、灌木，考虑根系及地上生态位；滨水岸边及浅水坡地种植芦苇、柳树等耐水植物及乡土植物，增加生态过滤作用及防洪功能。

（2）扩展型缓冲带

河道宽度在 25 米以上时，应该建设扩展型缓冲带。扩展型缓冲带的宽度一般为 20 ~ 30 米，主要结构包括：① 农田（降雨后通常会造成养分流失）：截留草带 5 米（种植野草和野花等地被植物，存在地表径流）；② 管理林带 5 ~ 10 米（截留有害物质，定期管理）；③ 栖息林带 10 ~ 15 米（稳定径流，阴凉环境为小动物提供生境）。同时，也要通过水文分析确定水位变幅，选择适合当地生长的耐淹、成活率高和易于管理的植物物种。

3.设计和建设原则

对滨水区的管理要尽可能保持其自然状态，同时，还应创造一定的经济和文化效应。滨水缓冲带建设是乡村景观建设非常重要的部分，是最富有活力的生态与景观地区，可以丰富乡村景观和文化价值，为乡村提供良好的景观开放空间，成为乡村中最具魅力和特色的地区。河溪滨水区生态景观的基本原则有以下几点。

（1）保持原有河流形态和生态系统

依形就势，遵循自然，尊重原有自然河道，尽量减少人为改造，保护自然水道，以保持天然河岸蜿蜒柔顺的岸线特点，保持河道的形状和形态的自由性，保持水的循环性和自动调节功能。在满足河道、堤防安全的前提下，研究分析河道特性、水文条件、岸滩结构和绿化功能需求，确定河流宽度、横面设计、缓冲带建设和绿化植物配置方式等。

（2）生态设计优先

在河溪护岸过程中，要尽量保持原有生态系统的结构和功能，特别是河岸带原有植被廊道的保护，并根据条件，进行适度的工程、生态修复和整治。规划设计应贯彻自然生态优先的原则，保护河溪及两侧生物多样性，尽量采用滨水区自然植物群落的生长结构，增加植物的多样性，建立层次多、结构复杂多样的植物群落，发挥植物的生态效益，提高自我维护、更新和发展的能力。

（3）提高河岸抗洪能力

在生态设计优先的基础上，在水流湍急、河岸侵蚀较强烈的地区可采用混凝土、石砌护岸，将工程、生物技术相结合，综合提升河道生态景观服务功能。在植物选择上，要尽量选择乡土树种，特别是具有柔性茎、深根的植物，可固定河岸，防止土壤侵蚀。

（4）增加滨水地带开放性

在河溪缓冲带设计时，要建立适度的开放空间，增加景观的连续性和通达性，以方便水生、陆生动植物的迁移、交流，使人们有机会去亲近河溪，满足人类亲近自然的需求。根据不同区段的规划要求，采取多种方式，构建生态廊道、文化休闲区和滨水生态观赏区，并形成自然起伏多变、高低错落有致，连续、丰富多变的开敞空间形态。

（5）提高滨水地带文化特征

尊重地域历史和文化发展过程，结合当地文化、风土人情和传统，构建滨水区的特色地域景观，提高景观的历史与地方文化内涵，使滨水地带成为自然与文化、历史与现代和谐共生的空间。在维持和保护滨水区的自然形态和生态环境的前提条件下，适度考虑开发滨水区的经济价值，带动当地商业、服务业、休闲旅游业的发展。

（二）农田渠道生态景观建设

1.功能和类型

农业景观中的沟渠是最容易受到人为干扰影响的地区，存在地表裸露、水土流失、水体污染、面源污染、农业垃圾堆放等情况，严重影响农田景观生态和美学特征。在沟渠生态景观工程建设中，主要侧重于水土保持、净化防污、供水防涝及植被的恢复，协调地势、土壤、水流的平衡。

2.建设要求

①严格按照各地农田基本建设标准设计排灌渠道和网络。对于水资源较少的地区，如果采用明渠灌溉，灌溉渠道可以考虑各种类型的硬化方式，防治水分渗漏。对于排水沟，应尽量减少硬化方式，采用生态化护坡，具有渗透性的渠道。

②加强沟渠两侧缓冲带建设，积极开展生态护坡，有效控制面源污染，控制水土流失，营造美化廊道景观。

③护坡植被宜采用灌木、地被植物相结合，保持环保自然、沟渠疏通。

（三）湿地（坑塘）生态景观建设

1.功能和类型

农业景观中的坑塘等水环境也是湿地生态系统的一部分。湿地以及它所维持的植物具有多种功能，除了具有储存淡水和过滤的作用外，还为鱼类和野生生物提供了繁殖的场所，调节昆虫的数量和为鸟类提供巢穴，保护沼泽和湿地微地形景观，对于当地乃至区域生态环境建设具有重要意义。对湿地进行合理规划，应对湿地及边缘区的空间利用严格加以限制，充分发挥湿地的生态景观服务功能。

2.建设要求

①较大的湿地要考虑区域水系的完整性，在分析区域生物多样性保护和水系完整性的基础上，确定湿地生态修复的内容和目标。

②应建设符合当地景观环境的湿地，如在洪水地区加强控制洪水的湿地建设，其他的主要目标有废水处理、提供野生动物栖息地、娱乐教育等，即使是生物多样性目标，不同的重点保护物种，湿地建设工程内容不同。

③充分考虑湿地植物与水深、水质和水体覆盖之间的关系，进行湿地物种选择。

④维护自然水流，应尽可能维持排水的自然模式，如河流中的营养物质流经湿地，由于营养物质自然沉淀，获得自然能源，有利于湿地动植物的生长。

⑤从边缘土堰到水体间连续的缓坡宜于动植物栖息，土堰一般不用水泥，而是要有效利用土桩、树枝栅、沙袋、石块等天然材料，结合植物缓冲区开展水体修复。

⑥维护生态系统的贮存功能，在水面最深处的池底中心位置应向下挖20～30厘米形成的凹坑，作为枯水期干涸时水生生物的避难所，同时还可以在干涸时保持池底土的湿度，以防止池底土龟裂导致遮水层恶化。

⑦在水域流出部做砌石处理并用黏土填缝，以防止水流对流出部及溢水流下部床面的掏挖，应在这些地方铺砾石和碎石，在适当位置打入原木桩。

⑧湿地应兼具功能与景观，模仿自然生态系统。因此，不要有过度的工程设计，设计体现人性化；充分利用乡土植物进行不同层次空间的植被绿化，形成优美亲水景观，在紧靠水面的地方提供水边的环形小路，便于满足人们的亲水需求。

⑨保存自然的特性，防止淤积和浑浊，保护水体的健康：筛选引入适合的水生植物，确定植物的栽种位置和栽种间隔，使栽种范围内的全部植株配置接近自然状态。

第三节 植被生态景观设计

一、乡村植被营造原理

不同类型地带的生态植被建设工程，是实现景观尺度上网络规划与设计的基础。为此，应充分利用草被植物、植物篱和乔灌木等乡土物种，开展不同功能地带下的植被工程建设，针对不同地段立地条件、功能定位，结合景观整体规划与设计，应用具体生态植被营建模式满足特定功能。主要生态植被工程包括农田防护林、边坡等易侵蚀区、山地和丘陵水土保持林工程、田埂、田垄地带、村庄及其围合带、绿色开放空间工程、农田植物篱。乡土植物景观要求有以下几方面：从安全性看，具有体验性和亲和感；从景观美学看，能够呈现独特的田园风光；从生态角度看，多种生物与自然和谐共存；从社会文化角度看，与周边社会环境相协调；从精神性角度看，使人们感受到乡土性，记得住乡愁。乡村园林绿化景观中的植物配置，是从乡土风情中衍生出的一种和谐之美的景观。

二、农田生态植被建设

（一）农田防护林工程

1.工程定义和生态景观服务功能

农田防护林是以保护农田、减免自然灾害、提高农区生物多样性、改善乡村景观、控制非点源污染、保障农业生产条件为主要目的的防护林。农田防护林可以有效防治风侵、水土流失、控制面源污染、保护物种多样性、改善小气候、减少农药喷洒和化肥的扩散，同时又是生物的栖息地和迁移廊道。

2.建设标准和要求

参考地方标准《基本农田保护条例》《农田防护林建设综合技术标准》《基本农田整理技术导则》等设计标准和规范。建设主要以提升现有防护林配置结构和功能为主，在林网断带处进行补充，扩充草本层植被带，并借鉴近自然群落配置，提高综合生态服务功能。

①维系和加强农田格局的空间格局和视觉特征，林地应该与树篱、未耕地、物种丰富的草地和水体等栖息地连接起来，形成生态基础网络。

②在突出农田防护主导功能的前提下，发展经济并形成多样化的田园风光，因地制宜，提高农田防护林的多样性，建设园林型、经济型农田防护林，提高其生态景观服务功能。

③防护林主林带分布主要以垂直地区常年主导风向为主，并且需在迎风面创造一个垂直的边缘，以有效起到防风作用。

④梯形结构的防护林中间可以种植 1 ~ 2 行高大的乔木，两侧是灌木构成的植物篱，并配置乡土地被植物，通过不同冠层的树种选择和乔木行距大小使林地具有渗透性或半透性，增加防风效果。

⑤以耐污染、耐水湿、耐干旱的乡土高大落叶乔木为主，落叶、常绿相结合，乔灌木合理配置；植物要求根系发达、固土能力强、耐旱、耐贫瘠，在林地种植时可以将当地一些特殊的本土物种并入其中，以提高当地生物多样性。

（二）田埂、田垄地带

1.工程定义和生态景观服务功能

田埂是田块间用以分界并蓄水的线性景观，包含了田埂、绿篱、毛渠、作物边界带等景观要素。科学合理的田埂设计，在方便农业生产的同时，在保护生物多样性方面有着重要的作用，田埂为害虫的天敌提供了一个良好的过渡基地，是影响田间天敌数量的主要生态因子，是连通不同农田斑块的重要景观廊道，是农田景观建设的重要内容。

2.建设标准和要求

参考国家行业标准《土地整理工程建设标准》和地方标准《土地整理工程生态景观工程建设导则及技术》《小型农田水利工程建设标准》等，田埂建设因功能需求、地形差异而有所不同，力求生产、生态与景观的多功能。

①对于农田中田埂的绿化，需要考虑在不影响作物生长和生产作业的情况下，合理开展绿化美化建设，充分利用不同类型的田埂的空间布局合理配置。

②根据类型和功能需要，保持一定宽高度、比例、形状和连通性；一般依据年度耕作时是否重建或变更，而分为永久田埂和临时田埂；平原田埂不做垫面硬化，保持原土即可；平原大田田埂系数一般控制在3%～5%，丘陵为10%～15%，山区为15%～25%。

③平原区田埂追求生产便利性、生态廊道连通性、景观多样性：丘陵山区地带因地制宜，应采用等高布设和砌石及绿篱措施防止水土流失，遵循"因地制宜，因害设防"的原则。

④结合田块斑块形状和种植作物，合理营建田埂植被景观，平原地区一般适合田埂上种植植株相对低矮、直立生长的一二年生草本作物，也可以栽植一些根菜类植物和中草药等经济植物；在田埂较宽地段，可种植乡土花灌木，同时结合坡地起伏和路边村边等地带。

⑤配置乡土植物和野生景观物种，营造起伏多变的田园景观，提升野生动植物生境多样性。

三、山地和丘陵水土保持林工程

（一）水土保持林工程

1.工程定义和生态景观服务功能

水土保持林一般指除天然林和次生林外，山坡地上需要或是必须建设的生态涵养功能的林地，特别是林地整理后需要发展的生态涵养林。主要类型包括山坡地上的林地和沟谷溪流河滨林地。山地和丘陵水土保持林工程应用植被生态涵养技术，不仅能起到加固边坡、水土保持的作用，还具有遮挡裸露边坡、美化环境的作用，结合相应的景观设计，可以使人们的生活环境更加人性化，可以增强人类活动与大自然的协调性，结合林下种植，也可以提高经济效益，增加农民收入。

2.建设标准和要求

参考国家行业标准《水土保持林工程设计规范》、地方标准《道路边坡生态防护工程施工及验收技术规范》和《中华人民共和国水土保持法》《中华人民共和国土地管理法》《中华人民共和国森林法》等相关法律，该类植被工程需要秉承因地制宜、综合治理的原则，做到生态、经济和社会效益相结合，水土保持与发展经济、美化景观相结合，促进水土资源的可持续利用。

①植被要能反映半自然植被格局的自然形状和地形的波动性，林地形状应该模仿自然形态，并按平行等高线种植，建立比较疏松的林地边缘。

②树种的选择要反映出林地的生态功能，选择树冠持水能力强，根系发达、固土能力强，有较强的渗滤吸水能力，树种主要以乡土树种为主，要构建多样化的林地结构，体现景观的四季变化。

③林地栽植要与农田毗邻，有利于作物保护。在一些山区丘陵地区，现有的山坡边缘或河渠堤岸可以用作林地边界；对于平原地区，则可充分利用树木的层次分级，包括乔木、灌木、树篱等合理配置。

④在不同的地形地貌部位上根据水土流失的形式、强度与产生方式安排不同结构的林分，使其在平面与空间上形成合理的布局，达到控制水土流失的目的。

⑤以优化土地利用为基础，以发挥当地水土资源、气候资源和生物资源潜力为依据，以防护林为主，与用材林、经济林、薪炭林和特用林相结合的科学布局，组成多林种、多树种合理配置、生态稳定、功能完善的水土保持林体系。

（二）边坡等易侵蚀区绿化工程

1.工程定义和生态景观服务功能

边坡生态植被建设是使用工程措施与植物措施相结合的方式来达到护坡目的，具体涉及边坡绿化及防侵蚀措施的应用等，解决了现有道路、河道两旁的坡面土壤立地条件差、不利于植物生长的问题。与单纯的工程护坡相比，边坡绿化工程的植物垂直根系可穿过坡体浅层的松散地表层，锚固到深处较稳定的土层上，不仅具有保持水土、防治侵蚀功能，还可以改善环境和景观，植物群落形成的景观能使人们感受心理的稳定、镇静、优雅、舒适等，能促进乡村景观的全面提升。

2.建设标准和要求

参考《中华人民共和国水土保持法》《中华人民共和国土地管理法》及地方标准《道路边坡生态防护工程施工及验收技术规范》、美国农业部自然资源保护工程体系等，主要注意整个工程流程的控制，增加近自然群落配置结构，从结构营造模式上保障后期群落演替形成的稳定群落的生态、防护及景观效果。

①遵循工程措施和绿化措施相结合的技术流程，首先，应整治、创造出植物适宜生长的环境条件；其次，采用适当的方法导入植物；最后，根据绿化目标对植物进行有效管理。

②确定绿化目标时必须考虑施工地的地形、地质、气候等条件，从斜坡稳定性、植物可持续性、与周围环境的协调性、施工经济性等角度研究适宜的施工方法。

③为形成可持续性的群落，引进适合当地自然条件和施工条件的植物，推荐参照当地近自然植被群落，以乡土植物为主。

④因地制宜，采用科学合理的植被营造模式，如草本植物个体数量多、早期生长快、防侵蚀效果好；木本植物根系粗大、具有刚性，对土壤的束缚力强，与草本植物相比，对土壤移动等物理外力的控制力强。

⑤农田边角地带、边坡地等裸地、荒地，需要从群落生态恢复的角度来进行合理配置与定植；边坡绿化强调灌草结合，乡土植物筛选和近自然群落模拟，以促进人工植物群落向自然群落演替。

四、村庄生态植被建设

（一）村庄绿化

1.工程定义和生态景观服务功能

工程涉及村庄周边围合带、村内道路、村民庭院、村内集中绿地以及村委会、学校、医院、文化站、养老院和公共场所的绿化美化。开展村庄及其围合植被带绿化，建设"村在林中、路在绿中、房在园中、人在景中"的景观。能够改善农村生态环境，美化村容村貌，促进人与自然和谐，构筑和谐村镇，为开展生态、民俗、观光旅游和扩大农民通过生态建设就业奠定基础，对全面推进城乡绿化美化一体化、构建和谐社区具有重要意义。

2.建设标准和要求

参考地方标准《地方村庄绿化技术规程》《生态村规划建设导则》《村镇建设标准规范》《村庄规划标准》和《土地整理工程生态景观工程建设导则及技术》等，村庄绿化秉持"生态优先、发展与保护并重、以人为本"的原则，通过绿化、美化、优化和亮化改善村庄聚落生活环境。

①除保护生态环境、改善生产条件、改善农民居住环境的作用外，充分发挥景观的绿化、净化和美化的功能，坚持点线面相结合的景观营造原则。

②保留地方的乡土特色，一方面，要营建富有地域乡土特征的林地景观，这对于田园风光建设以及乡土文化保护非常有益；另一方面，要保留地方的传统生态农艺措施，融合乡土知识，促进林地可持续发展。

③依据村庄总体规划，根据村庄所处的自然环境条件，突出农村特色，展现田园风格，充分利用树木花草的形态、色彩、轮廓之美，营造出村庄绿化优美的景观。

④造林树种上逐渐提高乡土树种比例。

⑤设计需要考虑地方文化的保护，与筑堤、沟渠、砌石、自然驳岸等农田基础建设相结合，提升价值，农田基础建设注意进行林地立地环境保护，减少破坏和干扰。

⑥要依据村庄的地理位置、自然条件选择树种、优选苗木，做到因地制宜、适地适树。农民住宅庭院绿化可选择有花、有果、有经济价值又有观赏效果的树种；环村林带和集中片林要选择多种针阔、乔灌树种，合理混交；村庄公共场所、民俗村景区应注重选择春季开花、秋季彩叶等美化村容村貌、具有观赏价值和景观效果的树种。

（二）绿色开放空间工程

1.工程定义和生态景观服务功能

乡村绿色开放空间，即乡村聚落建设用地范围内，建筑物内部或外部开辟出的全天开放、供公众使用的室外场地空间的绿化。主要有街头公园、河边绿地以及庭园绿化等类型。不同的农村绿地开放空间具有不同的功能要求，如街头公园是指具有较丰富的活动内容和服务设施、适合公众开展各种户外活动的规模较大的绿地；而河流两侧绿带以生态涵养和生物多样性保护为前提，应保持水体沿岸用地的开放性、公共性和可达性，严格控制沿岸用地的开发强度和机动车道路的建设，保持水体和陆地间良好的景观通透性；庭院外环境以美化和生产为主导等，满足不同农户特征多样化的需求。

2.建设标准和要求

公共开放空间必须符合相关乡村居住地规划建设标准与准则中的相关条款，参考地方标准《村庄绿化技术规程》《生态村规划建设导则》《村镇建设标准规范》《村庄规划标准》等。绿色开放空间应与居民住宅等建设用地周围的空间，密切联系成有机的整体。

经济性要求：以低养护管理的经济性原则为基本考量，在农村植物景观营造中，以抗性强、病虫害少的植物种类为主体，稳定的配置结构为基础。

乡土性要求：进行乡土植物景观营造，植物材料上以乡土植物为首要的种类选择，配置模式上以模拟地带性植被群落为基础。

功能性要求：不同的农村绿地具有不同的功能要求，如农田防护林以防护为目的，河流两侧绿带以生态涵养和生物多样性保护为前提，庭院外环境以美化和生产为主导等。

适地适树原则：与周边环境相协调，无论是道路、农田、村落，还是河流都有其自身的特点，无论何种搭配，植物都应与其相互协调，融为一体。

（三）植物篱工程

1.工程定义和生态景观服务功能

植物篱是指分布在农田或草地周边，由树木或灌木组成的人为管理的植被条带，是农田或草地生态系统的有机组分。植物篱有三个明显的特征：① 由乔木和（或）灌木构成；② 成行即线性特征；③ 人为管理。农业景观中的植物篱具有重要的生产功能，对于改善农业生产环境方面意义重大。植物篱及其网络对于农业景观具有特殊的生态意义，是动物在分散的林地斑块间重要的迁移廊道，也是乡村田园景观的重要组成部分，将会为观光农业、休闲农业的发展起到重要的促进作用。

2.建设标准和要求

农业景观中植物篱建设必须符合相关乡村居住地规划建设标准与准则中的相关条款，参考地方《植物篱养护技术规程》《生态村规划建设导则》《村庄规划标准》等。绿色开放空间应与居民住宅等建设用地周围的空间，密切联系成有机的整体。

①明确建设植物篱的主要功能定位，明确建设方向。

②在景观尺度下规划，遵循景观生态学"基质——斑块——廊道"的框架，结合毗邻斑块和不同尺度下的时空布局，设计植物篱连接形状、宽窄、长短、方向和网格单元。

③选择种植物种以配置乡土植物和野生景观物种为主，以乡土深根植物为佳，并适当采用豆科植物，增加固氮功效。

④养护后期需要考虑与周边农田的关系，及时修剪，控制生长高度，使植物篱避免与周边农作物争光、争水、争肥。

在植物篱的生长周期内注意防火、牲畜破坏、虫害、鼠害和洪涝干旱，必要时进行施肥，以促其健康生长，而在野生动植物活动频繁季节，尤其注意减少人为干扰。

第四节　道路生态景观设计

一、道路绿化类别

村庄道路是整个村庄的结构骨架，村庄道路绿地是依附在村庄道路系统上的绿色元素，它是村庄景观生态系统中的生态廊道，占整个村庄绿地面积的较大比重，它以网状、线状等形式将村庄绿地联系在一起，组成一个完整的村庄绿地系统。村庄道路绿化不仅可以创造丰富多彩的街道景观，还可以净化空气、调节气候、保护路面和行人，如在炎热的夏季，良好的村庄街道绿化能使树荫下的气温比烈日下的道路面低5℃以上。按照村庄道路的使用功能，将村庄道路绿化分为两大模式。

（一）重要交通道路绿化

一般是指村庄中连接村内外交通的主要道路，这类道路除满足交通功能外，还应满足驾驶安全、视野美化和环境保护的要求，通常以建设生态环保林为主，兼顾景观效果，包括分隔带绿化、路侧绿化和道路转角处绿化。按照对外和对内，分为进村道路绿化和村内主要道路绿化。

1. 进村道路绿化

进村道路处于村庄生活区外围，有的连接城市干道，其周边多是田地或者菜园、果园、林带，绿化选择栽植树干分支点较高、冠幅适宜的经济树种，谨防绿化树木影响到农作物的生长；不与农田毗邻的道路，栽植分支点较低的树木，如松柏等。

一般道路两旁种植 1~2 排高大乔木，为加强绿化效果，也可以在乔木间种植大叶女贞等常绿小乔木，或紫薇、黄杨、海桐球等花灌木。较窄道路的绿化，为了保证行进中能够看到田园远景风光，乔木下灌木修剪高度不宜高过 0.7 米或按照一定间距分散种植灌木丛；经济较好的村庄可按"两高一低"的原则进行绿化，即在两乔木间搭配彩叶、观花常绿树种或花灌木，达到多层次的绿化效果；较高级别道路具有机动车道与非机动车道分隔带，通常在机动车道两侧设置分车绿带，在非机动车道外缘设行道树。两侧分车绿带的绿化植物不宜过高，一般采用绿篱间植乡土花灌木的形式。

2. 村内主要道路绿化

村内主要道路具有车辆通行、村民步行、商贸交易等功能。该类型道路的使用率和通行率均较高，其绿化应美观大方，保证视野开阔通畅。一般村庄主道不存在分隔带，仅需两侧进行绿化，以实用、简洁、大方为主，也可以在不妨碍通行的位置种植落叶阔叶树种，起到遮阴、纳凉和交往空间的作用。

也可考虑统一树种，并统一要求各家门前的植树位置，形成一街一树、一街一景的特色。对于道路一侧的宽敞空地，可种植枝下高度较高的孤赏性大树，形成一个适宜休息、闲谈的交往空间，体现提供人际交往场所的功能。人行道绿化宜栽植行道树，充分考虑株距与定干高度。在人行道较宽、行人不多的路段，行道树下可种植灌木和地被植物，以减少土壤裸露和道路污染，形成一定序列的绿化带景观。

村庄原始形成的主要商贸街道，路面较窄，种植宽度较小，应以种植灌木为主，与地被植物相结合。道路两侧可种植树体高大、分枝点较高的乡土乔木，间植常绿小乔木及花灌木；也可以栽植果材兼用的品种，如选择柿树等高主干式的经济果木为行道树，再配置一些花灌木；为了调节树种的单一性，在适当区域可选择树形完整、分枝低、长势良好的其他乡土树种，再配置常绿灌木；经济条件允许时，行道树可选择档次较高的园林树种。

（二）生活街道绿化

一般是指村庄中的次要道路或支路，主要包括村内住宅间的街道、巷道、胡同等，具有交通集散功能，是村民步行、获取服务和进行人际交往的主要场所。这类道路是最接近农户生活的道路，对于家门口的绿化，可布置得温馨随意，作为庭院绿化的延续补充。由于宽度通常较窄、道路不规则，其绿化具有一定的局限性，在植物布置时须更具针对性，在村庄环境整治的基础上，改善绿化和卫生条件较差的现状，以保证绿化实施的效果。

在不影响通行的条件下，可在道路两侧各植一行花灌木，或在一侧栽植小乔木、一侧栽植花灌木；两侧为建筑时，紧靠墙壁栽植攀缘植物。经济林木可应用到农户庭院门口道路一侧，设置横跨道路的简易棚架，种植丝瓜、葫芦等作物。拐角处可种植低矮的花灌木或较高定干高度的乔木进行绿化美化，增添生活趣味。对于较窄的小路，根据实际情况调整为单侧绿化，一侧种植大量绿篱，间隔开硬化路与裸露地面，形成道路、绿化植物与农舍融为一体的乡村画卷。对于村庄内的菜园地道路，选择生长力较强的蔬菜覆盖边坡，在营造良好绿化效果的同时节约土地，经济、美观、实用。

二、道路绿化景观设计原则

（一）满足道路的主要功能

道路生态景观建设不得妨碍道路交通的安全运行，不得遮挡交通标注和行车视线。道路绿化方式、树种选择、生长时效等均要考虑与道路交通功能的协调性，如在拐弯视距三角形内不得种植大灌木或小乔木等。除此之外，道路还具有遮阴、降温增湿、滞尘、减弱噪声、杀菌等功能。道路两侧绿化植物应选择具有较强抗逆性，且具有上述多种生态功能的植物。

（二）因地制宜，坚持适地适树

道路生态景观建设应与场地路线的平、纵线型和横断面状况保持一致，适应道路线型或平直，或弯曲，或起伏的场地特点。植物绿化应尽量就地取材，坚持适地适树原则。乡土植物能够适应本地区气候等生长条件，易栽植、成活率高、适应性强。道路绿化应尽量选择与场地条件相适应的乡土树种，特别是根系深、萌芽力强、耐修剪、生长迅速、管理粗放、生长寿命长的植物。不同区域特征应分段栽植不同的树种，但同时应避免因不同树种、不同高度、不同冠形与色彩频繁替换而产生视觉景观的混乱等问题。

（三）长期与短期、乡土树种与外来树种相结合

道路生态景观建设应根据不同的远期与近期建设成效目标，考虑植物长势快慢、常绿与落叶等特点，尽量做到初期以草本为主，中后期以灌木和乔木为主。同时，也应注重乡土树种与外来树种的结合使用。乡土树种有易成活、生长良好、抗病虫害等优点，而适当合理选用经过引种驯化的外来优良品种，能够丰富生物多样性。

（四）以人为本，展现地域特色

道路生态景观建设要考虑以人为本，道路设施、植物种植等均需体现人性化，提高视觉质量。植物绿化种植应防治眩光，保障交通便利和游憩舒适性。对于道路沿线重要的风景点、文化古迹、古树名木等应尽可能保护利用。与道路功能冲突的珍贵树木应在施工前予以移植。除此之外，道路生态景观建设还应赋予道路载体不同的文化内涵，体现地域文化与特色。绿化种植应针对不同植物的形态特征、叶色花色等开展乔冠草配置，提升当地乡土景观风貌特征。

三、道路绿化设计工程技术内容

（一）干道绿化设计

①干道绿化应考虑大尺度空间和时间变化，可采用简洁明快、大手笔、大色块的设计手法，栽种适应行车速度的观叶、观花、观果植物色块，避免繁杂凌乱。

②宽度超过8米的干道应设置中央分隔绿化带，其设计应考虑防眩和司机视线的要求，并根据车速和动态视角，采取高度为1.6～1.7米的灌木，连续栽植；为富于

变化，可以每隔一定距离点缀一株花灌木。

③干道两侧绿化带设计可采用外高内低式，即远乔木、中灌木、近草坪三层绿化体系，整齐排列，树种以选择大冠幅的阔叶树为主；道路转弯处禁止栽植乔木，可种植草本或不高于 0.9 米的灌木。

④干道两侧边坡绿化可根据土质情况进行绿化设计，必要时可采取挂网等方式；填方区的绿化可采用种草坪及花灌木等固土护坡，挖方路段前填方结合段的绿化，可采用密集绿化方式，从乔木过渡到中灌木、低灌木；边坡的花卉树木最高生长线不得妨碍驾驶员识别沿线的各类标志牌，野生草种可不剔除。

（二）支道绿化设计

①支道两侧绿化可选用乔草或灌草结构，植物种类以乡土种为宜，构成复层混交群落，群落内部以株间混交的模式突出防护功能和生态功能。

②支道缓冲带建设宜以灌草或花草为宜，缓冲带宽度视支道宽度而定，一般 2～5 米为宜。

③支道乔木选择株型整齐、生命力强健、病虫害少且便于管理的适合当地生长条件的树种；灌木选择枝叶丰满、株型完美、花期长且萌蘖不会妨碍交通的植物。

（三）田间道绿化设计

①田间道两侧绿化可选用乔灌草、乔草、灌草或花草结构，植物种类以乡土野生种为宜；在道路两侧适当位置还可种植具有生产功能的果树和特色花卉等，形成经济、生态功能并举的绿化模式。

②田间道两侧应建设 40～50 厘米宽的缓冲带，可选用部分灌木和一些草本地被植物，以乡土种为宜，灌木选择上，应耐修剪和易于管理。

（四）生产道绿化设计

生产道两侧绿化可结合缓冲带一起设计，宽度约 50 厘米即可，植物种类可选用野生花卉或草本地被植物。

（五）游憩道路绿化设计

游憩道路绿化应在保障基本生态功能的基础上，适当增加景观观赏效果，多选择既有好的观赏效果又有较高生态价值的植物，如植物种植形式可以高大乔木形成背景，以中小乔木形成中景，以观花观叶植物形成前景。

第五节　其他绿色景观设计

一、绿地绿化设计

（一）公园绿地绿化

1.公园绿地绿化模式分类

借助地域位置（如靠山临水或风景名胜区）、生态景观条件和交通条件，分析公园位置、规模、服务人群等特点，确定建设主导类型。

①休闲型公园绿地。这类公园主要服务本村村民以及靠近本村庄的居民，主要具备生态、美化、休闲娱乐等功能，包括三类（见表3-1）。

表3-1　休闲型公园绿地建设要点

公园类型	建设要点
普通小游园	村庄中最多类型的公园，一般受经济、人口和土地利用影响，无须建设大型的公园绿地，通常以小游园、小广场的绿地形式出现。重点规划合理的活动空间，形式简单、朴实、实用
城乡接合部的村庄公园	可以起到分流城市公园绿地压力的作用，公园的规划设计可以参照城市绿地的标准进行，但要突出城郊和地域景观的特色
新建居住区村庄公园	主要服务居住范围内的居民，公园的规划设计可以依据城市绿地的标准进行，注重体现农村固有的乡村特色，尽量保留城市化进程中的乡村历史痕迹

②风景旅游型公园绿地。此类公园绿地以村庄中的风景旅游区、文化古迹和产业经济为主。在为村庄居民提供休闲娱乐的同时，更多的是对外提供其风景旅游资源，为农村居民提供经济收益和就业机会等，包括两类（见表3-2）。

表3-2　风景旅游型公园绿地建设要点

公园类型	建设要点
风景旅游、文化古迹等为主的公园	在保护和修复的基础上，利用乡土树种和复古种植等方式尽量营造出原有的历史植物景象，在给游人提供优美旅游环境的同时，体现源远的历史情怀

公园类型	建设要点
林产经济（苗木、果蔬采摘等）为主的公园	农耕、果蔬采摘等实践活动是此类公园的特色，由于村庄面积限制，一般绿地面积不大，规模上偏小、品种多、布局合理，重点体现农家乐的风格，通常结合生产绿地进行建设

2.公园绿地绿化要点

如今，村中年轻人外出打工的很多，老人和儿童留守，因而在建设村庄公共绿地时，应充分考虑老人和儿童的活动需要，一般包括：实用的休憩设施，如在落叶大乔木下设置座椅等；为老人设置的喝茶、打牌设施及村民健身设施，为儿童设置的滑梯、秋千、沙坑等；充足的绿化，以丰富景观层次和色彩；少量面积的硬质铺装，通常采用广场砖或水泥铺地；一定的照明设施，方便村民晚间使用。此外，还可以设置适宜的历史名人、传奇故事雕塑等，以增添文化氛围。

成功的村庄公共绿化，是人们进行活动的载体，最能体现村庄个性和特色。规划时要留有足够的空间，用绿化作为分割，以满足不同人群需求。通常可用小花坛、树池座椅、花架长廊等方式弱化分区，形成老人休闲和儿童玩耍场地的自然过渡。对于有条件的村庄，可以在村庄中心将绿化广场与商业建筑相配合，结合一些喷泉、小品等零星的构筑，形成全村商业、休息、娱乐的活动中心。

村庄公园的种植设计是村庄绿化的亮点所在，应充分结合本地气候环境，适地适树，常绿与落叶、观花与观叶合理搭配，讲求点线面协调，采用乔灌草复合的绿化形式。宜采用形态、色彩俱佳的树种，如雪松、香樟、广玉兰等常绿乔木；梧桐、火炬树、海棠、白玉兰等落叶乔木；柑橘、山茶、枸骨、月季等常绿灌木；连翘、金钟花、珍珠梅、锦带花等落叶灌木；紫藤、凌霄等藤本；万寿菊、一串红、鸡冠花等草花地被。

（二）生产绿地绿化

随着部分农村生产活动的逐渐减少，生产绿地只在一些中心村或者经济比较发达的村庄保留，宜将其部分慢慢融入村庄公园绿地或居住绿地中去。生产绿地在形式上属于整个村庄绿化内容的补充与丰富，与其他绿地同样发挥生态价值和景观效果的同时，更多的是获取经济效益。根据村庄的地理位置特征和村庄产业的主要作物，把生产绿地绿化模式划分为农田绿化模式和经济林绿化模式。

1.农田绿化

此类模式主要适用于平原地区的村庄，通常用来种植蔬菜、庄稼等农作物或苗木等，如村民日常生活所需的葱蒜、青菜、丝瓜、南瓜以及树苗等。这种绿化模式既保证了农村有限土地的合理利用，同时又为村庄的生产、生活添加了更多的农耕乐趣。

2. 经济林绿化

此类绿化模式主要在丘陵山区，以种植果树、苗木等为主。一方面，满足村民自家的生活所需，还可以吸引旅游的城乡居民来此采购；另一方面，种植的大量杨梅、桃、葡萄、梨树、茶园、竹园等可以作为经济的主要来源。苗木品种相对要更加多样化，但村庄内部用地通常比较紧张，因此一块地一般只种植一个品种。

（三）防护绿地绿化

村庄的防护绿地主要指村庄内部的林带防护林。对于比较小的自然村来说，仅是建设的围庄林带，功能不只是防护，更多的是在有效的空间内提供游憩环境；但对于较大的村庄来说，通常根据村庄的大小和内部结构布局灵活布置绿化，适宜建设各类防护林带。根据防护绿地的功能不同，主要把绿化模式划分为单一防护林带模式和游憩防护林带模式。

1. 单一防护林带模式

此类模式主要针对较大的村庄绿化，通常结合城市防护绿地的规划方式，形成包括道路防护林带、组团防护隔离带、卫生隔离带和围庄防风林带等在内的综合防护林带。其中，在组团防护隔离带和围庄防风林带里，可适当设置娱乐游憩设施。

2. 游憩防护林带模式

此类模式主要针对较小的村庄绿化，主要在村庄周围建设围庄林带。因为村庄较小，围庄防护林很靠近居民，村民可充分利用这样的环境资源，并且外围或有更大的防护林带。除具有防护功能外，还兼具一定的游憩娱乐功能，可以布置一些休闲活动设施，如座凳、栈道等，带来生态和景观上的双重效益。

规划围庄林带应考虑村庄外缘地形和现有植被等因素，因地制宜地进行。林带要与村庄的盛行风向垂直，或有30°的偏角，尽可能保持林带的连续性，提高防护功能。种植方式一般采用规则式，株距因树种不同而异，通常1~6米，还可进行块状混交造林。树种的选择采用乔灌草相搭配的形式，多营造树形高大、树冠枝叶繁茂的乔木，一般尽可能选择速生树种，以便尽早发挥林带的防护作用，也可栽植经济林木或果树，如银杏、柑橘、柿树、枣树等，在美化环境的同时取得一定的经济效益。杭州地区常用树种有杉木、板栗、核桃、油茶、柑橘、毛竹等。

（四）其他绿地绿化

村庄中除了点状的庭院、单位附属地，段状的道路、河流，面状的广场、村庄废弃地、空置地外，还存在一些可绿化的小面积零碎空隙地，主要存在于公共基础设施，如变电室、厕所、井台等周围。这些基础构筑物较为分散，是否能够很好的绿化，对提升一个村庄的整体绿化有着重要的意义。由于空隙地比较细碎，通常采取"宜林宜绿、见缝插绿"的绿化模式。各零碎地的建设要点如下：

变电室、垃圾收集房等设施，考虑用冬青、黄杨、小叶女贞等枝叶浓密的绿篱植物或者竹类等植物材料进行遮挡美化，仿造院墙下基础种植的方式进行美化。对于新建的这类基础设施，可以结合乡土建筑风格设计其外观，用植物进行覆盖屋顶绿化。

厕所一类基础设施的使用率较高且不宜隐藏，绿化时采用半遮挡的方式进行处理，一侧种植略微高大的小乔木，建筑顶部种植草本植物，墙体使用攀缘植物立体绿化，不仅使绿化具有安全性和遮蔽作用，使一个原本孤立的建筑达到生态美化的效果。

井台旁是原始村落中使用率和村民出现率较高的地方，由于自来饮用水的出现，现在的井台已经失去了原有的功能。绿化时可利用这块空地，在保证其安全性后，在附近种植冠大荫浓的树木，设置座椅，提供休闲的好去处。

菜园周边的绿化一般采取散植和围合两种绿化方式：散植绿化是指在菜园地内种植一株或分散种植几株树木的绿化方式，一般选择主干明显、冠幅较小的乔木，如水杉、池杉等，也可种植梨、苹果、杨梅等主干式树形为主、枝下高 2 米以上的树木，这种方式可避免高大树木的浓荫遮盖地面，影响蔬菜生长，也能打破大范围平坦菜地带来的视觉单调感。菜地的边角处空间较大，在距离田垄较远的地方，选用冠幅较大的落叶乔木树种，如泡桐、柿树等，方便夏日村民劳作休息。

围合绿化是指在大片分户种植的集体菜地外围进行的绿化。一般选择低矮的小灌木，成排种植，形成绿篱。小乔木的种植与菜园地的距离不宜太小，要考虑光照方向和林木间距，保证蔬菜采光良好。树种选用树冠整齐、形态美观、具有观赏价值的经济林木或果木，如银杏、柑橘树等；庭院内或宅旁小面积菜园绿化时，可作为一个小花园去规划，在菜园内散植少量独干花木，在其四周栽植绿篱及开花树木，如用桂花、樱花等包围，将蔬菜作为地被植物去栽培。

二、庭院绿色景观设计

村庄庭院是与村民生活、生产联系最为紧密的场所，是组成村庄聚落的基本单元。村庄庭院是指农村平房和独门独院式住宅庭院，主要包括庭院和房屋前后的零星空地。庭院景观规划设计不仅可以改善居民的生活环境，提高村民的生活质量，村庄绿化还可以运用园林学和乡村旅游学的理论，创造出"小花园""小果园""小菜园"等具有地方特色的庭院，带动地方特色经济和乡村旅游业的发展，解决农村剩余劳动力，促进农民增产增收。

（一）庭院绿色景观设计要点

庭院景观的设计应选择既美观又实用的绿化树种，使其既能起到遮阴避暑、美化环境的作用，又能够获取一定的经济效益。植物布置应与村庄住宅的房屋形式、层数和庭院的空间大小相协调，植物造景应与庭院绿化的总体布局相一致、与周边环境相协调，植物选择还应满足住户卫生、采光、通风等需求。

庭院景观设计的植物种植要保持合理的密度，造景设计应以成年树冠大小为主，还应考虑树木间距，以及近期效果和远期效果的结合。植物配置时应采用乔木与灌木、常绿树与落叶树、观叶树与观花树、速生树与慢长树互相搭配的方式进行栽植，在满足植物生长条件下，尽量达到复层绿化的效果。庭院景观设计的植物造景还应充分考虑利用植物随着季节的变化交替出现的色相变化，创造出不同的庭院景观。

庭院景观设计还应采用垂直绿化、屋顶绿化和盆栽绿化等方式开拓绿化空间，扩大绿色视野，提高绿化覆盖率。

（二）庭院绿色景观设计模式

1. 林木型庭院景观模式

林木型庭院景观模式是指在庭院种植以用材树为主的经济林木，其特点是可以充分利用有效空地，根据具体情况种植高效高产的经济林木，以获取经济效益。绿化宜选用乡土树种，以高大乔木为主、灌木为辅。

屋后绿化以速生用材树种为主，大树冠像泡桐、楸树等，小树冠像水杉、池杉等。在经济条件较好地区，在屋后可种植淡竹、刚竹等经济林木，增加经济收入。

屋前空间比较开敞的庭院，绿化要满足夏季遮阴和冬季采光的要求，但植树规模不宜过大，以观赏价值较高的树种孤植或对植门前为主。选择枝叶开展的落叶经济树种为辅，如果、材两用的银杏；叶、材两用的香椿；药、材两用的杜仲等；对于屋前空间较小的庭院，在宅前小路旁及较小空间隙地，宜栽植树形优美、树冠相对较窄的乡土树种。

对于老宅基地，在保留原树的基础上补充栽植丰产、经济价值较高的水杉、池杉、竹类等速生用材树种。在清除原有老弱树和密度过大的杂树时，尽可能多地保留原本就不多的乡土树种，如桂花、柳、银杏等。院内种植林木要考虑其定干高度，防止定干过低，树枝伤害到人畜；在庭院与庭院交界处，要确定合理的定株行距，来保持农户间所植苗木相对整齐。

2.果蔬型庭院景观模式

果蔬型庭院景观模式是指在庭院内栽植果树蔬菜，在绿化美化、自给自足的同时，还能带来经济效益的一种绿化模式。此模式适用于现有经济用材林木不多或具有果木管理经验的村庄或农户。农户可根据自己的喜好，在庭院内小规模种植各类果树和蔬菜等品种。有条件的村庄，可发展"一村一品"工程，选择像柑橘、金橘、枇杷、杨梅等适生树种，形成统一的村庄绿化格局，又可获得较好的经济效益。

经济果木可根据当地情况选择适宜生长的乡土果树，如梅、枇杷、金橘、柑橘等果树，宜采用1～2种作为主栽树种，根据果树的生物学特性和生态习性进行科学合理的搭配。

在大门口内侧可配置樱桃、苹果等用于观花、观果的果树，树下再点缀耐阴花木，当果实成熟时，满树挂果，景象非凡。在果树旁种植攀缘蔬菜，树下围栏种植一些应时农作物，产生具有层次感的立体绿化效果，既美观实用，又节约土地。

在路边、墙下开辟菜畦，成块栽种辣椒、茄子、西红柿等可观果的蔬菜，贴近乡村生活，自然大方。院落一角的棚架用攀缘植物来覆盖，能够形成富有野趣和生机的景观，同时具有遮阴和纳凉功能。

选择不同果蔬，成块成片栽植于院落、屋后，少量植于院墙外。果树栽植密度应依品种、土壤条件，庭院中一般在靠墙一侧呈单排种植果树，在树下种植蔬菜时，注意果树的枝下高度，保证采光，其种植密度与田间类似。

3.花草型庭院景观模式

花草型庭院景观是指结合庭院改造，以绿化和美化生活环境为目的的绿化模式。此类绿化模式通常在房前屋后就势取景、点缀花木、灵活设计。选择乡村常见的观叶、观花、观果等乔灌木作为绿化材料，绿化形式以园林花草型庭院常用的花池、花坛、花镜、花台、盆景为主。花草型庭院多出现在房屋密集、硬化程度高、经济条件较好、可绿化面积有限的家庭和村落。

房前一般布置花坛、花池、花镜等。为了不影响房屋采光，一般不栽植高大乔木，而以观叶、观木或观果的花灌木为主。房前院落的左右侧方，一般设计为花镜、廊架、绿篱或布置盆景，以经济林果和花灌木占绝大多数，有时为夏季遮阴也布置树形优美的高大乔木，如楸树、香樟等。屋后院落一般设计为竹园、花池、树阵或苗圃，主要植物种类有刚竹、慈孝竹、银杏、水杉、朴树等，以竹类和高大乔木为主。

此类模式的绿化乔木可选择一些常绿树种，如松、柏、香樟、广玉兰和桂花等。花卉可选取能够粗放管理、自播能力强的一二年生草本花卉或宿根花卉，进行高、中、低搭配。常见栽培的园林植物有鸡爪槭、红叶李、桂花、木槿、石楠、茶花等；绿篱植物主要有黄杨、栀子、小叶女贞、金钟花、连翘、小腊等。

4.综合型庭院景观模式

这种景观模式是前面几种模式的组合，也是常见的村庄庭院景观设计形式，通常以绿化为主、硬化为辅；以果树和林木为主、灌木和花卉为辅。景观设计形式不拘一格，采用林木、果木、花灌木及落叶、常绿观赏乔木等多种植物进行科学、合理配置，在绿化布置时因地制宜，兼顾住宅布置形式、层数、庭院空间大小，针对实际条件，选择不同的方案进行组合。植物材料布置在满足庭院的安静、卫生、通风、采光等要求的同时，要兼顾视觉美和嗅觉美的效果，体现农家整齐、简洁的风格。

庭院一般采用空透墙体，以攀缘植物覆盖，形成生态墙体，构成富有个性的、精致的家园；也可采用栅栏式墙体，以珊瑚树作为基础种植，修剪成近似等高的密植绿篱围墙，生态、经济、美观，且具有一定的实用性。建筑立面的绿化一般在窗台、墙角处放置盆花；墙侧设支架攀爬丝瓜、葫芦；裸露墙面用爬墙虎等攀缘植物进行美化点缀。

庭院花木的布置可在有一种基调树种的前提下，多栽植一些其他树种。农户也可根据自己的需要和爱好选种花木，自主布局设计，仿照自然生长，实行乔、灌、草三层结构绿化（其中草本、地被可采用乡村常见蔬菜）。综合型庭院绿化将花卉的美观、果蔬的实用、林木的荫蔽，集中组合在庭院中，创造丰富的景观效果。

三、建筑立体绿化景观设计

建筑立体绿化，运用立体空间或是少量的土地种植一些藤本植物，以达到一定的绿化效果。建筑立体绿化具有占地少、适应性强、繁殖速度快等特点，垂直绿化可以充分利用村庄庭院的空间，不仅增强了庭院绿化的立体效果，还会大大提高村庄绿量和村庄绿地覆盖率；另外，垂直绿化可以通过藤本植物的蒸腾作用和遮阴效果，还可减少阳光的辐射强度，使夏季室内的温度大幅降低。根据有关测定，具有"绿墙"的住房室内温度可比无"绿墙"的住房低 13 ℃ ~ 15 ℃。冬季落叶后，藤本植物不仅不会影响太阳的照射，它附着在墙面上的枝茎还可以形成一层保温层，能够起到调节室内气温的作用。大多藤本植物的叶面不平、多绒毛，能够分泌有黏性的汁液，具有较强的滞尘能力，能够不断地过滤和净化空气。藤本植物宽大、密实的藤蔓枝叶可以吸收和反射声波，能够减少噪音能量，具有一定的隔音作用，使村庄庭院保持安静的环境。藤本植物还可以隐蔽庭院厕所、垃圾场等，加强建筑与周边环境的联系。

建筑立体绿化主要包括院墙绿化、屋顶绿化和棚架绿化三种形式。

（一）院墙绿化

院墙绿化是利用具有吸附、缠绕、卷须、钩刺等攀缘特性的植物对院墙表面进行的一种绿化形式，是一种占地面积小且覆盖面积大的绿化形式，其绿化覆盖面积能够达到栽植占地面积的几十倍以上。在院墙绿化植物的配置和选择时，应根据植物的攀缘方式、墙面质地、墙面朝向、墙体高度、墙体形式与色彩和当地气候条件等因素，选择合适的植物种类和配置方式。农村常用的院墙绿化植物有爬山虎、三叶地锦、五叶地锦、牵牛花、山葡萄、凌霄、金银花、常春藤等。

（二）屋顶绿化

屋顶绿化可采用多种绿化方式，可采用盆景、盆栽花草进行绿化；也可结合屋顶状况设置藤架、种植攀缘植物；还可以在屋顶铺垫种植土，种植花草树木。由于屋顶具有光照强、风速大、蒸发快等特点，并且受荷载因素限制，屋顶土壤层厚度一般都较小。因此，屋顶绿化选择的植物应注意以下特点：选择耐旱、耐寒的矮灌木和草本植物；选择耐贫瘠的浅根性植物；选择抗风、抗空气污染、耐积水、不易倒伏的植物；选择容易移植成活、耐修剪、生长较慢的植物；选择可以实施粗放管理、养护要求较低的植物。农村屋顶绿化常用的花灌木有月季、牡丹、梅花、迎春、连翘、榆叶梅等；常用的地被花卉有万寿菊、杜鹃、一串红、鸡冠花、马兰、鸢尾、石竹等；常用的攀缘植物有紫藤、凌霄、爬山虎、常春藤、葡萄、金银花、多花蔷薇等；常用的地被植物有早熟禾、结缕草、野牛草、麦冬等。

（三）棚架绿化

棚架绿化是农村建筑立体绿化最普遍的一种绿化方式，棚架位置应根据庭院面积和住宅的使用要求确定，棚架应与房屋保持 1 米以上的距离，以避免影响室内采光和植物虫害侵入室内。在农村庭院中适合棚架绿化的植物种类常见的有：葡萄、丝瓜、扁豆、藤蔓、苦瓜、小葫芦等。这种绿化方式简单易行，不仅能够达到乘凉、美化庭院的效果，还能产生一定的经济价值。

第四章　美丽乡村民居建筑设计

第一节　乡村民居建筑设计思想

一、民居建筑设计的现实需求

（一）城乡统筹发展，美化乡村建设的需求

当前我国处于社会经济发展转型关键时期，从城乡统筹发展的高度出发，社会经济发展重点逐步向乡村和小城镇倾斜。我国乡村蕴藏着巨大的发展潜力，近年社会各界关注乡村发展，物流经济、创客企业、旅游经济都在乡村蓬勃发展起来。民居建筑是乡村物质空间的主体，优美舒适而又富有传统地域文化特色的民居建筑，是当前村镇建设中最基本的需求。

（二）城镇化发展，改变贫困荒芜的乡村面貌的需求

随着城镇化建设步伐的加快，原有村民分散居住，许多村民搬迁至新型镇区，仅有少数老人留守，农民自建的民宅缺乏统一的规划和设计，且部分破旧倒塌或储藏杂物，或做养殖用途，有些建筑年代久远局部倒塌，村容村貌及卫生状况堪忧，安全情况不甚理想，改变荒芜的农村面貌是当务之急。

（三）建设集约型社会的需求

农村老旧住宅大量存在，有些虽然仍处于设计寿命期，但功能、设施、外观已不能满足当前需要，如何在已有的限制条件下为旧建筑注入新的生命力，完成农村旧建筑的改造成为近几年来关注的热点问题。建筑建造以及使用过程中会带来环境污染，需要节能减排。倡导改建，可以比新建建筑节省主体结构的费用，而这占总资金的绝大部分，且原有的基础设施可继续利用，建设周期短，经济回报率高。尽可能节约资源和减少资源消耗，并获得最大的经济和社会效益，旧建筑改造是最理想的途径。

二、民居建筑设计思想

相对于城市建筑，乡村民居建筑更富有中国特色，设计应当遵循尊重地域文化、生产与生活相结合、传统与现代相结合的整体设计思想。

（一）尊重地域文化

地域文化是民居建筑的灵魂，设计中要深入研究体会地域文化，在地理自然环境、民俗生活、信仰与民居建筑之间的密切关系方面，向传统文化学习。民居建筑反映了当地的生活习惯和文化传承，建造方式可能是原始的，但适应当地气候。农村建筑相比城市建筑而言随意性较大，建筑风格不统一，设计需要根据建筑物的现状条件梳理归类，分别对待。无论保留还是拆除、改建还是扩建，都不能简单粗暴地照搬城市建筑。传统处理建筑材质特性的表现方式是地域建筑文化的基本语汇。建筑师要虚心向民间学习，学会充分利用建筑材质特性因素，使建筑更加紧密地植根于地域环境，形成对地域建筑文化的延续，要珍爱乡村的人文情感。许多项目改造时，虽然镇上的新房干净又卫生，许多农村的老人还是不愿搬走，因为他们见证了农村发展的历史和延续性，在广袤的农村心灵可以得到慰藉，对这种空间和时间上的文化认同构成了情感归宿。建筑只有承载并延续物质和非物质文化资源，才能与环境共鸣。

（二）生产与生活相结合

乡村民居建筑与城市住宅最大的差异就是，在乡村中生产与生活通常是叠加在一个空间内，最简单的例子就是农业生产工具在民居内存放使用。传统的农业、手工作坊等都是与民宅在一起的，即便是现在，年轻的创客一族给乡村注入新的活力，民宅也是重要的生产资料。民居建筑的设计要充分结合乡村发展特色，在满足乡村发展的经济产业定位的同时又满足居住生活需求。民居是乡村组成的重点内容，乡村的发展还是要依靠大量的农民，要解决三农问题也需要民居建筑与之相适应。

（三）传统与现代相结合

乡村发展最重要的表现是人居环境的改善。传承传统文化的同时，满足现代生活需求，这是现阶段乡村发展的共识。尊重传统生活习俗，保护优美的村庄风貌，同时引入现代服务设施，大大改善居住舒适度，是乡村民居设计的根本目标。

三、民居建筑设计手法

（一）本土设计

本土设计是根植于地域文化沃土之中的一种建筑思考。建筑设计大师崔恺创建本土设计工作室，对本土设计给出了诠释："本土设计关注的是在特定的环境中寻求具体的特色。与国际上地域主义有所区别，也不同于重视建筑传统形式相关性的文脉主义，是以现时现地为本，从传统文化中汲取营养。本土设计涉及社会政治、经济状态、地域文化脉络、科学技术资源、土地、环境资源、气候资源、生物材料资源等。通过立足本土的理性主义思考，生发出多元化的建筑创作，其中包括生态建筑、地景建筑、文脉建筑等一系列多样化的建筑类型，所以这不是导向特定的一类建筑，而是呈现出非常丰富的一种建筑多元化的景象。"崔恺还指出，本土设计不是指乡土主义，而是主张本土文化的创新，反对保守与倒退，建筑不是个人的作品，而应属于土地。所以，在项目设计中，追求在满足建筑基本诉求的基础上给予适合的本土特色。

（二）生态设计

乡村建筑改造生态设计的目标是绿色居住。典型的农村住宅，开敞的院落，充足的自然光，原生的材质和充足的绿植等就是绿色居住理念的体现。使用环保产品，质量可靠、安全。而更深层次的绿色居住是追求可持续的生活方式，它意味着更少的能耗，更精简的需求，更朴素的美学主张。在改建过程中，将环境因素纳入设计之中，从产品的整个生命周期减少对环境的影响。从保护环境角度考虑，减少资源消耗；从经济角度考虑，降低成本。大量使用乡土物种以及水体净化等生态措施，设计可充分利用建筑旧材料（包括旧砖瓦的再用），降低造价，倡导低成本维护等生态理念，建筑物的节能设计，以及大面积采用可渗水的地砖铺地，利用自然调节和净化能力，降低对环境的不良影响。

（三）节能设计

农村既有建筑节能改造是指对农村或乡镇原有能耗较高的建筑物在结构、设施、使用条件等方面采取降低能源消耗、有效利用可再生能源、提升建筑物舒适度的改造活动。

目前，我国农村地区既有建筑面积要多于城市既有建筑面积，而且实际盖起来的房子节能要求均低于城市建筑，加上农民的节能意识普遍较低，农村既有建筑的节能潜力远大于城镇既有建筑。既有建筑在农村可改造的主要方向有围护结构改造、灶具改造、取暖设施改造、可再生能源利用。最关键的一点是要培养节能意识，养成良好的节能习惯。

第二节　节能技术在乡村民居中的应用

我国三大能源消耗是建筑能耗、工业能耗、交通能耗，建筑能耗约占社会总能耗33%。乡村建筑能耗在整个建筑能耗中所占比重越来越大。我国广大农村地区主要以柴草、农作物等生物能源作为取暖、做饭等生活用能，其在农村建筑能耗中占很大比例，耗能量巨大，不仅造成资源的浪费，而且也造成环境的污染，与建设节约型新农村的"中国梦"相违背。

目前，我国建筑节能技术的研究大多集中在城市建筑上。然而，乡村建筑的特点、农民的生活作息习惯及技术经济条件等，决定了农村居住建筑在室温标准、节能率及设计原则上都不同于城市居住建筑。住建部 2010 年 4 月发布了要求对农村居住建筑进行节能改造的文件，标志着我国真正意义上对农村地区的建筑节能改造工程的开始。随着新农村建设的开展，2012 年我国颁布了《农村居住建筑节能设计标准》（GB/T 50824-2013），于 2013 年实施。

目前，我国乡村建筑的节能设计和节能改造研究正处于起步阶段，各地都处于尝试探索阶段。节能技术与自然环境密切相关，设计中需要综合考虑日照、空气湿度、风向、温度、自然地质条件和建造材料，以及建筑与山地、湖泊、林木、生物等多方面的相互影响，在选址、建造上需要综合运用，多学科结合。国外在节能技术方面有很多丰富经验，尤其在建筑的造型和构件设计等方面，有高科技在建筑上的运用，即"高技派节能"，也有传统乡土建造材料与流体力学等学科知识的综合，即"被动式技术节能"。我国传统乡村有很多被动式节能技术经验，而现代城市中多研制高技术节能，乡村建筑设计中应首选适用于本地自然环境条件的节能技术。节能技术的运用具有明显的地域特色，本节以北方地区和西南成都地区为例，探索节能技术在民居中的设计方法。

一、北方模式

（一）节能改造的重点

节能潜力大的建筑或结构部位将是北方乡村建筑改造的重点。从建筑类型来看，重点先放在农村社区和农村公共建筑如乡村学校、医院上，然后逐步向独立民居推广。从北方农村建筑的结构部位和用能设备来看，居住建筑重点放在建筑的围护结构改造、取暖设施的改造以及炊事设施改造上，而公共建筑中的中央空调系统、智能照明系统、供暖系统以及围护结构是改造的四大重点。不管何种类型，围护结构的改造都是重点中的重点。

改造应该因地制宜，建筑结构体系的不同或建筑高度的不同以及位置的不同，都会导致既有建筑改造存在很大差异。采用树立典型的方法，来推动既有建筑节能改造工作的前进，具有良好的示范效应。具体做法就是：从我国北方采暖地区的农村开始，推广一批既有建筑节能改造示范工程，然后进一步完善政策制度，加强技术开发，总结工程经验，提高管理水平，这将利于农村既有建筑节能改造的推动。

（二）主要的节能技术

北方采暖地区乡村建筑改造涉及三项内容，主要包括建筑围护结构节能改造、采暖系统分户计量及分室温控改造、室外管网平衡及热源改造。建筑围护结构节能改造和分户计量及分室温控改造同步进行能达到更好的节能效果。在进行乡村建筑节能改造时，在满足规定节能要求的前提下，可以进行部分改造。但不论如何改造，只有一个目标，就是改造后的乡村居住建筑必须要达到65%的节能要求，而公共建筑必须要达到50%的节能要求。具体节能改造技术如下：

1.围护结构节能改造技术

以建筑结构体系、围护结构构造类型、所处的气候区域等因素为条件对具体改造中的建筑围护结构进行分类，不同的类型所采用的围护结构改造技术侧重点有所不同。我们重点考虑那些具有保温性能好、扰民小、建筑垃圾少、施工速度快等特点的围护结构改造技术。

①窗户节能改造技术。外窗在所有的建筑围护结构中，它的传热系数在相同情况下是最大的，也就是说节能潜力最大，因此，窗户是建筑节能改造过程中首要的改造对象。外窗的通风、隔声、节能和安全等性能要求会约束外窗改造和选用。一种方式是用双层玻璃窗代替原有的普通外窗，具体操作可以在原有的单层玻璃窗外加一层玻璃，控制两层玻璃间的距离最优并且合理，在满足窗户的热工性能指标要求的同时避免层间结露。或者在原有的单玻璃窗外或内加一层新的窗户，合理确定间距并满足对窗户传热系数的要求，以避免层间结露。另一种方式是统一更换为满足外窗传热系数要求的新窗户。窗框与墙之间应设计合理的保温密封构造，以减少该部位的开裂、结露和空气渗透等现象的出现。

②外墙保温改造技术。目前，外墙保温系统主要包括粘贴泡沫塑料保温板外保温系统、聚苯颗粒保温浆料外保温系统、EPS板现浇混凝土外保温系统、钢丝网架板现

浇混凝土外保温系统、PU 喷涂外保温系统、保温装饰板外保温系统等。其中，最常用的方式是粘贴泡沫塑料保温板外保温系统，通常采用 EPS、XPS、PU 板作为保温材料，通过粘贴和锚固的方式固定在基墙上，外饰面一般采用涂料、面砖等材料。

③屋面改造技术。可以根据屋面的现有情况，采取不同的改造方式。对于防水好的屋面，直接做倒置式保温面；对于防水不好的屋面，先翻修防水层再做倒置保温屋面。保温材料可以根据不同的气候区域采用不同厚度的发泡聚氨酯或挤塑聚苯板。对于平屋面，在改造成坡屋顶并且需要节能改造时，在吊顶内敷设吸水率低的轻质保温材料，同时为了避免平改坡后吊顶内结露，宜在坡屋面上加铺保温层。

2. 采暖系统分户计量及分摊计量技术

该技术主要包括每家每户的热量按户计量和分室分区温度控制两个部分。进行改造后，室内采暖系统在满足室内温度要求并且可以在一定范围内进行调节的基础上，还要能够满足分户计量以及运行管理的要求。

①热量分户计量技术。该技术适合于独立式室内采暖系统和地暖系统。户用热量表测量出每户的直接采暖热量使用量，从而取代原来按照总表按面积分担，或者直接按面积收费的取暖缴费模式。

②热量分摊计量技术。此项技术适合于安装散热器的室内采暖系统。该系统设置两套计量表，一套是设置在建筑物热力入口的楼栋热量表或热力站设置的热量表，另一套是用户的入户热量分配表。前者负责测量建筑物总供热量，后者对各用户的用热量取修正值，分摊建筑物总供热量。散热器的散热量、类型、连接方式等都是修正因素。

3. 热源及管网热平衡改造技术

虽然室内采暖系统的改造能产生比较好的节能效果，但是锅炉和室外管网在产生热源和输送热源时还有一个锅炉运行效率和管道输送效率的问题，因此热源端的调节手段也需要进行改造，使其与采暖系统相适应。为了提高室外管网的水力平衡性，需要进行水力平衡计算，经过计算调整使得各个并联环路之间的压力损失差值 ≤ 15%。同时，为了更好地保障水力平衡，需要设置相应的阀门，在建筑物的热力入口处设置静态水力平衡阀。

4. 太阳能节能技术

太阳能是可永续利用和无污染的能源。我国北方地区冬季较长，有着充足的日照，这为太阳能的有效利用提供了先天的优势。因此，我们应该尽可能采取措施充分利用太阳能，这里所说的太阳能主要形式有：冬季直接利用太阳能，即在农村低层建筑的南面设置阳光间，增加建筑接收到的太阳辐射；进行太阳能的间接应用，即通过太阳能集热器进行太阳能的利用。在建筑屋顶平屋顶改坡屋顶时，屋顶坡度保持一个合理的角度，让屋顶的太阳能集热器以最佳坡度吸收太阳辐射，屋顶和集热器合二为一；除了原有的利用太阳能提供生活热水、太阳灶外，进一步开发太阳能的其他应用，如光伏电池、建筑照明系统提供光源等形式。

5. 热泵供暖技术

主要包括地源热泵技术和水源热泵技术。地能供暖技术主要集中在对 100 m 以内的浅地层的地能资源的收集，也叫地源热泵技术。这一范围地质结构既有黏土也有砂土，砂土中既有粗砂也有细砂，还有卵石加砂，有的甚至是基岩，由于地质结构是多样的，不同的地质构造，其渗水率和热导率都不同，热导率高的就适用于土壤源热泵技术，渗水率高的只适用于水源热泵技术。

6. 空调节能技术

选用高效节能空调器，进行合理的安装布置。选用与建筑类型相适应的空调冷热源方案，当既有建筑的围护结构得到改善时，室内冷负荷降低，空调负荷会大大降低。在保证建筑物的人员舒适性基础上，还能节约空调运行费。在密封好且不适合进行机械通风的建筑物中，使用无动力换气扇，可以加强自然通风，排除室内的热湿负荷，可以在一定程度上改善室内空气品质。

7. 照明节能技术

建筑照明系统作为建筑能耗的一部分，随既有建筑节能改造的进行，照明系统的节能也应进行。节能的具体手段包括智能控制系统、节能灯具的选用、室内灯光亮度的合理配置、照明与自然光的结合等。目前，我国一些公共建筑的灯具选择和灯光配置不当，导致浪费能源，节能潜力很大，应积极进行改造。

二、成都模式

成都地区农村住宅多为农民自建的独栋住宅，该地区农村居住建筑的主流形式为砖混结构，少数是木结构。农村住宅设计上比较简单朴实，一般在一层布置堂屋和卧室，并在建筑主体一侧布置厨房、卫生间以及猪圈等补助房间。二层主要布置起居室和主卧室等用房，屋顶则有不同的形式。在外墙面上，大多数农户外墙采用砂浆抹灰，甚至有些外墙不做抹灰将砌体直接暴露于外界，经济条件好的农户用瓷砖贴面装饰。室内墙面装饰较为简单，多以水泥砂浆抹面，经济条件较好的农户室内墙面使用白灰或涂料抹面。

（一）墙体改造

墙体是建筑物的重要组成部位，它起到了承重、分隔空间和围护的作用。过去我国长期采用实心黏土砖墙，为了节能，将外墙的厚度增加，而生产黏土砖所用的黏土不仅破坏了大量的耕地，而且在烧制砖的时候，又消耗了大量的能源，对环境造成了极大的污染。农村居住建筑墙体节能改造，不仅需要选择合适的保温隔热构造，而且需要选择合适的保温隔热材料。目前，砌体结构的墙体节能改造方法主要采用以下四种：外墙外保温法、外墙内保温法、墙体夹芯保温法及综合保温法。

（二）外窗改造

在建筑物中外窗的作用有很多，不仅要满足采光、日照、通风及建筑造型等功能要求，还要具备吸热、散热和保温隔热的作用。外窗的传热系数和气密性是居住建筑中决定其保温节能效果优劣的主要指标之一。一般农村既有居住建筑的窗户对这两个主要指标控制不高，造成大量的热量损失。为了既保证其使用功能，又提高窗户的保温节能性能，减少能源的消耗，主要从窗框材料和玻璃两部分入手。农村既有居住建筑可以从以下几方面改善外窗的节能效果：一是更换窗户，可以将传统的单层玻璃更换为双层真空玻璃；二是可以在原窗户的外侧直接增加窗户，采用双层真空玻璃或镀膜玻璃，传统的木窗、铝合金窗更换为塑钢窗框；三是可以结合室内装修增加窗帘；四是对窗与墙衔接位置的气密性进行排查，填堵窗墙衔接的缝隙。

（三）屋面改造

屋顶保温是降低居住建筑顶层房屋的采暖耗热量和改善顶层房屋热环境质量的一项围护措施；屋顶隔热是降低居住建筑顶层房屋的自然室温，从而减少其空调能耗的维护措施。

西南地区农村居住建筑的屋面，特别是老住宅，基本都是在20世纪50年代至80年代建造，采用青瓦坡屋面，俗称冷摊瓦。20世纪90年代以后修建的农村住宅大多为平屋顶钢筋混凝土现浇板或预制板屋面。这两类建筑的屋面一般都未做保温处理，夏季屋面层酷热无比；冬季或者雨季，室内热量大量通过屋面传递到室外，室内寒冷，从而影响室内的舒适性和人们的正常居住。一般屋面构造形式大致可以分为保温隔热材料屋面、通风隔热屋面、蓄水屋面、种植屋面及其他隔热屋面。

（四）地面、遮阳改造

长期以来，农村住宅多为土地面及水泥砂浆地面，这种地面吸热性强、保温性能差，由于农民多不太重视，没有任何保温措施，热量从地面大量散失。因此，地面应设置保温层。加强地面保温处理，减少外墙基础的热传导（即减少室内热能耗）。在农村既有居住建筑地面节能改造相对适宜的措施有炉渣保温地面。炉渣保温地面是指在夯实的原土上铺一层油毡纸做防潮层，在其上铺炉渣并夯实，再做碎砖三合土垫层，面层为水泥砂浆。

遮阳是采用相应构造和材料，与日照光线形成有利角度，遮挡阳光对玻璃的直接照射而减少室内过热的热辐射，但不减弱采光条件的手段和措施。遮阳措施在建筑节能上效果很好，特别是夏季改善室内热环境效果明显，且投资造价不高，是一种适合农村既有建筑节能的廉价技术措施。在窗外种植蔓藤植物或距窗外一定距离种树，绿化遮阳是一种经济、有效的措施，特别适用于农村地区的低层建筑。

第三节　乡村建筑材料环保评价及可行性分析

长期以来，在乡村发展过程中，由于对生态环境问题重视不足，不合理的生产方式和生活方式更使得乡村生态环境遭到破坏且日益严重。因此，合理利用有限的资源，在取得更大发展的同时，尽可能减少对环境的破坏与影响，是整个社会共同关注的问题。十八届三中全会首次提出生态文明体制建设，并作为"五位一体"总布局中重要一环，成为深化改革的重要内容之一。在全社会努力倡导并实现绿色建筑的今天，乡村建筑绿色化是新农村建设与乡村可持续发展的重要组成部分，不可或缺。与自然和谐发展才是光明之路、持久之路。在打造乡村绿色建筑时既要确保建筑材料的环保性，还要考虑其可行性。具体说来，可以从以下几个方面着手。

一、利用地方材料

我国乡村建筑所用建材大都结合自然气候，因地制宜，因材致用，以最简便的手法、极低的能耗创造了宜人的居住环境。既取材方便，又节省了运输环节。不仅使资源得到合理利用，又减少了能源消耗，还可以减少使用过程中的维护费用，既经济又实用。因地制宜、就地取材包含了一种质朴、广义的生态观念。

我国传统乡土民居建造积累了几百年的经验。黄河中游早期气候温暖湿润，森林茂盛，自古就以木材为主要建筑材料；北方游牧民族用皮毛制作的帐篷防风透气适合于草原气候；热带雨林地带的人用竹子搭建透气防潮的房屋；以土为材料建造的生土基建筑更是广泛地分布于西北、中原以及潮湿多雨的华南地区。还有一些地方则根据地方条件的不同采用木、砖、石、竹、芦苇、畜牧副产品等作为建筑材料。

土是中国较为丰富的建材资源。中国的黄土地带有63.5万平方千米，占全国总面积的7%，以黄河中游最为丰富，主要分布在山西、陕西、甘肃东南部、河南西部、青海和新疆等地。这些地区的人民开凿岩洞、砌筑生土建筑具有丰富的经验。即使在潮湿多雨的华南地区，也成功使用生土材料建造住宅。以客家土楼（见图4-1）为典型代表，土楼为大体量生土建筑，有三四层之高，建筑用料简单，用当地泥土并适量加入竹枝、木条和碎石瓦砾版筑而成，但其结构与功能却非常讲究，建筑具有较好的保温性能与耐久性能，居住使用六七百年仍完好无损，至今仍有几千万人居住其中。生土材料是无污染建材，并具有较好的热工性能，取自山坡，不破坏耕地。若须拆除重建则墙土可以重复使用，或用于农作物肥料，取之于自然还于自然，不产生建筑垃圾，绿色环保，具有较为广泛的适用性。

图4-1　客家土楼

木材是中国传统地方建筑中应用最普遍的材料，它易于加工，构造方式灵活，具有广泛的适宜性。一般来说，木结构建筑使用时间为20~40年，木材的成材时间与此相符，若保持木材的植、伐达到动态平衡，木材也是一种比较理想的地方材料。但是由于长期的乱砍滥伐，中国人均森林面积属于最低国家之列，所以，木材被限量使用。

石材也是易得的地方建材，在贵州、山东、福建沿海、四川和西藏等多山地区应用较广。石材从形态到种类都很多，有毛石、条石、卵石、砂石，可做基础、墙体和饰面。石材是一种天然的蓄热材料，具有良好的保温性能。在胶东半岛还有一种独特的民居——海草石屋（见图4-2），乱石垒墙，海草做屋顶，房屋冬暖夏凉，石材为当地花岗岩，海草是潮水带来的浅海海带草，耐腐难燃、保温隔热，并经久耐用，寿命达数十年甚至百年，不仅经济而且取之不尽。

图 4-2　海草石屋

　　还有一些地方天然材料对形成地方独特文化作用重大。中国西南地区竹材资源丰富，竹材有很好的柔韧性和轻便性，利于抗震，同时竹材及竹篱有良好的透气性，适宜于潮湿气候条件。由于竹的生长周期比木材短得多，而且柔韧性更高、弹性更好、耐磨性更好，所以竹材往往可用做木材的替代品。竹子搭建速度较快，技术简单而成熟，一般只用绳子绑扎结合，不需要用机械设备。因为竹子沿着茎干方向容易开裂，所以一般不能用钉子固定。国外已经发展出了一种新型的"螺栓加水泥"技术来固定竹子，发明它的南美建筑师西蒙·韦雷利用这项技术，可以做出悬挑 8 米和跨度 18 米的竹结构。我国部分地区民间的竹工艺相当精湛，不仅利用竹结构，还能利用竹片编织作为建筑维护墙面和装饰，建筑非常具有个性化。傣族竹楼便是此类建筑的典型（见图 4-3）。

图 4-3　傣族竹楼

二、利用地形

利用地形建造民居是更为积极地将建筑与环境结合的措施，在不破坏或者轻微破坏场地生态环境的同时，建筑亦合理存在于特定场地。我国地域宽广，地形复杂多样，有平原、河谷、高原、丘陵、沙漠，无论南方与北方、东部与西部，在传统建筑中，保护场地、利用地形的技术措施都具有典型的地方特色。建造时顺应地形、地势，因山借水，化不利为有利，既节省了人力、物力、财力，又保护了生态环境。

我国乡村建筑无论其风格如何，都能反映出它们因地而建、依势而筑的特征。流行在山西、陕西、甘肃、青海等地的窑洞式民居（见图4-4），利用高原地形特点建造。靠山式窑洞利用向阳坡依山就势层叠布置，底层窑洞的顶通常就是上层的平台和通路，窑洞群与山崖浑然一体。地坑式窑洞沿井院四壁布置，通过斜坡与地面联系。所谓"上山不见山，入村不见村，院落地下藏，窑洞土中生"，建筑不占用良田耕地。传统山地建筑根据坡度不同有不同的构筑方式。或垒土填石，或结合高差形成错层；而陡坡则利用地形分层构筑，使屋顶逐层升高，或屋顶取平而地面不等高，采取前两层后一层的格局。四川民居（见图4-5）则利用不同高度地形，将建造方法归纳为"合、挑、吊、拖、梭"五种：合是利用坡高分层筑合；挑是挑出楼层或屋檐；吊是前后加撑柱做吊脚楼；拖是层层垂直于等高线，顺坡拖建；梭是拖长后坡顶，扩大部分作为储藏空间，用气洞或亮瓦通气采光。而在多丘陵地域，产生了坡地式民居建筑，如湘西吊脚楼、四川山地住宅。民居或依山傍水，或巧设山坡，合理地利用了地势，设计与施工策略统一，节约了资源，保护了环境，不仅避湿通风良好，而且使用方便，充分体现了我国劳动人民的聪明与智慧。更为典型的是江南水乡民居，它们依水而筑，沿河成街，巷桥相连。更有一座座深宅大院，气势不凡，建筑与水有机结合，水与镇融为一体，是人与自然和谐共存的经典之笔。

图4-4　我国西北的窑洞

图 4-5　四川民居

三、新型环保材料的利用分析

乡村绿色建筑鼓励传统手工和回归自然，但不是一味地限制建造手段和材料的使用。现代技术为我们带来许多方便的同时创造了许多前所未有的新型环保材料。因此，在乡村民居建筑时，要将一些可持续的新型环保材料和简单易操作的技术带入和利用，在乡村里发展和普及，缩小城镇建筑发展差异。

（一）利用自然资源

风能、太阳能都是可再生的清洁能源。太阳能在城市的利用较受限制，但乡村的房屋间距一般较大，房屋低矮不易遮挡住阳光。且乡村建筑大多是独门独户，安装也比较方便。我国大部分地区有着丰富的太阳能资源，特别是西部，年日照率达 70%，华北、山东、河南等地日照条件很好，在这些地区太阳能技术就非常适用。

（二）建筑单体节能

建筑单体节能技术指合理利用自然资源、围护结构材料与构造技术以及温度调节系统。合理利用阳光和自然风力等自然资源，是极好的节能方式，需根据当地气候条件与环境条件进行建筑的合理设计；围护结构可细化为墙体、门窗、屋面。建筑节能技术本身在发展过程中随着科技含量的不断增加，其节能效率也在不断增长。围护结构保温材料从空心砖、加气混凝土等发展到含气体、低容重的有机材料，再到高隔热透明或半透明合成材料。采暖从火炉发展到散热器、空调等。节能技术是集成技术，其适宜范围、节能效率受到经济水平制约，所以适宜的节能技术还应追求适当的节能效率。

第五章　美丽乡村建设中的环境治理

第一节　环境治理与美丽乡村建设

一、乡村环境治理的意义

众所周知，中国的农村无论革命战争年代，还是在社会主义建设时期，都对我国的发展起举足轻重的作用。改革开放以来，全国工业化进程在明显加快，同时，乡村的城镇化建设也在快速推进，尤其是最近几年开展的美丽乡村建设取得了明显的成效。另外，在城市和农村、工业人口和农业人口的比例上，城市人口不断增加，农业人口不断下降，并且趋向老龄化，这导致乡村的环境问题长期没有得到足够的关注，乡村的环境污染也没有得到相应的治理。

（一）我国乡村环境现状

1. 乡村工业污染严重

改革开放以来，我国乡村经济不断地发展，尤其是乡镇企业不断发展，但也带来了严重的环境污染问题。这些乡镇企业的发展在很大程度上是以牺牲环境和资源为代价，对乡村环境的冲击日甚一日，乡镇企业已是我国环境总体质量日益恶化的一个重要根源，乡镇企业的原材料使用和初级产品加工业的污染占很大比重。而且，这些乡镇企业使用的设备都比较落后，技术方面也存在很多不足，对环境的保护缺乏认识。把一些污染物未经处理就直接排放，对乡村的生态环境造成了严重的污染。

2. 城市的污染企业转移到乡村

高污染企业的转移模式一般是由国外转移到国内，再由沿海发达地区转入内地欠发达地区。随着我国产业结构和产业分工的不断调整，城市对环境质量有更高的要求，而一些乡村地区为了经济的发展，不顾环境污染问题，所以部分高污染企业向乡村地区挺进。乡村也成为高污染企业的收容所，这些高污染企业的转移已经严重影响了乡村经济的可持续发展和乡村群众的生产、生活，一些乡村甚至成了环境污染的重灾区，这些污染企业不仅对乡村的环境有影响，还会对人体造成严重的危害。高污染企业的乡村转移是不符合科学发展观的，不利于经济的可持续发展。

（二）环境治理对乡村发展的意义

环境及生态是人类生存和发展的基本条件，是经济社会发展的基础。保护和加强乡村生态环境建设是改善农业生产条件、乡村生活环境，提高农产品质量安全及保障村民身体健康的内在要求，是实现可持续发展、落实科学发展观的重要举措，也是建设社会主义新农村的有力保障。要留住青山绿水，首先必须加强乡村环境的整治与保护，实现乡村经济可持续发展，从而达到建设资源节约型、环境友好型社会的目的。然而，由于重视不够，乡村生态环境建设往往被忽视，由此造成了乡村环境保护的盲点，这就造成了乡村的环境问题更加突出、更加严重。因此，加强乡村环境保护非常重要。

1. 实施乡村环境治理，有利于落实国家及地方有关乡村建设政策

国家各级政府部门对乡村环境保护工作越来越重视，并将其作为乡村小康和精神文明建设的重要内容。《国务院关于落实科学发展观加强环境保护的决定》提出了乡村环境保护的重点任务。《中华人民共和国国民经济和社会发展第十三个五年规划纲要》也提出，"因地制宜发展可再生能源，建设清洁能源示范村镇"，"实施农村生活垃圾专项治理行动，推进13万个行政村环境综合整治，实施农业废弃物资源化利用示范工程，建设污水垃圾收集处理设施，梯次推进农村生活污水治理，实现90%的行政村生活垃圾得到治理"。农业部发布的《全国农业和农村经济发展第十二个五年规划》中提出，"加大农业生物资源保护工程建设力度"，"水生生物资源得到有效养护，生态环境逐步改善，承载能力和可持续发展能力不断提高，生态屏障功能不断增强"，"针对秸秆资源浪费和污染严重、农村人居环境差、能源短缺等突出问题，按照减量化、再利用、资源化的循环经济理念，因地制宜开展农业废弃物循环利用，重点实施农村沼气工程、农村清洁工程、秸秆能源化利用等工程"。

2. 实施乡村环境治理，有利于乡村环境的改善及村民环保意识的提高

随着城镇化进程的加快，城镇基础设施不断完善，而乡村的规划和基础设施建设相对滞后，乡村普遍缺乏生活垃圾和生活污水处理设施，生活垃圾全部露天堆放，生活污水直接排放，柴草堆、粪堆随处可见，畜禽到处乱跑、随处排泄，"脏乱差"现象依然存在，严重影响土壤、水源和空气质量，损害村民身体健康。另外，村民的不良生活习惯和生产活动对居住区及周边的环境也造成极大污染，生活污水、垃圾、畜

禽粪便等收集和处理缺少相应的设施和技术，地方财力有限、环保建设项目资金投入不足、村民的环境保护意识淡薄、公众参与意识不强等因素一直是困扰乡村环境治理的几大因素。随着经济发展和社会发展，环境治理压力也越来越大。因此，改善乡村的整体环境质量，开展乡村环境治理及保护是非常必要的。

二、环境治理与美丽乡村建设

（一）生态宜居是美丽乡村建设的重要内容

随着经济社会的发展，乡村的基础设施、公共服务不断健全，面貌日新月异，但与城市相比，人居环境建设整体还稍显落后，不少地方"脏乱差"现象依然存在。围绕"规划科学布局美、村容整洁环境美、创业增收生活美、乡风文明身心美"的目标建设美丽乡村，提升农村人居环境质量，也就成为进一步加快新农村建设的客观要求。但是，在工业化、城市化不断推进的宏观背景下，美丽乡村建设不能局限于乡村的自我完善及经济发展，而是应当顺应城乡一体化发展的历史趋势，大力开展环境治理及保护工作，打造生态宜居的绿色乡村。

1.美丽乡村建设必须顺应生态宜居环境的发展趋势

习近平提出："小康全面不全面，生态环境质量是关键。"从现实看，我国乡村大气、水、土壤污染较严重，整体上人居环境质量不够理想，乡村环境已成为全面建成小康社会的短板。到 2020 年，乡村与城市同步实现小康社会，实现城乡一体化，而乡村环境质量是全面小康指标中最难实现的指标，任务重、时间紧，这就要在补齐短板上取得突破性进展。因此，美丽乡村建设必须顺应生态宜居环境的发展趋势，积极开展乡村环境综合治理及保护工作，通过"规划科学布局美、村容整洁环境美"，从而实现"创业增收生活美、乡风文明身心美"，让每位村民均在生态宜居的美丽乡村环境中同呼吸、共命运。

2.生态宜居是建设美丽乡村的重中之重

我国乡村面积广，村庄多，乡村企业杂乱，监管难度大，再加上长期以来生态环境监管能力薄弱，乡村环保设施落后，乡村污染问题比较严重。乡村生态环境形势日益严峻，已成为美丽乡村建设的主要障碍。加强乡村生态环境保护是落实科学发展观、构建和谐社会的必然要求，是建设资源节约型社会的重要内容。解决"三农"问题和全面建设乡村小康社会都离不开良好的乡村生态环境和农业自然资源合理利用。并且，城镇居民健康程度下降，其主要原因是农产品使用较多的农药和化肥，医疗保健成本大幅度提升，已经为城市居民敲响了警钟，乡村生态环境建设刻不容缓，不保护乡村环境及生态，最终受伤害的是全社会所有成员。所以，生态宜居是建设美丽乡村的必要途径。

3. 生态宜居背景下的农村新社区是推进美丽乡村建设的重要载体

农村新社区是指适应城乡一体化发展需要，由若干行政村或自然村整合而成，具有一定人口规模和较为齐全公共设施的社区。土地集约利用、产业集聚发展、农民集中居住和基本公共服务均等化是农村新社区的重要特征。

我国的城乡综合差距仍然明显，这就需要通过推进农村新社区建设以提升农村经济社会发展的水平，实现城乡一体与社会和谐。同时，随着经济社会的发展，农民群众对改善居住环境、完善社会保障、丰富精神生活、协调人际关系及提高生活品质的要求日益强烈。但由于现有的行政村规模过小，村民居住分散，配套设施不全，服务水平不高，很难满足农民的实际需求。这也要求我们采取综合措施，大力推进生态宜居背景下的农村新社区建设。

由此可见，农村新社区建设不仅是乡村自身的发展需要，而且是缩小城乡差距，实现城乡全面小康目标的重要探索和实践，是生态宜居背景下推进美丽乡村建设的重要载体。

（二）生态宜居背景下推进美丽乡村建设需要把握的几个问题

生态宜居环境建设是不可阻挡的历史趋势，美丽乡村建设必须顺应这一趋势，在此基础上，要把握好以下几个方面的问题。

1. 以生态宜居环境建设为导向，建设新型乡村社区

美丽乡村建设要以农村社区化为导向，通过行政村整合，在空间上重新规划，优化功能布局。要积极推进农村宅基地置换和农民住房改建，促进农村人口向中心村集聚，引导工业向园区集中，农业向规模化经营发展。要扎实推进基本公共服务均等化行动计划，努力推动文化体育、医疗卫生、公共交通、供水供电、信息网络等城镇基础设施与公共服务、社会保障进一步向农村延伸覆盖，缩小城乡之间的差距，提升农民生活的幸福指数。要不断提高农民的素质与文明程度，净化乡村风气，促进社会和谐。同时，积极探索推广乡村社区的物业化管理，通过环境整治与维护，彻底解决"脏乱差"问题，从根本上优化乡村人居环境。

2. 以乡村自然环境为基础，培育良好生态品质

与城市相比，乡村的优势在于良好的自然生态。美丽乡村建设必须尊重这种自然之美，充分彰显山清水秀、鸟语花香的田园风光，体现人与自然和谐相处的美好画卷。因此，在逐步渗入现代文明元素的同时，要通过生态修复改良和保护等措施，全

面营造乡村"天蓝、山青、水绿、地净"的优美环境，充分彰显乡村美丽的田园风光，体现天人合一、人与自然和谐相处的境界。为此，在发展农村经济时，重点要推动乡村工业转型升级，同时要通过对化肥农药的减量和生产生活垃圾污水等有机废弃物的处理利用，有效治理农业面源污染。有条件的地方，可发展以"青山、碧水、野趣"为特色，集"现代文明、田园风光、乡村风情"于一体的旅游休闲经济，精心打造都市人向往的魅力乡村。

3. 以地域文化为特色，突出生态文明的差异性和多元化

乡村之美固然在于乡村优美的自然风光和田园野趣，但是如果千村一面，则也会缺乏生机和活力，容易引起审美疲劳。因此，美丽乡村建设必须因地制宜，培育地域特色和个性之美。要善于挖掘整合当地的生态资源与人文资源，挖掘利用当地的历史古迹、传统习俗、风土人情，使乡村建设注入人文内涵及生态内涵，展现独特的魅力，既提升和展现乡村的文化品位，也让绵延的地方历史文脉及生态文明得以有效传承。还可以从产业发展景观改造等方面入手，实现"一村一景""一村一品"，充分彰显乡村生态文明特色和韵味。

4. 以建管并举为举措，维护乡村优美环境

美丽乡村建设是一场涉及乡村整体环境与农民生产、生活方式综合性变革的革命。因此，一方面要立足于改变村容村貌，通过规划引导和环境整治，实现道路硬化、路灯亮化、河塘净化、环境美化、村庄绿化，使村庄布局更加合理、村容村貌更加优美；另一方面，在建设过程中会遇到如村民的习惯、观念、利益以及建设资金、村域整合等诸多问题。为此，要积极做好宣传工作，引导村民养成自觉维护乡村良好生态与环境的习惯，还要建立起一系列巩固和提升环境质量的长效管理机制，彻底解决农村的"脏乱差"问题，从而从根本上改善农村的生产生活与生态环境，让村容村貌凸显魅力，让农民群众享受现代文明。

5. 以调动积极性为动力，发挥农民主体作用

农民是美丽乡村建设的依靠力量和最终受益者。在具体操作中，一定要注意调动广大农民的积极性、主动性和创造性，充分体现他们的主体地位，发挥他们在美丽乡村建设中的聪明才智。由于对农民的动员程度直接决定着乡村建设的进度，相关部门要充分利用各种宣传媒体，采取多种方式，大力宣传美丽乡村建设的意义、内容和政策措施，形成全面推进新农村建设的舆论氛围。要培养农民正确的价值取向和行为习惯，转变农民落后的生产方式和消费方式，通过美丽乡村建设，把生态、洁净、文明的理念渗透到农业生产生活的方方面面，潜移默化地改变和提高农民的整体素质。要

十分重视农民文化知识、公民素质及创业创新等方面的教育，培育有文化、懂技术、会经营的新型农民，使农民综合素质、农村经济发展水平与美丽乡村建设的要求相匹配。

总之，生态宜居环境建设是不可阻挡的历史趋势，美丽乡村建设必须顺应这一趋势。要因地制宜，采取多种措施，通过几年的扎实努力，使广大乡村真正成为生态良好、环境优美、功能完善、特色鲜明、干净整洁、农民生活幸福的新型乡村，促进乡村物质文明、精神文明、政治文明和生态文明的全面进步。

第二节　乡村生态体系保护

一、乡村生态环境现状

虽然近年来我国的生态建设取得了一定进步，城乡的生态环境也有所改善，但由于乡村生态具有自然的脆弱性、治理方式的有限性、生态事件的频繁性，传统的粗放式发展方式在乡村十分普遍。环境污染、生态破坏依然广泛存在，城乡生态发展不平衡的矛盾日益凸显。因此，保护乡村生态体系已经到了刻不容缓的地步。

二、乡村生态体系保护的目标

在现代环境的背景下，人类发展要以维护好自然生态过程使其发挥正常的功能为先决条件。人类只是大自然的一部分，不仅要重视人的生存与发展，也要重视环境对人类的支撑和服务价值。保持大自然生物圈的生态平衡，是谋求经济发展与人口、资源、环境相协调，推动可持续发展的绿色发展观。因此，新农村建设必须把加强乡村生态环境建设放在优先地位，必须加大治理乡村环境污染的力度，实现人与自然的和谐发展。包括乡村、农业经济系统与自然生态系统相和谐，乡村、农业经济活动的需求增长与乡村自然生态系统供给能力相适应，乡村、农业生产和生活排放废物量与生态系统净化能力及环境容量相协调，从而实现乡村、农业经济社会发展由反自然性向生态文明的根本转变，形成人与自然共同生息与协调发展关系。

三、乡村生态体系保护的主要内容

什么是乡村生态体系保护？目前理论界较少有这方面的定义，大多以畜禽粪便污染整治，污水、固体废弃物整治，土壤污染整治和提高村庄绿化水平为其主要内容。本书认为这样理解并不全面，应从更为广泛的意义上去理解。所谓乡村生态环境保护就是坚持以科学发展观为指导，按照全面建设社会主义新农村的要求，以保护乡村环境和提高农民生活质量为目标的环境治理与建设系统工程。不仅包括对已经污染的环境进行治理与改造，还包括现有环境的建设与规划。乡村环境综合整治包括社区环境、农业生态环境和自然生态环境的治理与建设。社区环境治理与建设是指对固体废弃物实行垃圾分类回收、提高资源利用效率、用生物塘等方法处理生活污水，建设生态厕所及雨水收集再利用系统。农业生态环境治理与建设是指要加强农田基本建设（农田林网、道路、节水灌溉设施）；提高生产资料、资源的利用率，采用新技术新品种，减少化肥、农药用量，推广节水农业，保护农业生态环境；农业废弃物做到资源化利用，进行秸秆还田、堆肥、气化、实用菌生产等，畜禽粪便生产沼气，利用有机肥替代化肥，以可降解农膜代替不可降解农膜。自然生态环境治理与建设包括自然资源管理、退化生态恢复及生物多样性保护。社区环境治理与建设是乡村环境综合整治的基础阶段，投资周期短，见效快，农民可以直接感受到。农业生态环境治理与建设是农民在农业生产环节中渗透环境伦理，进行"资源节约化、生产清洁化、废弃物无害化处理"的生产模式，是可持续发展理念在生产中的体现。自然生态环境治理与建设是环境综合整治的高层次阶段，政府决策部门应从长计议，在更大范围内对保持自然生态环境的平衡发展做出相应的环保举措，不仅考虑到同代人，还要考虑后代人；不仅考虑同一地区，还要考虑到其他国家和地区，甚至整个地球，人们在较长时间后才能感受它给人类带来的福音，也是持久惠及人类的环保举措。

四、建设生态乡村的对策及措施

十八届三中全会要求全面推进包括生态文明建设在内的五位一体的社会主义现代化建设。要求加快生态文明的制度建设，通过生态治理的方法改善生态环境，突出了当前生态治理在国家治理中的重要性。但我们必须清楚认识生态治理与乡村治理的关系。生态治理是人与自然和谐共处的过程，要求人类在追求自我发展的同时，必须考虑自然的承受能力。生态治理宏观上讲是我国五位一体发展战略的一部分，微观上讲是乡村治理的一方面。乡村治理是乡村多元主体对乡村公共事务共同进行协商及共同治理的过程，治理主体是多元的，治理内容是全方位的，治理目标具有综合性。就治理内容而言，乡村治理包括乡村经济建设、民主治理、文化治理和生态治理等。也就是说，生态乡村建设是乡村治理不可分割的一部分，但生态治理又不能代替乡村治理。

抓好乡村环境保护和乡村生态建设已经成为当前乡村建设中的重中之重，做好这项工作必须抓住建设生态乡村这一关键，因为生态乡村建设是以改善生产、生活环境为主的乡村发展规划，是实现乡村人与自然、资源可持续利用的关键。对此，应从以下几个方面做好乡村的生态环境保护工作，推进乡村生态建设。

（一）政府应加强乡村生态保护并完善相关环保法律

生态环境保护本身是政府公共服务的一部分，责任主体难以判别或责任主体太多，具有很强的公益性，属于没有投资回报或回报率较小的领域，政府必须发挥主导的作用。但政府主导并不是要包揽一切，而是把主要精力放在制定科学政策和法律、优化资源配置、做好公共服务上，工作的重点是引导和服务农民群众，营造一个良好的政策环境。也就是说，政府必须站在全局和战略的高度，充分认识生态伦理建设的必要性、紧迫性和艰巨性。政府要加强生态伦理建设的法律制度体系建设，通过政策导向、法律制约、宏观管理，引导市场朝有利于生态环境保护的方向发展。各政府部门、企事业单位，必须严格执行水污染防治、水资源利用、农药安全使用、土壤环境质量监测等有关环境保护的法律法规。抓紧制定乡村土壤污染治理、养殖业污染防治、乡村环境保护、饮用水水源污染防治等法律法规与标准，出台有利于高效集约化产业发展及限制高能耗、重污染、低效益的产业发展的法规和政策。

（二）运用科技来改善乡村生态环境

科学技术是加强可持续发展及生态环境建设，实现农业经济发展，提高农业产量和质量最为直接有力的支撑。要创新科技服务观念，拓展科技服务内容，深化科技体制改革，开展环境测评、监控和环保处理。

一方面，拓展科技服务内容，深化科技体制改革。绿色农业的发展模式已经成为当前乃至未来农业发展的主要趋势，也是我国农业发展不可阻挡的趋势。因此，必须大力推动高新农业技术；发展节能技术，利用绿色能源减少环境污染；开展绿化植物研究，在绿化工程中广泛种植适应性强、绿化效果好的植物；开发可降解、可回收一次性用品，提高废物利用率；研究生物多样性规律，保障地球能量等大循环；大力运用先进的环保技术，提高工业的资源利用效率，减少交通运输业的污染；对地表水、大气污染进行治理；利用生物肥料，保护耕地，加大运用现代科学技术改造传统农业的力度，大力发展循环经济，倡导和推行生态农业；鼓励农科教机构和社会力量参与多元化的农技推广服务，提高农业增长的质量和效益。

另一方面，借助科技手段加强环境监控、测评和处理，对乡村生产、生活环境现状进行客观详尽的测评，对乡村生态环境污染的程度、类别等进行详细测定，为采取针对性措施提供科学依据。而新环保处理技术的应用则有利于提高对乡村垃圾、水污染、土壤污染等的处理能力，为维护和整治乡村生态环境提供技术保障。

（三）合理配置乡村生态资源

首先，一切措施要以生态安全为基础，着力抓好退耕退牧还林还湖还草和天然林保护、林业生态圈等重点工程，处理好资源保护和经济发展的关系，在发展经济的同时最大限度地减少农业污染。努力实现乡镇工业集约化，采取切实措施防止生活污水和固体废弃物直接进入河道等水域。利用先进科学技术实现废弃资源再利用，全面做好污染物的处理。

其次，要加强对耕地资源的保护和利用，避免耕地资源进一步退化，守好我国的耕地红线，切实保护好山体水系和植被，搞好乡村沟渠及道路两旁的绿化。加快病险水库除险加固，加强河堤防护，做好相关绿化工作，防止水土资源流失；大力发展集约型农业，大力推广秸秆还田的农业种植方式，制止焚烧秸秆的行为，鼓励秸秆和畜禽排泄物有机肥的综合利用。在乡村积极推广沼气、秸秆化、太阳能、风能等清洁能源技术，从根本上改善农业生态环境和乡村环境。要注重提高农业投入品利用效率，合理地使用各种生产要素，提高资源使用效率，坚决遏制乡村生态环境进一步恶化。

最后，要引导乡村产业结构升级，因地制宜地发展绿色生态农业和旅游观光农业，利用乡村的地域特色发展旅游居住一体的旅游庭院，延长生态旅游业的产业链。同时向游客宣传生态文明，倡导绿色消费，保护旅游资源与生物多样性。大力开拓非农产业，引导乡村劳动力向第二、第三产业转移，特别是吸收劳动力数量较多的服务业，减轻农民对土地的依赖性。在绿色、有机农产品生产上做文章，加快建设农业科技示范园、生态农业园、农业产业园等。

（四）多方筹资，加大乡村生态建设投入

要坚持"谁污染谁付费，谁受益谁负担，谁开发谁保护"的原则，从政府、社会、个人等多渠道筹集建设资金，保证稳定充足的环保资金投入。首先，政府部门应该不断提高关于乡村生态环境建设的支出，利用财税、金融等杠杆对乡村生态建设给予支持，并优先纳入国民经济社会发展规划和新农村建设规划中。加大国家财政对乡村集约化产业和节能改造的支出，对一些资源节约型和环境友好型的重大工程和产业化示范项目给予直接投资或贷款贴息等优惠政策。积极发展乡村生态资源的市场化和探索生态环境补偿办法，加大对生态良好地区的财政转移支付力度。其次，在资金方面要鼓励社会资金对乡村生态建设的投入，着重运用市场化的力量建立和完善政府引导、企业推进、公众参与的多元化投入机制。加大对乡村地区环保服务的投入，建立

专业的保洁队伍；在乡村设置环保机构，强化对乡村环境的直接监管；加大对农业监测能力建设的投入和覆盖，对农业环境进行预防预警；加大对乡村环境基础设施建设的投入，提高乡村生活污水、垃圾等污染物的处置能力；重视加大新农村生态建设的科技投入，加大对科研的投资力度，研发出新的环保无机产品或对土地生态危害小的产品来取代目前所使用的农药化肥；努力突破发展乡村循环经济和生态环保产业的技术瓶颈，提升农业生产技术和装备水平，最大限度地运用先进技术解决乡村的生态环境问题，为新农村生态建设提供强大的技术支撑。

（五）不断提高农民的环境保护意识

政府需要加大对乡村环境保护宣教活动的投入，有计划、有侧重地加大乡村环境宣教活动的力度和提高宣传活动的效率。

农闲期间，政府要对农民开展病虫害防治、先进生产技术的培训，帮助农民提高生产效率和环境意识。通过文艺活动、表彰等方式发展乡村文化事业，丰富农民精神文化生活，不断激发广大农民群众参与乡村生态建设的积极性。把生态文明纳入乡村建设的总体规划之中，加强对乡村文化设施的投入。

五、保护乡村生态体系的工作重点

（一）保护生态环境

加强林业、土地、水利资源的保护和合理利用，加强基础设施建设，提高防洪减灾能力，增强生态环境与资源对经济社会发展的支撑能力。

（二）发展生态经济

发展高效生态农业，加大农业产业结构调整力度，推进农业产业化和标准化生产，保护和开发旅游资源，将生态旅游作为今后发展的经济增长点，促进乡村的经济转型，努力建设观光型生态农业。

（三）建设生态人居

加强环境基础设施建设，并以卫生环境整治为重点，全面整治村庄环境的突出问题，以生态村、文明村为范本，大力改善乡村人居环境。

（四）培育生态文化

加强对农民的生态宣传和教育，努力推行绿色低碳的生产生活方式，全面建立以崇尚自然、保护环境、可持续发展为基本特征的生态价值观、发展观和消费观，培育先进文明的生产方式和生活方式，提高群众参与生态建设的自觉性和积极性，为乡村生态建设提供良好的文化环境。

第三节　乡村自然村落整治

建设社会主义新农村是应对三农问题的主要思路，是我国全面建成小康社会的重中之重，也是一项系统和综合的工作。而乡村自然村落整治是推进新农村建设的重要手段。我国广大自然村落具有数量多、规模小、分布不均衡等特点，这不仅影响到乡村景观，也影响了农地的使用效率，不利于农业的规模化生产。所以，加大对乡村自然村落的整治力度，努力提高整治效率就显得更加刻不容缓。

一、自然村落整治的意义

人类经过长时间聚居而自然形成的村落，称为自然村，它是长期生活在一定区域的人群所拥有的生产生活聚居场所。自然村落整治的意义主要有以下几点。

（一）确保坚守耕地红线

在城镇化快速发展的情况下，我国基本农田的保有量不断下降。对于中国这样的人口大国来说，在农业科技没有重大突破的条件下，为了保证粮食产量，必须以一定数量和质量的耕地为保障。同时，乡村还存在土地大量浪费的现象，通过整治自然村落，可以保证耕地的数量，保障我国的粮食安全。

（二）合理的整治有利于乡村基础设施的完善

由于单个乡村人数少，不可能每个乡村都单独发展那些需要几千人来支撑的教育、卫生和工商业设施。通过自然村落整治，让农民集中居住，有利于规模经济的发展，这样既节约了道路、供电、供水等乡村基础建设投资，提高其基础设施的使用效率，也降低了维护成本，可以使有限的要素充分发挥效能。

再次，有利于增加农民收入。整治自然村落有利于促进农田的集约化生产和规模化经营，有利于大规模地使用机械设备和实施科学化管理。通过引进现代农业科技项目，不仅可以为当地农民提供就业岗位，农民还可以通过土地租金、经营第三产业等方式创收，另外通过宅基地的整合再利用可以实现土地价值的提升，提高农户收入。

二、自然村落整治的必要性

（一）是建设社会主义新农村的必然要求

当前，缩小城乡间的巨大差距，实现社会主义新农村建设宏伟目标已经迫在眉睫。

而乡村自然村落的整治是解决这些问题的最好切入点，通过对乡村自然村落的科学规划和整治，促进乡村劳动人口的合理流动，促进村容村貌的改善，促进农业发展、农民增收，促进农民生活水平的提高，进而最终实现社会主义新农村建设的目标。

（二）是治理自然村落空心化的必然要求

改革开放以来，中国经济发展迅速，大量农民摆脱原有土地的束缚，纷纷离开乡村到城市打工，村落常住人口大量流失，剩余大量的老人和小孩，导致了乡村的空心化现象。乡村缺乏劳力，出现了大量的农地抛荒。这种空心化，不利于乡村经济的可持续发展，加强对乡村空心化现象的治理，是当前乡村建设的重点之一。

（三）是土地集约化利用规模化经营的要求

乡村村落建设是在家庭承包制的框架下展开的，在家庭承包制下，土地是一家一户经营。这种一家一户单打独斗的小农耕作方式具有土地浪费严重、效益低下、靠天吃饭等弊端，不进行自然村落整治，就无法实现土地的集约化利用、规模化经营，将阻碍乡村生产力的发展。

（四）是乡村公共服务、基础设施共享的要求

农业和乡村的资源配置在国民收入分配中处于不利地位，公共财政对乡村公共服务和基础设施领域投入占总投入的比例太低，为了提高乡村的公共服务与基础设施的共享水平，通过自然村落的整治，使农民适度集中，有利于资源的高效利用。

总之，整治乡村自然村落的目的不仅是为了改变乡村环境，也是为了缓解人地矛盾；不仅是为了实现乡村的可持续发展，也是为了推进城乡一体化进程。

三、自然村落整治面临的问题

（一）劳动力的缺乏

如今的乡村，大部分家庭的收入来源是外出务工收入，主要劳动人口向城市的持续流动导致乡村劳动力结构发生显著变化，乡村人口空心化加剧。

（二）环境问题日益严峻

近年来，人口、资源与环境的矛盾不断加剧，乡村的环境问题也日益严峻。其中，尤以水污染问题最为突出，生活污水和未得到合理处理的工业废水直接排入乡村的自然水体，导致乡村的水质急剧恶化。由于收入和生活水平的提高，村民对自然水体的保护意识也不断加强，出现了部分工厂与附近村民关系紧张的情况。

（三）生活不便，基础设施不足

生活服务配套设施不足，抑或使用不够便捷是当前农村存在的普遍问题。基础设

施的缺乏严重制约着村民的生活质量。

自然村落整治是一项全新的工作，基本没有成熟的国内外经验可以借鉴，需要在实际工作中摸索前行。实践证明，只有因地制宜的整治方式才是开展自然村落整治工作最有效的方法。盲目大拆大建是不对的，但我们不能任由一个散、乱、脏的自然村落自己发展，不经过重新规划、治理和建设，就无法形成一个村容整洁的社会主义新农村。因此，必须加强对村落布局的深入研究，有关政府部门必须加大对乡村自然村落的整治力度和效率，推动乡村发展方式的转型，促进城乡平衡协调发展。自然村落整治的首要任务，是根据村庄的具体情况，找到科学合理的发展方向，力求在服务于区域经济与环境发展的总体目标的同时，突出自身特色，寻找准确定位。

四、自然村落整治的原则

自然村落整治是一项系统工程，整治的基本原则如下。

（一）规划优先，重在保护

试点的自然村落应是城乡规划体系中先进村或规划保留的乡村居住点，这样可以节约整治成本，避免资源过度浪费。综合整治重在保护修缮、改善环境、完善公共服务，保持乡村田园风光的自然状态。

（二）因地制宜，量力而行

综合整治以解决农民群众最关心、最直接的实际问题为前提，以改善乡村生活环境、提高农民生活质量为目标，要量力而行，控制标准，节约土地和投资，防止不切实际的大拆大建和形象工程，不能盲目照抄照搬其他地区的发展模式。

（三）政府引导，农民自愿，社会参与

试点工作由各区县政府负责组织，市相关部门提供规划建设指导和政策扶持。综合整治项目要征询农民意见（原则上经 80% 以上农户同意方可实施），做到农民自愿和自主投工投劳，形成农民家园农民建的氛围。要广泛宣传和提供各种途径，引导支持社会资本进入。

五、自然村落整治的主要做法

（一）加强组织领导，建立工作机构

成立由有关部门组成的领导小组，明确工作目标和任务，加强不同部门的分工协作，落实各个部门的责权关系。领导小组主要负责自然村落改造工作的统筹、指导和检查验收；各镇成立相应的小组或机构，确保有分管领导、把责任落到实处。相关部

门按职能分工，明确职责、密切配合、强化服务、齐抓共管、形成合力。把这项工作列入对各级部门的考核中，建立奖惩制度。

（二）制定合理高效方案，优化工作计划

各部门需要共同制定、反复修改自然村改造的实施方案和细化工作计划。自然村落改造方案以设计文本为主，详细说明基本概况、改造项目、空间优化、配置设施、投资预算等。工作计划包括宣传发动、组织实施、总结评估和有关建议等内容。坚持从当地实际出发，因地制宜，量力而行，确保方案的科学性、可行性和实效性。

（三）加强部门间协调合作，因地制宜开展工作

加强对相关部门的组织协调，一切以农民的利益为出发点和落脚点，因地制宜地发展。一是坚持高标准、严要求，严格按照工程方案、设计图纸和施工要求，组织规范施工；二是要提高工作效率，在保证施工质量基础上，各单位、部门所承担的工作和项目要按照时间节点落实任务，确保按质按时完成；三是加强监督检查，加强业务指导和施工质量监督，实行工程建设监管制度和村民自治相结合，定期或不定期地进行督促检查，组织统一评审验收。

（四）落实管理队伍，探索长效机制

正确处理好集中建设与长效管理的关系。坚持建管结合，建管并重。试点村制定村规民约，列为文明家庭评比内容，探索长效管理机制。

六、自然村落整治的主要内容

①农宅墙体整修。根据农民的意愿和计划方案的要求，对村民住宅外墙统一形式和颜色，达到村落房屋色彩统一，实用美观。

②村庄环境整治。统一进行环境整治，拆除危房和违章建筑，对乱堆放的固体废弃物进行清理，做到无乱搭乱建乱堆现象。

③乡村道路改造。对村内的主要道路进行标准硬化。合理布局村内路网，努力实现户户通路，切实改善村民交通出行条件。加快危桥改造，方便农民出行。

④河道疏浚净化。保护好村域内现有的水面，实行常年保洁，对濒临废弃、垃圾杂草滋生的黑臭河道进行疏浚、填堵，保障基本水质达标，水清岸绿。

⑤生活污水处理。给水、排水系统完善，管网布局规范合理，自来水入户率达到100%。乡村生活污水集中处理。

⑥农民住宅改厕。积极推进乡村卫生厕所改造，农宅改厕率100%，村有公共卫生厕所并达标。

⑦村内照明装置。村内主干道和公共场所有路灯照明装置，布局合理，环保节约，方便村民晚上出行，点缀乡村夜景，提升品位。

⑧公共服务设施。建设深受农民欢迎的社区卫生室、便民小超市和文化活动室等公共服务设施和群众健身活动场所，改善乡村医疗卫生、文化健身和日常生活条件。

第六章　美丽乡村建设中乡土文化的传承

第一节　乡土文化在美丽乡村建设中的价值探究

一、乡土文化的属性和特征

乡土文化是客观历史条件下形成的文化形态，是传播制度、传统的知识系统，是承载乡村传统生产、生活方式的物质与精神财富，在中国历史发展的进程中占据了重要的地位，既担负着对中华传统文化的继承与传播，又维系着乡村、宗族、社会经济与文化道德等诸多方面的发展。它具有鲜明地域特色，能够充分反映某一地区百姓的日常生产活动方式以及生活习惯，是人类在特定区域内历史、人文、生产劳动力、意识形态的见证，是祖先留给我们的弥足珍贵的文化遗产，是不可再生的文化资源。

乡土文化主要涵盖两种不同属性的文化形式，即物质文化形态与非物质文化形态。物质文化形态具有典型可识别性特征，包括了乡土建筑、乡土景观、历史遗迹、农耕器具等有形文化形式；非物质文化形态主要包含了精神文明、生态文明、民风民俗、民间艺术、传统手工艺、村落营造理念等无形文化形式。

二、乡土文化与传统村落及其环境

我国幅员辽阔、民族众多，广大乡村存留了丰富的文化资源，这种建立在千百年农耕文明基础上的、以村落为载体、自然形成的独特的村落文化，构成了中华民族草根信仰的基础，也是传统文化的根基所在。乡土文化根植于广大乡村，具有原生、本土、地域等典型特征，这些文化理念及形式是当地先民在生产生活经验、审美、道德、价值观等诸多方面的具体体现，并在百姓中具有强烈的认同感。

虽然乡土文化具有物质与非物质不同的属性特征，但两种文化形式并非完全独立并存，而是在一种和谐共生的状态下相互交融、共同发展。例如，乡土建筑、传统聚落环境既是乡土文化意识的物质表征，同时它们又承载着对其他乡土文化的传承与发展。这种相互依存与相互促进的共生性关系，在我国传统村落的历史发展中无处不在，是构成乡土文化的内在核心。

从中国人居环境的最基本形式来看，源出巢居的干栏式、源出穴居的窑洞式、源出庐居的帐幕式，都体现了先民在不同地域环境下在历史发展进程中对乡土文化观念的继承与延续。例如，我国黄土高原多数地区百姓居住的窑洞，其主要材料黄土具有冬暖夏凉、保温隔热等特点，根据不同建造工艺可划分为土窑、接口窑、地坑窑、砖窑等，在形态上有下沉式、靠崖式、独立式、混合式等，其选址、布局、结构、选材、形式等，充分反映了当地百姓因地制宜、就地取材、节约能源、注重生态平衡、合理利用自然以及与自然和谐相处的乡土文化观念。

村落环境作为物质载体还承载着对乡土文化的传承与发展，传统生产生活方式、手工艺、民间习俗等的产生与演变，都与村落建筑环境密切相关。以陕西长安北张村传统造纸工艺为例，其工艺流程主要包括浸、蒸、碾、制浆、捞纸、压纸等流程，制作环节多在建筑空间环境中完成，在长期历史发展中村落布局与建筑形制也因造纸工艺而发生改变。又如，我国南北地区巨大的饮食习惯差异，也同样对建筑空间环境提出了不同要求，两者共同构筑出具有地域特色的乡土饮食文化。

三、乡土文化在"美丽乡村"建设中的意义与价值

强、富、美是中国三农的目标，即"中国要强，农业必须强；中国要富，农村必须富；中国要美，农村必须美。"美丽乡村建设是新农村建设工作的再次升级，是在提高乡村基础配套设施基础上，进一步推动文化与生态文明建设的重要举措，也是针对当下农村建设中"联排别墅""千村一面"乡土文化遭受严重破坏等问题所提出的有效解决途径，关系到亿万农民的生存与发展，关乎乡村的"根"，民族的"魂"。

当代乡村建设既要改善和提高乡村生产、生活环境与质量，也要保留乡土文化的发展根基，保持乡村历史沿革、乡村文化和地域特色，使广大群众有家园的认同，并为乡土文化在新历史时期创造可持续传承、延续、发展的生存土壤。同时乡土文化也是构建当代乡村文化的重要核心，具有促进社会和谐发展、凸显地域文化特色，推动农村经济发展的重要作用。

（一）促进社会和谐发展

在全球一体化的进程中，以城市化为特征的现代化不断推进，乡土社会及其礼仪规范逐渐被贴上了"落后""愚昧"等标签，致使乡村社会逐渐失范，不和谐现象等

问题凸显。人们越发认识到本源文化的缺失对民族、地区、国家在文化可识别性方面造成的危机。在保护传统文化过程中，也将教育问题纳入其中进行探讨，希望不同类型文化形式在为人类带来观赏、体验的同时，达到更为深层次的教育意义。进而促进民族文化传播与发展，增进社会稳定，避免一体化带来的文化冲击。

不同历史时期、不同文化背景下会产生不同的文化意识形态。这种文化观念成为反映某一民族、地区、国家在历史、政治、文化、经济等方面的重要因素。礼仪文化作为乡土社会的基本内核，包括了自然观、价值观、伦理观、善恶标准等内容，是民众之间的处世规则与相守之道。它们的传衍往往通过某种表演或口传形式，在村落中的戏楼或特定空间进行，或通过建筑装饰等艺术形式予以弘扬、警示，体现于村落、建筑布局等多个方面。这些乡土文化表达形式不仅具有其自身的文化遗产属性特征，同时又是构成乡村和谐发展的力量与源泉。它们由人的行为和所创造的生产物等构成，代表着民众的思想、观念、心态以及风俗习惯，是人类根据自身的历史与环境，将群体所选择或做出的某种行为方式予以肯定的标准行为模式，是维系社会生产生活稳定的重要因素，也是构建当代乡村文化与和谐社会的重要基础。

（二）彰显地域文化特色

乡土文化具有物质与非物质的双重属性，以及相互关联性、唯一性、可识别性等特点。其根植于农村生产、生活领域的各个方面，无论是传统的农业生产方式、民俗文化活动、乡土建筑、农业生产景观等，都是地区文化符号的表达与承载形式。以我国乡土建筑为例，按照地域可划分为华北、东北、西北、江南、西南、闽粤等建筑形式，它们因生产生活方式、民风民俗、地域环境等不同，在建筑形式、造型、选址、选材、装饰、工艺等诸多方面特色各异，形成了自身特有的乡土建筑营造理念，呈现出因地制宜、形式多样的村落结构布局与环境。

美丽乡村建设旨在为广大乡村百姓建设物质与精神的幸福家园，包括了对物质性生产生活空间的建设，对非物质性乡土文化的保持与传承。这些独有的乡土文化要素，是美丽乡村建设中最能深刻体现乡土文化特色的物质与精神载体，是保持、体现村落乡土特色与风貌的重要核心，是新时期乡村形象、内涵建设的基础所在，是唤起民众对本源文化、地域文化、民族文化的归属感、认同感、自豪感的重要途径。

（三）提升生产、生活环境综合质量

在社会经济快速发展的今天，乡村作为承载百姓生产生活的物质空间环境，因受其生产力水平较低、经济水平不发达等问题制约，致使乡村功能未能得到同步更新、发展，已不能够完全满足百姓的生产、生活需求。面对城市化的快速发展与冲击，乡

村百姓开始将标准向城市化生活看齐，意识形态受到了来自城市化进程的巨大冲击，致使传统价值观念以及对家园的认同感开始发生扭曲。在乡村的盲目建设与改造中，乡村固有的布局与结构被打乱，村容、村貌、农田风光、乡土景观遭到不同程度破坏，传统民居被拆除等现象频繁发生。取而代之的是具有现代城市居住区景观与建筑特色的乡村环境，这种做法虽使村落基础设施等得以改善，但其构成要素、功能特点与乡村生活缺乏紧密联系。

美丽乡村建设是改善我国亿万农民生存状况的重要举措，提升生产、生活环境综合质量，应以尊重乡村历史沿革、民俗风情、传统习俗等为根本，不能完全等同于城市建设。乡村建设应在借鉴、传承传统村落优秀选址、布局、营造理念的基础上，合理解决乡村住宅、基础与公共服务设施水平低等问题。将历史与现代有机融合，使乡土文化与理念融入当代乡村建设与改造之中，为百姓营造具有较好乡土文化氛围与较高生活质量的乡村生产、生活空间。

（四）促进乡村经济发展

乡土文化不仅与当代乡村文化、村容村貌等方面建设紧密相关，也是支持农村经济发展的重要源泉。从传统意义来看，乡村产业结构以农业生产为主导，随着城乡发展，乡村的生态功能、空间优势、文化传统与经济价值越来越受到人们的重视。乡村已不仅是农业的生产之地，更代表着一种生活方式、一种与城市完全不同的生态、环境与文化氛围。乡村的农田、水渠、建筑、美食、民俗风情等都充满着浓郁的地域文化气息，对于生活在紧张和繁忙的城市中的人而言，乡村无疑是人们追求田园风光、体验农耕文化的理想目的地。

保持与传承乡土文化，不但有利于增强乡村自身特色与生态建设，还能够有效促进乡村旅游、观光、体验的可持续发展，为改善、优化乡村传统产业经济结构，进一步提升乡村经济收入水平提供了多种途径。

第二节　我国乡土文化的传承现状

一、乡土文化的发展现状

（一）乡土文化价值失去认同基础

传统的中国乡村社会是一个建立在家庭血缘关系基础上的"礼俗"社会，重视"法礼"和崇尚自然是传统中国乡村社会的文化价值取向。"顺乎自然，行乎自然"是传统中国乡村社会的价值观；"服从法礼，循例重俗"是传统中国乡村社会的人伦观。这种文化认同，既形成了指导和制约人们日常生活的行为准则和道德规范——乡规民约，又构建了乡村士绅的个人特质——乡村能人和乡村精英在文化、道德、技能上的权威，导致了乡村和城市的两种完全不同的文化价值观。

一是乡土文化价值重"道德"——"重德而不重法"，道德是约束人们行为规范、缓解家庭矛盾、调解邻里纠纷的首要准则，而城市则依靠法律和警察维持社会秩序。二是乡土文化价值重"情义"——"重义而不重利"，人们把人情放在第一位，而城市则把利益放在首位。三是乡土文化价值重"教化"——"重教而不重罚"，重视道德和情义的教化而非惩罚，而城市强调法律的威严和对违法行为的严惩。这三个重要的文化特质构成了乡土文化的核心，成为指导和约束人们行为的规范准则和人伦社会的价值体系。

当代工业化和城镇化运动的不断推进，打破了传统乡土社会的价值体系，数千年积淀下来的传统乡土文化价值被人为地割裂。重伦理、敦乡谊、尊老爱幼、守望相助的传统文化价值认同被视为守旧、落后的封建文化；自我、冷漠、甚至唯利是图成为当代人的生存准则。逐利主义、物欲主义、消费主义和享乐主义充斥着农民的精神世界，使农民沉溺于对物质和利益的追求。在城市化大规模推进过程中，乡土文化陷入被工业文明、城市文化和精英文化等强势文化形态所殖民和改造的境地；农民们已经无法在乡村社会找到家园感、归属感和依赖感，信仰和寄托无处可归；乡村社会也逐渐丧失了文化培育的独立性和再生性，丧失了自己的话语权和文化自信，这不仅使乡土文化失去了自身的存在价值，也失去了文化认同的基础。文化认同是人们之间或个人与群体之间关于本土文化的共同确认，其依据是人们在一定的区域内使用相同的文化符号、遵循共同的文化理念、秉承共有的思维模式和行为规范。千百年来，乡土文化就是基于普遍认同的力量维护着乡村社会的稳定和秩序。一旦失去文化认同，农民则会放弃对乡村文化的坚守，一味地追随城市文化，进而失去自身文化的个性与魅力。

（二）农村空心化现象加剧

村落是一个生命体，像所有的生命体一样，遵循着成长、壮大、鼎盛、衰落、消亡的自然规律。一些村落的消亡是由其自然发展规律导致，但城镇化运动的深入极大加速了村落的消亡速度。

改革开放以来，我国农村常住人口逐年减少，1996 年我国农村人口为 8.5 亿人，到 2016 年，我国农村人口为 5.9 亿。庞大的高峰期人口规模决定了当时农村占地面积巨大，随着农村人口减少，大量土地闲置下来，造成农村空心化现象愈演愈烈。除此之外，生态环境脆弱，生存条件恶劣，农产业衰退，农民收入增加困难，交通不便，教育资源不足，公共设施落后，单身男青年娶媳妇困难等，共同加剧了农村的空心化。

城市的就业环境、居住条件、教育水平、公共基础设施等文化优势吸引着农村年轻人向城镇聚集，年轻一代大多数选择弃农进城，村里只留下了老人、儿童、猫狗、牲畜。赶车、杀猪、卖豆腐、打铁、剃头、庙会、家族、宗祠……这些离我们并不久远的乡村画卷在短短数十年内成为记忆。村落已没有往日的炊烟袅袅、鸡犬相吠，取而代之的是冷落破败、萧条寂静，只有蔓延疯长的野草和枝藤盘错的古树似乎在向人们诉说曾经的熙熙攘攘，向人们宣告那些村落已化为历史符号。

（三）民间风俗习惯逐渐消失

中国是多民族国家，民间风俗异常丰富，一些民间风俗流传至今，到了今天仍然是人们社会生活内容的一部分。所谓民俗，亦称风俗，是指一个地区、一个民族、一个社会世代沿袭下来的风尚、礼仪、信仰、习惯、神话传说的共同体。民间风俗具有很强的继承性，一旦形成，往往延绵不绝，历久弥新，不同的风俗也会相互融合产生新的习惯，也有一些风俗湮没在历史长河中。

以河南为例，河南是中华民族的摇篮，自公元前 2070 年夏朝建立及秦以后两千余年的封建社会时期，先后所建的 30 个王朝就有 20 余个在河南建都，在这漫长历史环境中孕育、绵延的河南民俗文化，无论是经济的、社会的还是信仰的民俗，都是中国历史发展的缩影。然而，大量消失和衰落的文化令人扼腕叹息，如集市文化，集市是乡村或城镇定点开展贸易的活动场所，1982 年河南全省大小集市达 3 162 个。集市文化分为逢集、天天集、隔日集、节日集、时令集等十几种，民间集市交易的商品多以农副产品和土特产为主，产品丰富、种类齐全，村民借着集市贩卖自家产品、交流感情、沟通有无，形成共同的文化记忆。但是，大型连锁超市和电商的入驻，网购送货到家的服务，使人们再也不用到很远的集市去买东西。科技提供给人们生活便利的同时带走了过去村民交流互动的公共空间。庙会也是民间集贸形式之一，起初为祭祀神日的拜神活动，后来和农贸相结合，逐渐成为拜神、贸易、娱乐为一体的民间传统活动。中华人民共和国成立前，河南庙会约 3.5 万个，几乎庙庙寺寺都有会。著名的有"马街书会"、"九龙圣母庙会"、淮阳"太昊陵庙会"、浚县"正月古庙会"等逢会日，大型庙会的赶会者从方圆数百里甚至邻县、邻省赶来，可谓八方云集，人山人海。拜神的、观光娱乐的、玩杂耍的、拉洋片儿的、玩魔术的都赶来凑热闹，于是形成交易场所。庙会是承载着民俗文化、传统文化精神消费的场所。然而时下的庙会逐渐变了味，像打盘鼓、踩高跷、扭秧歌、划旱船这类雅俗共赏的庙会节目远离了人们的视线，在一些庙会上满眼都是粗俗的游艺活动和劣质食品，特别是假冒伪劣商品和书籍公开售卖，有的甚至出现了低俗下流的表演，与传统民俗格格不入。"迷信、庸俗"逐渐取代了"淳朴、喜庆"对乡村庙会的描绘方式。

二、乡土文化衰落的原因

（一）乡土文化发展与城市化进程脱节

中国正在经历从农耕文明到现代工业文明转型的阵痛期，农业文明结构下的原有一切文化都在迅速地瓦解和消失。乡土文化的发展与城市化进程的快速发展相脱节，出现了一系列不适应的问题。一是推土机带来的记忆的消失。在加快城镇一体化过程中，凋敝的村庄遭遇了推土机的轰鸣，人们记忆中的村庄、池塘、街道被夷成平地，加速了村庄的消亡。随之消失的还有与这个文化空间相伴的家族制度、礼仪文化、古老风俗、民间艺术、思想观念、价值标准，用马克思的话表述即是"把一切封建的、宗法的和田园诗般的关系都破坏了"。二是高速路与商业旅游。"要致富、先修路"这是在农村被奉为经典的金句。于是，大大小小的村庄修起了笔直的水泥路，和水泥路相配套的是二层贴白瓷砖楼房。村口古树和小桥池塘变成了各色欧式小洋楼；多数村庄拆除了历史悠久的建筑，建成了联排别墅和火柴盒样的办公大楼。蕴含着时代特色的乡村建筑随着新农村建设的误导观念走向灭绝，鸡犬相闻、阡陌纵横的田园风光已消失不见，取而代之的是千村一面的新农村建筑群。三是乡村的过度商业化。在乡村旅游概念如火如荼的今天，不少乡村主打旅游产业。乡村旅游商业化虽然在一定程度上提升了乡村知名度，促进了当地经济的发展，但是过度的商业化开发，影响了游客原真性感知，破坏了乡村文化氛围和宁静的生活氛围。千篇一律的商业模式，降低了吸引力和游客重游率，乡土文化在商业化氛围的遮盖下已消隐衰退。因此，乡土文化的发展未能跟上城市化发展的脚步，二者的发展出现了脱节。

（二）乡土文化共享空间衰退

乡土文化的形成与认同得益于乡村社会独有的公共空间——山林、田间地头、水坝、广场、寺庙、庭院、桥头、十字路口、村里的小卖部等，对农民来说往往具有超越其本身的意义与功能。农民在劳作之余凑在一起聊天，其内容涉及生产技术、庄稼收成以及村子里的人和事，各类信息在这里汇集、扩散，形成一个天然的信息汇集、发布和扩散的中心。这种在公共空间聚集交流的现象亦是传统乡村社会村民闲暇生活的一部分，也是乡土文化之所以能保留与传承的依据。美国学者詹姆斯·凯瑞把传播看作是创造、修改和转变一个共享文化的过程，他提出的"传播仪式观"强调的是在共同的场域内，受众经由集体参与共同体验情感的历时性模式。传统乡村文化，如祭祖、庙会、看戏、乡村电影院等集体活动正是詹姆斯·凯瑞的"传播仪式观"中所强调的"共享与参与的文化传播"。村民在这些集体仪式构成的"共同的场域里"潜移默化地受到这些价值文化的洗礼，形成集体记忆与价值认同，促使乡土文化在公共空间的共享行为中得以一代又一代地传播和延续。

然而，现代乡村社会的发展不仅是乡村面貌上的革新，城市文明带来的生活方式也解构着乡村生活方式。共享文化空间的活动和仪式在逐渐消失，亦是乡村共享的公共空间的衰退。究其原因，电视、互联网和手机媒体的引入改变了人们的生活习惯。农民通过电视节目和手机新闻，接受城市里流行的文化和价值观，但城市文化和乡土文化本身就有冲突之处，在带给农民娱乐的同时在潜移默化地输送消费主义和享乐主义思潮，使得农村的内生文化空间被逐渐压抑和遮蔽。当然，人们还是会聚集在一起，如在村中的小卖部门口赌博、打牌、搓麻将，俨然成为村民普遍的娱乐休闲方式。这与传统的以文化内涵为支持体系的乡村公共文化生活不可同日而语，与民间祭祀、宴客酒俗、佳节庆典、搭台看戏等活动相比，显得单调与乏味。空旷的戏台和热闹的麻将桌，2 000多万留守儿童无所适从的茫然眼神，一个民族正面临传统文化无可挽回的衰退，乡村文化形态变得越来越苍白和空虚。

（三）乡土文化传播主体缺失

随着社会主义新农村建设的不断推进，乡村内部结构也在发生变化，乡土文化传播主体缺失。第一，就业方式的变化带来家庭结构的变化。本应作为传统乡土文化传播主体的青壮年纷纷逃离乡村选择外出打工，在城市谋取职业发展。导致乡土文化的传承后继无人。第一代打工者还有可能回乡养老，但更年轻的打工者对乡村的感情非常淡薄，他们往往初中辍学后就外出打工，乡土文化或许还残留在他们的记忆中，而第二代打工者子女或许从出生就在城市，对乡土文化更趋远离和陌生，农村只是每年过年回去的一个住所。只经过两三代人的变迁，一个村庄的乡土文化就走向了凋零。第二，由于家庭结构的变化，每家每户的人员结构只剩下留守的老人、妇女和儿童。过去掌握精通村庄大小事务的权威人士也年岁已高，这就导致了传统的礼仪和风俗缺乏熟悉流程的权威人士来指导，集体活动难以组织起来的局面。第三，尽管政府经常组织文化下乡活动，政府搭台文化唱戏，但这些仪式都是农民自上而下的被动接受，无法在乡村内部内生，形成内在的凝聚力和认同感。乡村仪式活动作为承载传统乡土文化的平台，传播载体的消失和传播主体的双重缺失造成了文化传承的断裂，并消解了其所蕴含的文化内涵和象征意义。村庄的溃散使乡村人成为没有故乡的人，没有根、没有回忆、没有精神的指引和归宿。这意味着那些已经成为民族性格的独特个性与独特品质正在消失，因为他们失去了最基本的存在地。

第三节　美丽乡村建设中乡土文化传承的路径

一、挖掘传统文化习俗

我国优秀的传统文化中，包含着极富魅力的民俗文化，可以说，没有民俗文化，中国传统文化便成为无源之水。随着社会经济文化生活的多元化，起源于民俗的大量文化和艺术资源悄然消失，昔日散发着泥土芳香的艺术奇葩逐渐凋零，使我们传承和弘扬中华民族优秀的传统文化出现一个断层。

挖掘和整理民俗文化，深入研究其形成、更新和发展变化，弘扬其健康向上的内涵，是美丽乡村建设的一个要务。美丽乡村建设过程中一定要抓住机遇，自觉肩负起时代赋予的重大职责和神圣使命，以社会主义核心价值体系为引领，积极参与民俗文化的抢救工作，通过挖掘、搜集、整理、传承、开发民俗文化，搭建群众性文化交流大舞台，弘扬优秀传统民俗文化，为发展繁荣社会主义先进文化、丰富群众文化生活，围绕民间民俗文化主题，坚持"普查、宣传、保护、传承"八字方针，在挖掘上下功夫，在传承上做文章，在弘扬上出实招，大力推进民间民俗文化的繁荣与发展。

注重普查，保护抢救民俗文化。通过县、乡、村三级层层发动，抽调业务技术骨干，深入到各乡镇、各行政村和自然村，开展野外普查整理，加以详细登记备案。为研究和探索民俗文化提供更多的佐证和依据。在广泛深入普查的基础上，认真分析各项民俗文化资源的内在价值、涉危情况，有针对性地提出保护措施，运用文字、录音、录像、数字化多媒体等手段，进行真实全面的记录。

注重宣传，编制一批民俗文化资料。全面挖掘整理民俗文化精髓和民俗典故，丰富和发展一些品牌。申报一批非物质文化遗产。在集中开展"非遗"申报培训的基础上，根据推荐和排查，挖掘、整理出一批"非遗"预选项目，组织精干人员进行系统包装和整理，争取申报一批省级、市级"非遗"项目。

注重研究，从农耕文明、衣食住行、婚丧嫁娶、礼乐、社火等方面进行研究、探讨，这些民俗文化之所以长期存在，有其存在的合理性，是历史长期积淀的产物，要采取扬弃的态度，古为今用，移风易俗，推动社会前进。

注重传承，弘扬一批民间民俗文化。加强"人才"培养和"阵地"建设，做好民间艺术文化传承。在队伍建设上，一方面大力加强民间民俗艺人保护工作，访问、查找、挖掘民间艺人，让掌握特殊技艺的民间艺人享受生活保障，确保民俗文化艺术"香火"不灭；另一方面积极培养民俗文化传人，建立民俗文化培训基地，定期开设民俗文化辅导班，以文本教学和口传身授相结合的方式，培养不同文化层次的民俗文化爱好者。加强各类阵地建设，以文化站、文化活动中心、老年活动中心的群众文化活动阵地为载体，经常开展各种文化活动，确保各村的民俗"人才"有展示自我的舞台。着眼于促进民间民俗资源的传承与发展，展示民间民俗文化的精华与精品，组织专业人员，对民间民俗资源进行抢救性保护。

注重弘扬，积极扶持引导，开发利用民俗文化。通过搭建群众文化展示舞台，吸引更多的人参与其中；同时制定规范标准，出台扶持保护措施，划拨专项资金，确保民俗文化在传承的基础上发扬光大。

美丽乡村建设过程中，要以高度的文化自觉和文化自信，发掘文化村落中凝结着的耕读文化、民俗文化、宗族文化，让优秀的传统文化在与现代文明的交流交融中，不断继承创新、发扬光大。

二、发展特色文化产业

在农村建设过程中，有些地方"大拆大建"，农村的特色尤其是文化特色遭到破坏，加上文化设施建设滞后，出现乡村文化边缘化、断层化的现象。为了保护好当地的特色文化产业，美丽乡村建设过程中，需要通过特色文化带动工程的实施，使基层村居的文化传承得以延续、文化氛围得到提升。尤其是对于历史文化底蕴深厚的古村落，应着力保护它的历史文化底蕴，以特色文化带动村居的发展。

在充分发掘和保护古村落、古民居、古建筑、古树名木和民俗文化等历史文化遗迹遗存的基础上，优化美化村庄人居环境，把历史文化底蕴深厚的传统村落培育成传统文明和现代文明有机结合的特色文化村。特别要挖掘传统农耕文化、山水文化、人居文化中丰富的生态思想，把特色文化村打造成为弘扬农村生态文化的重要基地，并编制农村特色文化村落保护规划，制定保护政策。

农村文化产业的发展和壮大，是建设社会主义新农村的题中之意，是发展农村文化生产力的现实命题。新农村建设应抓住国家加速发展文化产业的战略机遇，积极推动农村文化走上产业化道路，把发展农村文化产业当作解决"三农"问题的一个突破口来抓。只要破题了，农村文化产业化将会改变传统第一产业的经营观念和产业格局，扩展农民职业内涵，农民不仅可以耕田种地，而且可以从事文化旅游、文化服务、民间工艺加工、民俗风情演展等第三产业，这不仅可以丰富农村文化生活，提高农民素质，而且会推动社会主义新农村及和谐社会的全面发展。农村文化产业要立足市场、走进消费，面临着多样化的路径选择。

一是可以通过特色农村文化旅游来推出文化产品，吸引城市和各类游客前来感受独有的淳朴的农村生活风味。

二是可以通过体验农村生产经济，来多样化展现农村文化的参与互动魅力，将农村生产、生活、民俗、农舍、休闲、养生、田野等系统链接，打造农村文化产业链条。

三是开发农村土特名优工艺品，组织农民进行特色文化产品加工生产和经营。

四是组织农村歌舞、农村竞技、农村风情、农村婚俗、农村观光、农村耕织、农村喂养等表演和竞赛活动，提供具有浓郁乡土气息的文化服务。

五是开展农村休闲娱乐、地方风味餐饮、感受农村生活等活动，为旅游者提供居家式服务和自助式生活服务。

六是开展农村文化历史文化展览，生动系统地反映农耕文化、游牧文化、渔猎文化的特色和历史，开辟针对中小学生的农村文化教育基地等。

这些经营方式仅是农村文化产业的基本模式，在实践过程中应鼓励和支持农村文化产业运营创新。

三、开展多彩文体活动

随着美丽乡村建设工作的推进，农村生活条件日益改善，群众对精神文化生活的追求日渐强烈，广大农民日益增长的文化体育需求与文化体育场地、设施短缺的矛盾也日益凸显出来。文体活动开展得好的地方，人们的精神面貌、社会风气有较大改观，农民的健康水平、文化素质有较大提高。文体活动的重要性为人们所认识，促使移风易俗、文明风尚在农村蔚然成风。改变农村文体生活匮乏的局面，必须突出农民群众的主体地位，扩大文体活动的村民参与面，必须努力做好以下几个方面的工作。

（一）积极完善整体规划

按照以乡镇文化中心为龙头、以村俱乐部为主线、以文化中心户为基石的农村文体建设思路，突出重点，兼顾全面，加强阵地建设的整体规划。重点抓好乡镇文化站的建设，因势利导，建设适合农民文化生活需求的文化阵地。抓好村文化中心户培育，打造一支属于农民自己的文体骨干队伍。在实施规划的过程中，要按照农民的需求，围绕中心村建设，加强公共文体服务体系建设，在改变农村自然村落多、居住分散现象的同时，建设好图书室、农民公园等文体活动场所。

（二）广泛开辟筹资渠道

建议形成政府投入一点、乡镇补充一点和农村自筹一点的筹资渠道，逐年增加对文体阵地建设的整体投入。研究出台相关政策，形成农村文体阵地建设专项资金，规定投入比例，确保足额到位。完善公益文体社会办的机制，积极引导社会力量捐助农村文体事业。建立部门、企业帮助支持农村文体的制度，并将其纳入公益性捐赠范围。同时，尽量让部门、企业能够取得一些社会效益，增加他们对农村文体阵地建设投资的积极性。

（三）不断丰富阵地类型

农村地域广、人口多，农民的生产生活、村风民俗各不相同，这就要求建设不同类型的文化阵地，满足各地农民的要求。可以按照农业生产特点来建立流动型的阵地，选农民需要的科技人员到农民需要的地方讲农民需要的知识。针对农村富余劳动力，借助职业技术培训机构与企业承包的优势，建立固定的阵地，来开展针对此类农民的文体活动和教育。

（四）大力培养文体人才

通过保护一批、巩固一批、培养一批、挖掘一批的方式，逐步壮大农村文体人才队伍。要保护好现有的文体人才，特别是带有地方特色、民俗特色的文体人才。在稳定现有文体队伍的同时，抓好典型示范和带动。此外，乡镇文化站要积极挖掘农民的潜力，发现和培育热心开展文体活动、热衷于文体技艺学习与实践的农民，并为他们提供培训、提高、展示、交流的机会，保持一支有实力的村文体兼职队伍。

四、加强地域文化宣传

地域文化的发展是地域经济社会发展不可忽视的重要组成部分，中华大地上各具特色的地域文化已经成为地域经济社会全面发展不可或缺的重要推动力量。地域文化一方面为地域经济发展提供精神动力、智力支持和文化氛围；另一方面通过与地域经济社会的相互融合，产生巨大的经济效益和社会效益，直接推动社会生产力发展。伴随着知识经济的兴起和经济社会一体化进程的不断加快，地域文化已经成为增强地域经济竞争能力和推动社会快速发展的重要力量。做好地域文化宣传工作，要加大投入、改善环境。

（一）加大对文化的财政投入力度，改善现有的配套设施

加快县、乡、村文化基础设施建设，可以从以下几个方面考虑：一是实现农家书屋（职工书屋、休闲书屋、校园书屋、美丽家庭书屋）全覆盖；二是加大图书分馆建设力度。

（二）建设农村文化阵地，有效利用现有文化资源

一是建设集群众业余文艺演出、体育活动、电影放映、广播电视"村村通""户户通"等综合功能于一体的农村文化阵地，有效利用现有文化资源。二是突出文化精品观光带建设。以建设美丽乡村精品观光带为主线，把农家书屋、乡村剧院、乡村舞台、地域文化展示馆纳入观光带建设，进一步丰富美丽乡村精品带的文化气息。

（三）强化宣传人才的培养选拔，加大对民族文化的开发和保护

强化对民族地区宣传人才的培养选拔，重点关注民族宣传干部和有志于民族文化繁荣的社会各界人士，着力加大对民族文化的开发和保护，增强民族文化的认同感和自豪感。

（四）利用现代传媒，加大地域文化的宣传力度

信息技术是 21 世纪的先进生产力，以互联网、卫星电视、有线电视为代表的现代传媒改变了公众获得信息的途径，并且现代传媒具有宣传目标的多元化、传播过程的双向性和互动性、传媒资源的丰富化、传播受众的广泛性、信息传播的全球化等特点，故可借其加大地域文化的宣传力度。

第七章　美丽乡村建设的评价与保障机制

第一节　美丽乡村建设情况评价

一、科学评价方法的运用

（一）参与式评价

参与式农村评价（PRA）包括项目建设过程中的制定发展规划、项目具体实施检测及评价等各个环节。PRA 的工作者应该在项目规划和项目建设的阶段进行目标群体分析，利用社区图、资源图、因果关系图、矩阵评分、深入访谈、村民大会等 PRA 工具收集数据，了解目标群体的需要和现有能力，开展项目培训，为村民的参与创造一种良好的机制。在 PRA 过程中，"参与角色"一般有三种：① 政府部门（含职能部门、官员和职员），其角色是协助者，是助手；② 外来专家、科技人员，主要是参与调查、规划、监测评价，以协助者的身份参与项目；③ 村民，是项目的参与主体，应积极主动自始至终地参与并在其中受益。

（二）李克特量表

农民对美丽乡村建设的态度和积极性是反映美丽乡村建设情况的重要指标。因此，部分指标的评价值是半定量化的。针对这些因子设计调查表，对指标的评分采用李克特量表法（5 级量表，赋值为：很差 = 1、较差 = 2、一般 = 3、好 = 4、很好 = 5）。李克特量表由一套态度对象构成，每一个对象都有同等五种态度数值，受访者根据自己的态度意见进行打分，可以得出调查者对评价对象的总体态度，也可以得出调查者对某一子系统的态度及对每个单项的态度。

二、完善指标体系的构建

依据农业农村部美丽乡村创建目标体系试行办法，美丽乡村建设的目标如下：按照生产、生活、生态和谐发展的要求，坚持"科学规划、目标引导、试点先行、注重实效"的原则，以政策、人才、科技、组织为支撑，以发展农业生产、改善人居环境、传承生态文化、培育文明新风为途径，构建与资源环境相协调的农村生产生活方式，打造"生态宜居、生产高效、生活美好、人文和谐"的示范典型，形成各具特色的"美丽乡村"发展模式，进一步丰富和提升新农村建设内涵，全面推进现代农业发展、生态文明建设和农村社会管理。

美丽乡村建设的指标体系在构建过程中应该结合美丽乡村创建目标体系的试行办法，围绕目标，评价成败。

（一）指标筛选原则

美丽乡村建设是一个兼具政治、经济、文化、科教、卫生、社会保障、生态环境、人民生活等各个方面的系统性工作，因此对其进行评价并不是一个或几个指标所能反映和涵盖的，需要建立一套全面、科学的指标体系。借鉴已有的美丽乡村评价指标，美丽乡村建设的评价指标应该遵循以下原则。

1.系统性原则

首先，美丽乡村是一个综合性的概念，系统的各个方面相互联系构成一个有机整体，因此在构建美丽乡村评价体系时需要把美丽乡村作为一个系统来分析。评价指标体系应该是一个综合的、多层次、全方位的指标体系，既涉及表征美丽乡村建设各个方面的指标，又要考虑到实现这些指标的基本措施。因而在建立指标体系的过程中，应重点抓住全面建设社会主义新农村的内涵，将经济发展状况与社会发展状况综合考虑。

其次，各指标之间既存在一定的内在联系，又有一定的区别。把这些反映美丽乡村建设水平的不同指标进行分类，形成多个子系统，再把这些子系统结合在一起，便构成了美丽乡村建设的整体系统。

2.层次性原则

这是系统性原则的延续，保证一级指标和次级指标不会出现在同一级系统中。美丽乡村的评价系统可分为三层：第一层是总目标层，即美丽乡村建设水平；第二层是子系统层，包括生产、生活、文明、村容、管理五个要素；第三层是子系统要素层下的具体指标层。

3.可行性原则

理论是为实践提供指导作用的，理论只有简单明了、易于理解、便于操作，才会有应用价值，晦涩繁杂的理论只能是空中楼阁，好看不好用。因此指标体系的设计，要考虑到指标的可选取性，资料可取得、易搜集。同时，指标体系的综合评价要考虑成本效益原则，尽可能简便易行，这样在实际工作中才具有可操作性。此外，评价指标体系要宽泛而具体，但不必面面俱到，要保证数据（指标值）收集加工处理的有效性与代表性。

4. 可比性原则

我国幅员辽阔，经济发展区域差异很大。不同地区的农村生产力发展水平和社会进步状况也不同。这就要求我们在设计评价体系的时候要考虑这种区别。只有考虑到差异，构建的评价体系才具有可操作性和适应性，而制定的建议和对策也才能有针对性。

由于美丽乡村建设指标体系不仅要对某一区域范围内空间地域进行横向比较，还要对区域进行时间序列的纵向比较，所以要求所构建的指标体系应具有可比性，如此才便于美丽乡村指标评价体系的可适用度。

5. 动态性原则

美丽乡村作为我国现代化建设进程中的一种农村社会状态，不是孤立存在和静止不动的，这就决定了对美丽乡村的评价只有使用动态指标描述才能对其发展做出长期的动态评价。这就需要指标体系具有动态性，能综合反映社会现状和发展趋势。因此，在确立各项评价指标时，既要能综合地反映出比原有水平的明显进步与全面发展，又要保证与全面小康社会及现代化目标的衔接性和连贯性，用发展的眼光看待问题，使之成为一个动态评价系统，从而更好地引导群众积极投身于美丽乡村建设中。

6. 导向性原则

对美丽乡村进行评价的目的，不只在于评价目前各地美丽乡村建设"达标"程度的高低与否，更主要的还在于"引导、帮助被评价对象实现其战略目标以及检验其战略目标实现的程度"。

导向性原则还要求在指标体系中突出重点。建设美丽乡村，作为一个社会历史范畴，是以一定的社会物质条件为基础的，是社会生产力发展的必然结果。在选取评价指标及权数确定时，必须把统筹城乡经济发展、发展农村生产力、增加农民收入作为重点，以尽量体现生产力标准和科学发展观要求。

（二）指标体系构建

建设评价指标应主要以"美丽乡村创建目标体系"为主要框架，以美丽乡村建设规划主要任务或标准为主，阶段性评价各个任务或指标的完成情况，作为建设情况评价的主要核心部分。

　　新农村建设的效益评价是美丽乡村建设评价中的重要借鉴。参考新农村建设项目的后效性评价方法和程序，完成美丽乡村建设的建设力评价。

　　美丽乡村建设涵盖了农村政治、经济、文化、社会等诸多方面的系统，因此其建设评价的指标体系也应是一个多层次、多因素的体系。体系结构是以新农村建设的科学内涵为基础，按照系统科学而确定的。指标体系是由一组相互关联、具有层次结构的子系统组成，子系统的确定决定了指标体系的结构框架。根据对美丽乡村建设内涵、目标、任务的理解，在借鉴其他一些相关文献和已开展的美丽乡村评价工作的基础上，构建了四个层次的指标体系。

　　第一层次：美丽乡村建设成败评价（总目标）。

　　第二层次：产业发展、生活舒适、民生和谐、文化传承、支撑保障。

　　第三层次：① 产业形态、生产方式、资源利用、经营服务；② 经济宽裕、生活环境、居住条件、综合服务；③ 权益维护、安全保障、基础教育、医疗养老；④ 乡风民俗、农耕文化、文体活动、乡村休闲；⑤ 规划编制、组织建设、科技支撑、职业培训。

　　第四层次：各子系统下设立的具体指标。

　　1.产业发展

　　①产业形态。美丽乡村建设的最终目标应达到主导产业明晰、产业集中度高、每个乡村有一到两个主导产业的目标；当地农民（不含外出务工人员）从主导产业中获得的收入占总收入的80%以上；形成从生产、储运、加工到流通的产业链条并逐步拓展延伸；产业发展和农民收入增速在本县域处于领先水平；注重培育和推广"三品一标"，无农产品质量安全事故。

　　②生产方式。按照"增产增效并重、良种良法配套、农机农艺结合、生产生态协调"的要求，实现农业基础设施配套完善，标准化生产技术普及率达到90%；适宜机械化操作地区（或产业）的机械化综合作业率达到90%以上。

　　③资源利用。资源利用集约高效，农业废弃物循环利用，土地产出率、农业水资源利用率、农业化肥利用率和农膜回收率高于本县域平均水平；秸秆综合利用率达到95%以上，农业投入品包装回收率达到95%以上，人畜粪便处理利用率达到95%以上，病死畜禽无害化处理率达到100%。

　　④经营服务。新型农业经营主体逐步成为生产经营活动的骨干力量；新型农业社会化服务体系比较健全，农民合作社、专业服务公司、专业技术协会、农民经纪人、

涉农企业等经营性服务组织作用明显；农业生产经营活动所需的政策、农资、科技、金融、市场信息等服务到位。

2. 生活舒适

①经济宽裕。集体经济条件良好，一村一品或一镇一业发展良好，农民收入水平在本县域内高于平均水平，改善生产、生活的愿望强烈且具备一定的投入能力。

②生活环境。农村公共基础设施完善、布局合理、功能配套，乡村景观设计科学，村容村貌整洁有序，河塘沟渠得到综合治理；生产生活实现分区，道路全部硬化；人畜饮水设施完善、安全达标；生活垃圾、污水处理利用设施完善，处理利用率达到95%以上。

③居住条件。住宅美观舒适，大力推广应用农村节能建筑；清洁能源普及，农村沼气、太阳能、小风电、微水电等可再生能源在适宜地区得到普遍推广应用；省柴节煤炉灶炕等生活节能产品广泛使用；环境卫生设施配套，改厨、改厕全面完成。

④综合服务。交通出行便利快捷，商业服务能满足日常生活需要，用水、用电、用气和通信等生活服务设施齐全，维护到位，村民满意度高。

3. 民生和谐

①权益维护。创新集体经济有效发展形式，增强集体经济组织实力和服务能力，保障农民土地承包经营权、宅基地使用权和集体经济收益分配权等财产性权利。

②安全保障。遵纪守法蔚然成风，社会治安良好有序；无刑事犯罪和群体性事件，无生产和火灾安全隐患，防灾减灾措施到位，居民安全感强。

③基础教育。教育设施齐全，义务教育普及，适龄儿童入学率100%，学前教育能满足需求。

④医疗养老。新型农村合作医疗普及，农村卫生医疗设施健全，基本卫生服务到位；养老保险全覆盖，老弱病残贫等得到妥善救济和安置，农民无后顾之忧。

4. 文化传承

①乡风民俗。民风朴实、文明和谐，崇尚科学、反对迷信，明理诚信、尊老爱幼，勤劳节俭、奉献社会。

②农耕文化。传统建筑、民族服饰、农民艺术、民间传说、农谚民谣、生产生活习俗、农业文化遗产得到有效保护和传承。

③文体活动。文化体育活动经常性开展，有计划、有投入、有组织、有实施，群众参与度高、幸福感强。

④乡村休闲。自然景观和人文景点等旅游资源得到保护性挖掘，民间传统手工

艺得到发扬光大，特色饮食得到传承和发展，农家乐等乡村旅游和休闲娱乐得到健康发展。

5.支撑保障

①规划编制。试点乡村要按照美丽乡村创建工作总体要求，在当地政府指导下，根据自身特点和实际需要，编制详细、明确、可行的建设规划，在产业发展、村庄整治、农民素质、文化建设等方面明确相应的目标和措施。

②组织建设。基层组织健全、班子团结、领导有力，基层党组织的战斗堡垒作用和党员先锋模范作用充分发挥；土地承包管理、集体资产管理、农民负担管理、公益事业建设和村务公开、民主选举等制度得到有效落实。

③科技支撑。农业生产、农村生活的新技术、新成果得到广泛应用，公益性农技推广服务到位，村里有农民技术员和科技示范户，农民学科技、用科技的热情高。

④职业培训。新型农民培训全覆盖，培育一批种养大户、家庭农场、农民专业合作社、农业产业化龙头企业等新型农业生产经营主体，农民科学文化素养得到提升。

三、实际完成情况衡量

（一）标准值确定

确定美丽乡村建设评价指标体系的标准值，主要参考的是农业部颁布的"美丽乡村"创建目标体系中涉及的各个分类目标中可定量化及可定性化评价项目，如表 7-1 所示。将创建目标作为标准值来衡量和评价美丽乡村建设成效具有一定的科学依据。

表 7-1　美丽乡村建设考核指标

类　别	编　号	指标内容	单　位	权　重	初始阶段	中期阶段	基本实现阶段
产业发展	22	1　主导产业数量	—	4	1	2	3
		2　当地农民从主导产业中获得的收入占比	%	3	40	60	80
		3　农户对农产品质量安全的满意度	分	4	3	4	5
		4　标准化生产技术普及率	%	3	60	80	90
		5　土地流转比例	%	2	20	35	50
		6　秸秆综合利用率	%	3	60	80	95
		7　人畜粪便处理利用率	%	3	60	80	95

续　表

类　别	编　号	指标内容	单　位	权　重	初始阶段	中期阶段	基本实现阶段
生活舒适　30	8	居民人均纯收入/全县平均水平	%	4	60	85	100
	9	当地农民改善生产、生活的愿望	分	4	3	4	5
	10	农户卫生厕所比例	%	3	20	40	≥70
	11	沼气池数量占村民户数比重	%	3	15	30	≥50
	12	垃圾处理率	%	4	40	70	≥95
	13	农村自来水普及率	%	3	40	70	≥95
	14	生产生活污水处理	%	3	40	70	≥95
	15	村庄道路硬化、亮化	%	2	40	70	≥95
	16	村民对综合服务的满意度	分	4	3	4	5
民生和谐　18	17	适龄儿童入学率	%	3	60	80	100
	18	义务教育普及率	%	4	5	8	10
	19	新型合作医疗覆盖率	%	4	60	80	≥90
	20	养老保险覆盖率	%	3	60	80	100
	21	居民安全感	分	4	3	4	5
文化传承　14	22	文化设施种类	个	3	1	2	4
	23	互联网入户率	%	3	1	5	10
	24	农民文化娱乐消费支出比	%	4	13	14	15
	25	当地传统文化是否得到较好保护	分	4	3	4	5
支撑保障　16	26	村级发展规划	%	3	100	100	100
	27	新型农民培训覆盖率	%	3	60	80	100
	28	一事一议制度村民参与率	%	3	70	80	≥90
	29	村干部大学生率	%	3	10	40	≥80
	30	农民对村务政务公开的满意度	分	4	3	4	5
总计　100							

此外，该目标体系标准值的确定还参考了目前已有的新农村建设效益评价，且结合新农村建设评价，将美丽乡村建设评价的指标体系分为三个阶段，在时间上与国家建设农村全面小康社会时间一致。需注意的一点是，我国农村全面小康社会评价指标体系制定于 2003 年，考虑到我国经济社会发展水平及新农村建设的新变化，这个依据 2020 年达到全面小康水平而制定的农村全面小康社会的衡量标准，只能是美丽乡村建设指标标准值的参考，在美丽乡村建设具体评价指标体系中，有些指标的标准值要高于农村全面小康水平。

（二）确定指标权重

采用层次分析法来确定各指标的权重。权重的确定对整个评价指标体系起至关重要的作用。首先通过对新农村建设政策的理解，明确美丽乡村建设的侧重点，依此确定评价指标体系中各指标的权重。然后再根据实践探索，通过层次分析、征求意见，最终确定整个指标体系权重。

（三）指标值处理

对指标数据进行无量纲处理时，本书采用"指数变换法"，即将一系列观测指标值与相应的目标值进行对比。其计算公式如下：

$$X_i = \begin{cases} X_i = O_i / E_i, O_i < E_i \\ 1, O_i > E_i \end{cases}$$

其中，X_i 表示指标实现程度，O_i 表示指标观测数据，E_i 表示指标目标值。这样做的好处是既进行了无量纲化处理，又不会使个别观测指标值的超常影响到综合值的计算。利用确定的各个指标的权重及无量纲化后的数值计算美丽乡村建设的程度，其计算步骤如下。

第一步：计算各指标的分值，某项指标分值 = 实际数 / 标准值。

第二步：计算各指标得分，各指标得分 = 各指标分值 × 权重系数。

第三步：得出美丽乡村建设程度，美丽乡村指标建设程度 = 各指标得分之和。

（四）整体实现程度

采用加权求和的方法建立美丽乡村建设考核评价模型，对美丽乡村建设的实现程度进行综合评价。其考评模型如下：

$$Y = \sum_{i=1}^{n} X_i P_i$$

其中，Y 为美丽乡村建设评价指数，也即美丽乡村建设实现程度的综合得分。P_i 为第 i 项指标的权重，X_i 为第 i 项指标的标准化（无量纲化）数值，n 为指标总个数。

四、综合评价结果讨论

(一)评价结果讨论

一般研究中认为，美丽乡村建设综合评价得分在 80 分以上者属于发展很好的农村，在 70 ~ 80 分之间属于发展比较好的农村，在 60 ~ 70 分之间的属于发展一般的农村，在 60 分以下的农村发展有待提高。

(二)确定未来建设方向

根据结果，就乡村建设所处的阶段，有针对性地进行下一步的工作重点规划和设计。针对比值小于 1 的项目，即没有达到标准值的指标，应确定为今后美丽乡村建设的重点。

第二节　美丽乡村综合效益分析

一、经济效益分析

(一)乡村旅游

乡村发展旅游，可以把保护生态和发展经济有机结合起来，突出农民创业和农民增收，依靠利用本地的资源优势打造乡村旅游产业，拓展农业的发展功能，使整个农业产业附加值得到最大限度的提升，创新农业产业创新模式，很有推广价值。基于其所具有的独特优势和影响力、吸引力，通过美丽乡村建设，会吸引越来越多休闲度假、旅游观光的客人，大大提高综合收入。

乡村旅游的发展对提高社区居民收入、增加就业、调整农村经济结构、改造乡村环境、提高社区居民的相关意识等有积极的引导作用。乡村旅游的发展有助于减少乡村人口的流失，通过提供大量就业机会，就地吸纳大量闲置劳动力；有助于乡村旅游经济的多元化发展，改变农业生产的单一局面，增强乡村农业经济的纵向、横向延拓，加强农产品的深加工与传统手工艺品商品化，促进旅游产品供应链的本地化，提高乡村旅游发展的乘数效应，改善乡村旅游经济结构；有助于乡村基础设施的优先建设，增强生态环境与旅游资源的保护力度与意识，改善乡村社区的景观环境与居民生活环境；有助于社区居民全面参与社区经济、社会的发展，促进城乡精神文明的交流与更替，进一步促进乡村基层组织的民主化，提升乡村居民的参政意识与民主意识。

（二）产业发展

福建省永春县茶叶产业的发展是美丽乡村建设的一大成效。永春县先后出台一系列政策措施，打响传统产业转型升级战，大力发展乡村旅游业、生态农业、有机农业等支柱产业，引进资金技术对传统农业产业企业进行设备更新和技术加工。通过引进专业人才与先进设备，引进市场理念，改进提升现有的茶园管理和茶叶生产加工技术，积极引导茶叶生产向优势产品和名优品牌集中，突破茶叶精深加工的难题，增加茶叶附加值，提升永春茶叶在国内外市场的竞争力，促进茶叶产业向规模化、专业化、生态化发展。在张钟福针对永春县美丽乡村建设的相关研究中指出，2012年，在永春佛手茶专业村苏坑镇嵩山村，村里投资200多万元建设58.7公顷现代生态茶园，投入600多万元建设茶叶加工集中区，大力提升茶产业。2012年春季毛茶价格同2011年相比每斤增加了50元。永春玉斗镇云台村2010年农民收入仅为3350元，2011年以来该村大力推进美丽乡村建设，改造旧茶园，试种0.7公顷葡萄、6.7公顷雷竹，整合龙船工业区，引进香厂，开发毛竹等支柱产业，村民收入大幅提高，仅这几项，全村农民就增收近300万元。

产业发展型美丽乡村模式主要在东部沿海等经济相对发达地区，其特点是产业优势和特色明显，农民专业合作社、龙头企业发展基础好，产业化水平高，初步形成"一村一品""一乡一业"，实现了农业生产聚集、农业规模经营，农业产业链条不断延伸，产业带动效果明显。

二、生态效益评价

美丽乡村建设中相关生态工程项目可极大地提高乡村生态环境质量，提高生态保护的意识，实现美丽乡村资源开发与生态环境保护有机结合的目标，优化农村生态环境。

人类已经清醒地认识到，生态环境问题给社会、经济、政治的发展带来严重影响。良好的生态环境减少了自然灾害发生的可能性，提高了抵御自然灾害的能力。生态环境问题会加快自然灾害的发生频率，降低自然抵御灾害的能力，扩大自然灾害所造成的经济损失。良好的环境不仅为人类提供了各种丰富的资源，而且也为人类提供了舒适的生存空间。一个良好的环境对人类生活的影响是多方面的：首先，良好的环境不会有这样或那样的污染因子，有益于人的身体健康；其次，一个良好的环境会使人感到舒适、轻松，不会感到压抑和沉闷。优美的环境也是吸引外来投资的一个重要因素。良好的投资环境应包括良好的环境质量，良好的环境质量是内引外联、吸引投资、发展经济的一个重要筹码，应给予高度重视。

依据新农村建设中的生态环境评价指标体系来构建美丽乡村生态环境定量化评价指标体系，具体如表7-2所示。

表7-2　美丽乡村建设生态环境评价指标评分表

指　标	权重得分	评分标准	评分范围	专家评分
森林生态环境	30	森林覆盖率50%以上	26～30	
		森林覆盖率40%～50%以上	16～25	
		森林覆盖率40%以下	1～15	
农业大气环境	15	四项指标合格	11～15	
		三项指标合格	6～10	
		二项以下指标合格	1～5	
农业水环境	15	六至七项指标合格	11～15	
		三至五项指标合格	6～10	
		三项以下指标合格	1～5	
农业土壤环境	15	六至八项指标合格	11～15	
		三至五项指标合格	6～10	
		三项以下指标合格	1～5	
水土保持环境	25	治理保护率50%以上	16～25	
		治理保护率30%～50%	8～15	
		治理保护率30%以下	1～7	
总计得分				

①森林生态环境：按国家规定的测算方法，测算森林覆盖率（%）进行质量评价。

②农业大气环境：按国家规定的检测方法，检测大气中的 SO_2, NO_x, TSP 和 F 含量，根据国家标准进行评价。

③农业水环境：按国家规定的检测方法，检测农用灌溉水的总氮、总磷、有机物、重金属、悬浮物、pH值、Hg 等指标，根据国家标准进行评价。

④农业土壤环境：按国家规定的检测方法，检测土壤中的 Pb, Hg, As, Cr, Cd, Cu, Zn, Ni 等重金属元素含量，根据国家标准进行评价。

⑤水土保持环境：测算水土保护治理面积占水土流失面积的百分率（%）。

评分总和的平均分为 85 ~ 100 分为优秀，75 ~ 84 分为良好，60 ~ 74 分为合格，59 分以下为不合格。

三、社会效益评价

该项目建设符合现代化新农村建设的要求，切合乡村经济发展实际，对推动乡村整体发展具有深远意义。社会效益评价包括生态意识、教育、医疗、服务业等方面。综合来看，通过美丽乡村项目实施，可提升农民素质；有效整合项目区内的生态旅游资源，促进当地农户开办农家乐及民居旅馆，促进当地农民扩大就业，增加农民收入。项目建成后，可有效改善当地的交通、水电等基础设施，加快美丽乡村建设步伐，还可保障乡村文化的传承和发展，进一步提高乡村知名度。

（一）提升农民素质

横山坞村通过美丽乡村建设，农民素质有了较大提高。近几年来，村民自觉地改变了"乱倒垃圾、乱排污水"的生活陋习，"垃圾入箱，污水清洁排放"已成为村民的自觉行动，维护村庄环境卫生、搞好家庭清洁卫生、植树栽花已成为村民时尚，尊老爱幼、团结互助、爱护公物、保护生态等社会公德得到弘扬，村民的环境意识、卫生意识、文明意识大大增强。

（二）拓宽就业渠道

以沼气项目为例，石方军等人就农村沼气使用的生态效益进行了相关分析，结果显示，使用沼气后妇女在常做的家务活，如做饭、烧水等方面每天节约的劳动时间约60 分钟，且比以前方便轻松。同时，由于沼气的使用环保卫生，改善了妇女做饭的条件。总体上来说，89.1% 的被调查者认为使用沼气后有更多的空闲时间，平均每年每户节省的劳动时间约为 21 天，如表 7-3 所示。

表 7-3　沼气项目农户与非项目农户获取的信息种类比较 [1]

信息种类	沼气项目农户		非沼气项目农户	
	人　数（个）	百分比（%）	人　数（个）	百分比（%）
销售渠道	24	21.82	10	21.74
市场价格	38	34.55	10	21.74

---

[1]　石方军、薛君、王利娟：《河南省农村生态沼气项目经济与社会效益评价》，《中国沼气》2008 年第 5 期。

信息种类	沼气项目农户		非沼气项目农户	
	人　数（个）	百分比（%）	人　数（个）	百分比（%）
技术知识	67	60.91	15	32.61
外出务工	9	8.18	1	2.17
贷款申请	45	40.91	4	8.7
其　他	3	2.73	6	13.04

石方军等人的研究结果显示，沼气项目的集中培训使得农户之间交流见面的机会大大增加。68.2% 的农户认为使用沼气后与外界的接触增多，借助培训相互之间有了更多的时间聊天。此外，沼气的使用也成为村民茶余饭后聊天的重要话题，甚至有的农户之间还会互相拜访参观沼气的安装、使用等，极大地增加了来往和交流的次数。沼气项目农户与村技术员和本村其他农户交流最多，其次就是村干部和县项目办人员。交流的增加也使沼气项目农户获得的信息种类增多了，在信息获取的渠道上也发生了很大的变化。在与没有使用沼气的农户相比，使用沼气的农户在社会交往中获得的信息更多，尤其是技术知识信息和贷款申请的信息。沼气使用农户获得信息的主要渠道首先是村民的交流和培训，其次是县项目办发放的材料，而非沼气使用农户主要是靠村民之间的交流和电视广播。

（三）传承乡村文化

美丽乡村建设可使乡村文化传承不断加强。福建省永春县在美丽乡村建设当中，特别注重乡村文化的保护和传承，很多永春古村落、古建筑等物质文化遗产得到了保护和传承。例如，永春县丰山村整修后保存完好的祖厝有 30 多座，名人有清代二品御史大夫陈连登、马来西亚拿督陈振南、新加坡自来水系统的奠基人陈金声等。该村还分别设有独特的华侨会馆、农耕文化展示馆、华侨文化展示馆和中草药文化展示馆。农耕文化展示馆里，展示着完整的锄头、犁、蓑衣等传统农耕器械；华侨文化展示馆里展示着 20 世纪五六十年代华侨寄回的留声机、包裹、信、船票等，还包括记载该村第一代出洋的古书、华侨在外的族谱等；中草药文化展示馆展示了村里现有四位比较出名的祖传治疗疑难杂症的医师留下来的秘方。除此之外，永春县乡村文化各具特色，着力打造东关镇南美村回族文化村、仙夹镇龙水村漆篮文化村、五里街镇大羽村白鹤拳文化村、岵山镇茂霞村古村落文化村、苏坑镇嵩山村茶文化村、东平镇太山村古龙灯文化村。

第三节 美丽乡村发展潜力评估

一、自我维持能力分析

同新农村建设一样，美丽乡村建设的推进往往要面临各种约束和问题，如产业结构调整、土地资源约束、村级财政约束等，这些问题直接影响美丽乡村建设的长期绩效。外来"输血式"的扶持模式不能从根本上解决新农村建设缺乏"内功"的缺陷，美丽乡村的建设需要依靠其自我发展能力的不断提升。

（一）自我发展能力

农村自我发展能力的概念中包含了农村发展的四个主体：农民和企业是经济实体，是农村自我发展能力提升的动力；基层政府和农业合作组织服务于经济实体，基层政府为经济实体提供基础设施建设、金融、农村民主、村容治理、乡风建设等支持，农业合作组织为其引导供需、整合资源、提供信息等，企业和农户向服务单位缴纳费用和反馈信息。四种主体相互依存，通过组织协调和组织生产提升农村自我发展能力。

农村自我发展能力反映基层农村在没有外部扶持投入的情况下，自我建设与自我发展的能力，我们将其分为两种能力：经济能力和组织能力。

（二）经济能力

经济能力是指农民、农业产业获得利润的能力，这其中包括利润的创造能力和参与利润分配中获得利润的能力。农产品缺乏弹性、农村基础设施落后、农业产业交易成本高等原因使农业产业具有先天的弱质性。在市场条件下，农业产业、农民难以获得社会平均利润，这阻碍了农村的发展和农村建设。当然，利益的分配同样重要，因为不仅是分配本身，而且已有大量证据表明：公平的收入和财产的分配对发展和贫困的减少是有益的。

经济能力具体包括：农村的经济发展水平、财政收入、农民收入水平等方面的内容。从产业的角度来分，包括乡镇企业经济能力、农业产业经济能力和农村服务业经济能力，三种产业经济能力决定了农村的经济能力，当然公平的利润分配形式也是经济能力的一种体现。农村的经济能力决定了农村所能获得的最大资源数量，在很大程度上是一种农村发展的潜力。这种能力通过把握市场需求、组织生产、优化配置资源等方式来得以提升。经济能力提升的目标在于产出增加、农民增收、产业结构合理化等。而在现阶段，经济能力能否得以提升，关键在于农民、企业以及产业是否具有足够、高效的投入，因为只有大量而有效的投入，才能带来经济利润，带来 GDP 的增长。

（三）组织能力

组织能力是指将可用资源转化为新农村建设投入，并使其发挥最大效益的能力，包括投入决策、投入筹集、投入实施、参与机制、激励机制等环节，组织能力是农村组织能力的核心环节，并决定新农村建设投入的最终成效。

组织能力能否得以提升，或者说组织是否能够充分而有效地将投入转化为产出，将经济能力转化为切实的经济利润或 GDP 增长，决定于包括地方基层政府、乡村合作等组织体系是否健全、组织是否具有效率等方面，而其关键在于农民、合作组织以及政府之间是否建立了良好的参与机制和治理结构。

二、辐射带动作用评估

充分发挥自身特色，发展自己独有的美丽乡村建设和发展模式，可为其他基础条件类似的农村地区发展提供借鉴。因此，美丽乡村建设评估还应充分考虑其对周边地区及更大区域范围内农村发展的推广辐射作用。

（一）新农村的代言人

美丽乡村建设的总体目标是实现生产、生活、生态的和谐发展。美丽乡村作为新农村建设的升级版，是全面推进社会主义新农村建设进程中的先行者、探索者和排头兵。集生态、经济、社会效益为一体的美丽乡村建设是中国生态农业发展的代表者和实践者，是农村和农业可持续发展实践的领跑者。因此，美丽乡村在率先实现农业生态可持续的同时，必将对社会主义新农村建设发挥示范带动作用。

在新农村建设工作中，以"千村示范工程"和"百村示范工程"为代表的示范村建设工程如雨后春笋，抓好新农村建设示范村的示范带动工作，以点带面地全面推动社会主义新农村建设正成为各地建设新农村的一项重要措施。也有相关研究对示范村的示范带动作用进行了分析，通过将示范村与非示范村进行对比发现，新农村建设中通过示范村的典型带动作用，不管是示范村还是非示范村，新农村建设的乡风文明、村容整洁和管理民主方面都有一定的效果，得到广大农民的认可。无可厚非，这得益于政策扶持、农民积极性等，示范村在乡风文明、村容整洁和管理民主等方面的建设效果优于非示范村。

这与政府强力支持和加强示范村建设，采取通过一个个示范村的建设达到连点成片，逐步建设广大新农村的既定战略方针有关；同时，示范村村民受利益驱动和政府引导，也十分积极主动参与新农村建设。非示范村由于缺少政府资金和相关政策的支持，村民组织不到位，凝聚力不强，新农村建设的相关项目少，村民也没有认识到新农村建设是切身利益所在，对新农村建设的认识也比较模糊，因此建设效果不明显。

（二）辐射带动作用分析

在新农村建设中，国有农场曾一度作为新农村建设的领跑人，在新农村建设中发挥了较大的示范带动作用。美丽乡村作为新时期新农村建设的重要组成部分，也应该充分发挥其辐射带动作用，推动周边村落发展。

美丽乡村的辐射带动作用，主要可体现在对周边地区的生态、经济和社会的影响三个方面。

生态辐射。生态上的一些措施，对大的区域环境也会产生一定的影响；以村级单位开展生态环境治理或生态保护等工作，其生态效应可扩展至周围村落，改善周边环境，实现区域生态状况的共进共退。

经济关联。推广种植美丽乡村的特色产业或特色产品，为周边村庄的农民增收提供有效途径；通过美丽乡村品牌建设，带动当地特色产业发展，其中以旅游业发展最为常见。

社会影响。挖掘创建工作中涌现出的典型事迹和先进人物；利用广播、电视等新闻媒体进行大力宣传，在社会上营造各民族"共同团结奋斗、共同繁荣发展"的良好氛围。

第四节　美丽乡村建设的保障机制

一、组织保障

（一）加强组织领导，建立省市县上下联动的责任机制

美丽乡村建设点多面广、政策性强，必须坚持统一规划，强化组织领导，持续强力推进。要在省级层面统筹谋划美丽乡村建设，根据国家政策要求在本省内统一

美丽乡村建设标准，形成全省统一工作方案，明确建设目标和要求，并全程负责项目审批、跟踪指导监督以及项目检查验收。市级层面主要负责依据本市实际情况，分类制定细化工作方案，按照省级工作方案要求落实分阶段实施步骤，并负责项目立项、资金筹措、组织统筹、项目协调等。县级层面主要负责本县美丽乡村建设的规划编制、资金落实和工程实施推进，对各乡镇美丽村庄建设实行分类指导和现场督导，引导和组织镇村力量积极投入美丽乡村建设。省市县三级均应成立相应领导机构，明确责任领导，定期调度协调，从而形成自上而下齐抓共管、协同配合建设美丽乡村的合力。

（二）加大投入力度，建立多元支撑的投入机制

美丽乡村建设具有显著的公共性和普惠性，要加快构建多元化、多渠道、高效率的投入体系。各地应根据本地区经济社会发展实际情况，探索建立"财政投入＋部门扶持＋村集体自筹＋社会投资"的多元投入机制（根据情况自由组合）。要加大财政投入力度，充分发挥财政资金的引导作用，带动社会资金投入。要充分整合各部门涉农专项资金，以县为主，将各级各相关部门的涉农资金，在不改变用途和管理要求的前提下，集中捆绑使用。有条件的村镇要充分发挥村集体经济的力量，鼓励从集体经济收益中安排专项资金用于自身美丽乡村建设。

（三）全程动态监管，建立科学合理的考核机制

建设美丽乡村功在眼前、利在长远，必须从源头上把好立项关，要在村级民主议事决策和乡镇推荐的基础上，充分考量各村庄的自然资源、产业特色、发展潜力、村集体的凝聚力和战斗力等因素，按照公平、公开、公正原则择优确定美丽乡村建设试点，为美丽乡村建设的成功推进奠定源头基础。提前安排审计介入，要在项目实施过程中实行全程跟踪审计，确保程序合法合规。要提前建立绩效考评机制，探索建立对责任人履职情况的专项考评和对项目资金使用的绩效评价，配套运用项目实施效果满意度评价，分别纳入责任人和责任单位年度考核体系，针对项目和责任人构建全方位评价体系。

（四）夯实基层基础，建立依靠群众的动力机制

美丽乡村建设事关群众切身利益，必须充分发挥农村基层党组织的领导核心作用，积极配合上级政府做好美丽乡村建设宣传引导工作，引导农村党员干部在美丽乡村建设中建功立业。农民是美丽乡村建设的主体，要始终把维护农民切身利益放在首位，充分尊重农民意愿，要把美丽乡村建设的有关政策向农民宣讲到位，要在规划编制过程中多次组织村民代表或全体村民进行听证，充分征求农民意见建议，要把项目

组织、申报、立项、招标、施工、验收等各个环节以及资金使用情况向农民公开公示，切实做到公正、公开、阳光、透明。

二、政策保障

（一）加快管理体制改革，构建市场化运行机制

目前美丽乡村建设有多个乡村分而治之，乡村产业是公司企业或个体经营，其结果导致乡村资源得不到合理利用和保护、经济效益低下。因此要进行管理体制改革，建立现代企业制度。在不违反国家有关法规的前提下，对部分乡村产业贯彻"资源国家所有，政府依法管理，企业开发经营"的原则，采取整体租赁经营模式、非上市股份公司制度、企业经营模式等各具特色的管理模式，推进美好乡村管理体制改革。

（二）实施优惠政策，加大对农业的支持力度

出台系列农业发展扶持政策，在税收方面给予一定的优惠。鼓励兴办农副产品深加工企业，对农产品加工龙头企业适当减免税收。同时，多方位、多渠道筹集资金。

第一，积极引进外商独资和合资企业，努力争取国家和各级政府对乡村农业生产的资金支持，争取财政部门支持本地特色农业重点开发建设和农业综合开发。

第二，要努力争取金融、信贷部门的支持，把各项支农信贷资金重点向龙头企业倾斜。

第三，要大力组建股份制、股份合作制企业，鼓励企业和个人投资兴建、改建、扩建龙头企业，吸收社会闲散资金用于资源开发和农业产业化龙头企业的发展。

第四，强化对农业生产、科技的投入，加强和科学院所的合作，依靠科技进步，突出特色和优势。

（三）完善乡村生态补偿机制，促进生态资本增值

乡村生态林补偿机制已经建立，广大山区农民通过"养山就业"已经得到实惠，同时应出台乡村生态资源有偿使用的有关规定，逐步形成生态补偿机制，促进生态资本增值。凡因开发经营活动占用、消耗、损害资源或环境的企业、单位和个人，都要按规定缴纳一定费用。对于因保护生态平衡而付出代价的，特别是对于退耕还林的农户，政府要给予补偿。

（四）创建美丽乡村示范县，树立乡村旅游新形象

按照农业农村部相关标准，创建美丽乡村示范县，乡村旅游宣传要做整合宣传，整体推销。直接针对周边客源市场开展一系列的宣传活动，如在电视、网络、报纸上做广告，在公交车、交通沿线增加广告，免费发放旅游宣传册，举办大规模的旅游节

庆活动等，也可以组织乡村旅游形象大使的选拔、乡村旅游标志征集和设计之类的活动，为乡村旅游宣传造势。

三、资金保障

（一）政策扶持资金

大力整合土地整治整村推进、农村综合开发、危房改造和农村清洁工程等相关涉农项目资金，集中建设中心村，兼顾治理自然村。积极申请技术创新引导专项基金，积极探索畜禽养殖安全、粮食丰产提质增效、农业面源污染、食品加工储运、重大共性关键技术（产品）开发及应用示范等现代农业发展科技创新课题，争取国家技术创新引导专项基金。

（二）农业金融

建立市场化的风险转移机制，合理利用农业金融形式。完善农业信贷政策和农业保险政策，按照"谁投资，谁经营，谁受益"的原则，建立"1+N"多元化融资渠道，政府投资为基础，带动引入多主体、多渠道、多层级的多元化融资渠道和手段，建立独特的农业保险体系和投融资体系。

一是建立现代金融服务体系。设立金融服务窗口；加快农村支付基础设施建设，推广银行卡等非现金支付工具；加快发展村镇银行试点等新型农业机构；规范发展小额贷款公司、融资性担保公司、典当行等具有金融服务功能的机构，积极推广联保贷款、存单质押、小额信用贷款等农业信贷形式；设立产业投资基金及研究中心，探索设立对外合资产业基金管理公司等。例如，四川三台农村综合改革试验区规划中，推广建设农村金融服务店，扩大抵（质）押物范围，支持金融机构开发符合"三农"特点的金融产品和服务，开展土地经营权、宅基地使用权、集体林权和农业设施、小型水利设施抵押贷款试点。

（三）投融资渠道

建立多元化融资渠道，主要包括：财政补贴，如争取生态建设、水利路网基础设施建设等财政补贴；企业投资，吸引具有先进管理理念和稳定资金流的企业进行投资；银行合作贷款，通过政府担保向金融机构申请小额贷款，专款专用，专项管理；农户自筹资金；PPP 共建：政府与社会主体建立"利益共享、风险共担、全程合作"的共同体关系，政府的财政负担减轻，社会主体的投资风险减小。对于供水、电力通信、农田水利等经营性项目的投资，充分放权，建立特许经营、投资补助等多种形式，按照谁投资、谁受益的原则，鼓励和吸纳广泛的社会资金参与投资。

四、信息化保障

（一）推进信息化基础设施建设

加强与地方通讯部门沟通协调与战略合作，依据各地实际情况，稳步推进农村信息化基础设施建设，加快农村特别是中心村光纤、4G 网络建设，最大限度提高农村光网覆盖率，升级网络速度，为下一步农村地区搭建"互联网＋"平台、开发智能化的物联农业奠定基础。

（二）加快发展农村信息化商务

各地区要充分利用本省区现有的省级农村综合信息化服务平台，搭建市县一级的农村信息服务平台，实现市县层面全覆盖，有条件的乡镇、村庄可以建设自己的镇村级农业信息服务平台。市县政府应在农村综合信息服务站建设上给予政策和资金支持，定期组织企业、种养大户、专业合作社、村干部以及村民进行对外宣传、信息发布、投资合作等方面的培训。

大力开发 EPC 协同通信、商旅通、农事通等多种形式的信息化工具，为企业、种养大户、专业合作社、村干部以及村民提供便捷的信息共享平台。鼓励农民参与电商营销，丰富销售渠道形式，提升抗风险能力。例如，中国移动开通了农信通业务；浙江省于 2005 年启动建设农民信箱；鞍山市农委联合鞍山联通于 2006 年推出了"金农通"惠农工程；济南市农业局联合济南移动于 2010 年启动了农事通短信平台；湖南省国家农村农业信息化示范省综合服务平台于 2013 年 6 月上线运行等，均加快了农村信息化商务的发展。

（三）稳步推进农村信息化防控建设

美丽乡村既要美丽，更要安全。要稳步推进农村地区信息化技防设施建设，推进网格化监管，在村委会、重要交通关口、乡村旅游景点、重点园区重点企业周边、重要水利设施等处设置视频监控，统一接入视频监控平台。在移动客户端开发操作简便的应急系统流程，加大农村对信息化技防设施的应用培训，打造"技防进万家"的安防体系，为平安乡村提供安全技术保障。

五、技术保障

（一）联合高等院校

积极推进"校地合作"，从市级层面加强与高等院校的战略合作，定期组织农村干部、产业带头人、农村科技人才等群体进行培训，从政策解读、产业发展、规划建设、乡村治理、环境保护等各方面提升上述群体对美丽乡村建设的认识，强化技能，增强信心。同时，依托高校丰富的技术储备，为美丽乡村建设提供技术支持，条件成熟时可以开展项目合作，实现校地共赢发展。例如，中国农业大学开展了多种形式的校地合作，在河北曲周、广西防城港、甘肃张掖、山东聊城等多个地区设立了院士工作站、教授工作站、实验站以及实践基地，充分利用学校科技、技术和人才优势，助力地方美丽乡村建设。

（二）联合科研院所和高新科技企业

加强与科研院所和高新科技企业的对接，通过项目合作、联合建立股份制企业等方式，引进推广科研院所和高新科技企业的技术，联合建立生产基地、科研转化试验基地，推进农村科技推广体系更加高效地运转。

六、人才保障

（一）人才引进

一要积极吸引本地优秀人才回乡干事创业。建立回乡创业园区，为有知识技术、有资金的创业人员搭建干事、创业、服务的平台。政府为回乡创业人员在资金扶持、技能培训、产业推介、科技示范等方面提供相应优惠政策。

二要加大精准引智与柔性引智力度。各地区经济社会发展阶段不同，产业发展特色也不一样，要根据各地区实际情况，以产业需要为依据，围绕美丽乡村建设需要的种植业、养殖业、林业、花卉苗木产业、农产品加工业、乡村旅游业各个生产环节，有针对性地引进工艺流程和生产管理方面的专业技术人才。同时要注重高端人才的引进，特别是针对专家院士等高端人才，可以通过项目合作、资源成功共享的方式，持续柔性引进。

（二）农业人才培育

通过培育新型主体，带动企业培养人才，开展"公司＋合作社＋家庭农场＋种养大户"的合作模式，鼓励有条件的龙头企业，推动集群发展，积极鼓励、引进和扶持各类农业开发企业。通过公司建园、土地流转等方式，建设产业基地、扩大生产规模、延伸产业链，重点扶持企业建基地、打品牌、占市场，提高全市产业化发展水平，培养产业化人才。围绕全市大宗农产品销售，采取以奖代补的形式，扶持市场渠道广、销售数量大、带动能力强的农产品流通经纪人和流通大户进一步做大做强，畅通农产品流通渠道；开展"科研院所＋龙头企业＋合作社／大户"的合作模式，将科研成果在企业内推广转化，以农业龙头企业带动核心区农业的科技创新，龙头企业通过"订单"等形式与农户建立稳定的利益联结机制，带动农业增效，农民增收；开展"旅游公司／旅行社＋园区＋合作社＋农户"的合作模式，利用农业景观资源和农业生产条件，从事农业观光休闲旅游活动和美丽乡村休闲游，根据市场需求制定组合产品、旅游线路行程、促销产品、传递信息，宣传旅游产品；组织协调，安排客源，实地接待，提供服务，提高乡村旅游从业人员服务意识。

（三）现代职业农民培训

根据不同层次和不同产业，按照专业化、技能化、标准化的要求确定培训内容，主要有四大类：一是为提高种植技术水平而设置，主要包括各类农业新品种、新技术、新装备的应用能力等；二是为增强市场意识和销售能力而设置，包括农产品营销、农产品经纪人等；三是为提高生产管理水平而设置，包括农业企业管理、农产品质量安全控制等；四是为激发青年农民创业而设置，主要包括现代农业发展趋势、各项惠农支农政策、农村政策法规、农村金融等。坚持"就地就近，进村办班"的培训原则，以当地学校或农民培训教室为教学地点实施培训。

第八章 美丽乡村建设实例

第一节 国外美丽乡村建设实践与启示

一、英国乡村：成熟的旅游地

（一）绿草如茵清泉流淌，英国灵魂在乡村

英国是发展农业旅游的先驱国家。一方面，高度发达的城市化为农业旅游提供了庞大的市场。作为世界上工业化起步最早的国家，在 20 世纪 70 年代，英国的城市人口就占全国人口的 80% 以上。城市人口因长久远离自然，而产生了走进乡村、亲近自然、舒缓心理压力、参与户外活动的共性心理需求。尤其是城里的孩子，他们对农村、农业陌生得很，更渴望体验田园生活。另一方面，经济持续快速增长，也催生了农业旅游。人们可自由支配收入大幅增加、闲暇时间增多、私人汽车拥有量增多、消费需求层次提高等诸多因素，使得英国农业旅游应运而生并迅速发展起来。目前，全英近 1/4 的农场直接开展农业旅游。农业旅游的经营者绝大部分为农场主。每个农场景点都为游客提供参与乡村生产生活、体验农场景色氛围的机会。乡村已成为英国人的魂魄和血脉。英国人认为，英格兰的乡村，以某种方式展示了这个国家的所有"尊贵"和"永恒"的东西。

乡村是英国国家特性最后的庇护所。真正的英国人怎么生活？英国著名记者杰里米·帕克斯曼说："答案是，住在乡下，一杯接一杯喝茶。"这个回答很有意思。英国人坚持认为，他们不属于自己实际居住的城市，而是属于自己并不居住的乡村，他们仍然觉得真正的英国人是个"乡下人"。

美国作家华盛顿·欧文在对英国进行实地考察后，在著作《英伦见闻录》里说："外国人若欲对英国人的特性有一个正确认识，切不可将视野局限于都市。他需深入乡间，逗留于大小村庄；游览城堡、别墅、农房、村舍；漫步园林，沿树篱和青葱小

道缓缓而行；流连于乡村教堂；参加教区节庆、定期集市等乡村节日，并与身份、习惯和性格各异者交往。"

欧文的判断是准确和犀利的。在英国人脑子里，英国的灵魂在乡村。如果在英国的乡间游历，便会发现许多保持着淳朴乡村景色的小镇遍布各地。或者不如这么说，除了一些重要的工业中心、大都市之外，整个英国还保持着一派田园风光，一如百年前众多画家诗人所吟咏描画的模样。事实上，英国人对于乡村情深意浓。他们对自然之美颇能感悟，对乡村的乐趣与劳作喜爱非凡。此种激情仿佛与生俱来，英国人最理想的生活场所就是村庄。在英国文学里，有一种贯穿几个世纪的乡村情感，作品常以乡村生活为题材，英国诗人对自然的描写丰富多彩。此种情况，肇始于乔叟的诗歌，延续至今，自然风景的清新芳香已飘至全英国。

英国是最早的工业国家，但它的乡村情结源远流长。还是在19世纪日不落帝国时代，那些远征殖民地的英国人思念故乡时，都把英国想象成宁静而带有浪漫色彩的乡村。一战时，战场上士兵们收到印有英国乡村的明信片，所得到的安慰和鼓励远大于无数次地高唱国歌。一战彻底改变了欧洲传统的经济与农业模式，汽车及其他便利代步工具的发明和普及使得新城市不断涌现。人口的不断增长使城市变得拥挤，并不断蚕食乡村，给乡村带来密布的公路网、无数加油站、污染和噪音，最终造成乡村景色的剧烈变化。而英国，也是如此。

英国人开始思考英国乡村的存在意义，人们在乡间寻找英国的文化身份。当时的英国首相斯坦利·鲍德温爵士曾说："对我来说，英格兰就是乡村，乡村才是英格兰。"这后来成为他最重要的名言之一，因为这说出了英国人的心声。时至今日，英国王储查尔斯仍十分热衷于保护英国乡村的传统。他身体力行，在多塞特郡庞德布瑞镇和格洛斯特郡海格洛夫村，二十多年来始终如一地致力于推广有机农业、保护乡村风貌的实验。英语里有句俗语："一个家庭离开伦敦50里（1里=500米），可历100年之久；离开伦敦100里，可历200年之久。"显然，不列颠人早已从人文社会意义上，意识到了城市的浮躁与喧嚣，乡村的安宁与稳定。如今，充满了田野气息的乡村风光依旧遍布英国各地。这在一个最早进行工业革命，又曾饱受环境污染之苦的国度，实在是一个惊人的奇迹。乡村在什么时候都没有像今天在英国那么受欢迎。乡村生活情结使园艺、乡间漫游、徒步旅行、相关出版业等发展成巨大的产业。那本创刊于1897年的杂志《乡村生活》，现在仍然畅销。人人都自己动手修建或改造房子。这个最早爆发工业革命的国家的人们惧怕、痛恨大工业对他们生活的改变。"绿草如茵的平原，枝繁叶茂的参天大树，蜿蜒流淌的清泉，古拙威严的城堡、雕像，时隐时现的丛林绿篱，用花草精心装饰的乡间小屋……阴霾的清晨，达西先生走出自己美丽的庄园，跨过起伏的山丘，在清晨的薄雾中走向伊丽莎白的家，对她说：我爱你！"这是英国小说家简·奥斯汀《傲慢与偏见》里的故事情节，也是每一个英国人内心深处的梦想。而英国人也想象：礼拜日早晨，田野一片静谧，教堂响起庄严的钟声。农夫们装扮一新，面色红润，心怀喜悦，平静地穿过青郁小路拥向教堂。目睹此景总令人高兴。但更让人高兴的是，傍晚见他们聚集在小屋门口，愉快谈笑，尽管亲手装点的舒适环境极尽简朴。

（二）典雅古朴的英国科姆城堡

科姆城堡位于英国威尔特郡。这座田园式的英格兰村庄，被称为全英国最漂亮的村庄（见图8-1）。科姆城堡获此殊荣，确实是无可争议的。中世纪的城堡早已消失，现在科姆城堡的迷人魅力来自主街两旁点缀着鲜花的石质农舍、纺织工的漂亮小屋和13世纪市场的十字路口，依旧保留着古貌，幽深宁静，典雅古朴。美丽的中世纪圣安德鲁教堂在村子的中心位置，里面有座庄园领主邓斯坦维尔爵士身披铠甲的雕塑纪念碑。让人觉得怪异的是，附近居然有条汽车赛道，发动机的轰鸣打破了田园的宁静。山村里的农舍都是典型的科茨沃尔德建筑风格，厚厚的墙壁由石头堆砌而成，屋顶由天然的石瓦片垒成。这些农舍都有数百年的历史，许多都被列入古迹。在这里，游客看不到任何现代化的痕迹，停车位全部藏在小酒吧周围或者镇外的树林边，指引停车的路标都是用老橡木刻成的，旅游中心和纪念品店隐藏在民居中，门口用一个可爱的稻草人做标志。

图8-1 科姆城堡

英国乡村文化的发展与保护。曾发生"羊吃人"圈地运动的英国创造并发展出人与自然、过去与现在巧妙融为一体的文化，显示出人类在现代化进程中能够平衡好经济发展、自然环境保护、历史遗产保存这三者之间的关系。当然这种平衡的取得远非一蹴而就，因为和谐完善的价值追求始终需面对生存危机、利益之争的挑战。

成为世界工厂，经济实力达到巅峰后，英国社会却呈现出精神贫乏的迹象，拜金主义、极端个人主义盛行，公共责任心和纪律缺失。当此之时，讴歌田园生活的浪漫主义文学兴起，以文人骚客的怀旧情感抵抗现代化对农村的破坏，为乡村生活方式辩护，拒绝对过往历史的彻底否定，对当时的英国现代化进程起到了纠偏作用。同时，文化学者阿诺德等人大力倡导美与智的文化追求，即"探究完美，追寻和谐的完美"，重塑社会秩序，将国家发展引向正确的方向，其实现途径是学习研究自古以来人类最优秀的思想和文化资源。现代英国乡村文化的发展与保护正起源于这个时期。在随后的近百年里，由保护乡村的自然环境入手，从环保意识启蒙，到理念推广，至付诸各项政策实践和立法规范，英国现代乡村文化逐渐形成并发展。19世纪末到20世纪中期，英国农业基本实现了现代化的转型。个体农民面对现代化的冲击和工业化的挤压，组织起来，有了自己的利益代言人——全国农业工人工会和全国农民联合会。农村状况开始得到越来越多的关注。英国人首先意识到自然风景和野生动植物受到工业化和城市化的威胁，如果任其恶化，人生存的根基会被破坏。于是各种社会团体纷纷成立，最著名的莫过于1895年成立的名胜古迹国民信托，该组织在英国自然景观和历史名胜的永久保护上贡献卓著。例如，田园中那些长满青苔的栅栏和石墙都得到了精心保护，这些曾是圈地运动的产物和英国土地早期私有化的标志。

科学界人士则从科学观察和实验的需要出发，组织了各种科学学会，如1912年成立的自然保护地促进协会，1913年成立的世界第一个生态学学会，1926年成立的英国乡村保护协会。1941年，30多个社会团体的代表组织召开了自然保护大会，大会提出应将自然保护地列入国家战后规划的建议。虽然有先知先觉人士的呼吁与行动，但当时大众的自然保护意识还没有被唤醒。农民因缺乏国家的扶持，其生存完全听任市场的摆布，无暇顾及机械化和农业化学革命对自然生态环境的影响。经济增长依然是政府的工作重心，政府始终拒绝对自然环境保护提供财政资金，即使闻名遐迩的"大湖区"也得不到任何政府资助。

第二次世界大战即将结束之际，政府开始关注环保，1943年成立了自然保护地委员会，设立城市和乡村计划部，1945年该部讨论发起一项"正确使用乡村的宣传运动"。直到20世纪80年代末，英国对于乡村的发展一直缺乏战略规划，许多部门，如农业部、环境部、森林委员会、乡村委员会、自然保护地委员会和水务部门虽然都对乡村文化的发展与保护负有责任，但各自为战，相互掣肘，涉及乡村的相关法案一再修改，缺乏综合协调。即使面对要求严控污染和防止乡村的传统风貌被破坏的压力，1975 年政府白皮书依然强调粮食增产的重要性。1986 年，保守党政府通过了超越部门利益的保护野生动植物和保护乡村法案。同年颁布的农业法强调了农业部的环保责任。直到 1980 年，英国房地产开发才真正遵守保护乡村文化的规定，确保乡村的建筑保有传统的外观。除了立法、科研的扶持外，政府还借助拨款、补贴、税收等措施加大对农民的扶持，加强对农民的环保教育与培训，奖励其环境友好行为。

英国现代乡村文化实质上是在经济增长、环境友好和社会可持续发展间取得动态平衡的一种文化，是社会参与、立法规范、政府推动三者良性互动的结果，体现了英国人的务实与持中，对健全理智和最优秀的集体与自我的追求。

二、法国乡村：艺术充盈空气

说起法国乡村，总让人联想起普罗旺斯的神秘、清静和无可比拟的美。普罗旺斯位于法国南部，最令人心旷神怡的是，它的空气中总是充满了薰衣草、百里香、松树等的香气。这种独特的自然香气是在其他地方无法轻易体验到的。其中又以薰衣草最为得天独厚且受到广泛喜爱。这个地区的活动之多，更是令人目不暇接，从年初 2 月的蒙顿柠檬节到七八月的亚维农艺术节。普罗旺斯的生活简朴而高雅，单来这里把节奏放缓，好好地吸一口薰衣草香，尝一口鲜味芝士，也是人生难得的境界。南普罗旺斯的古老小城阿尔，以热烈明亮的地中海阳光和时尚的艺术风格闻名。看过《凡·高传》的人大概都会记得杰出的画家曾在这里创作、生活过。这里的街道、房屋、酒吧，到处充满了浓厚的艺术气息。古罗马的建筑、艺术家的作品、生活在现代文明社会的人，在这里和谐相处，宁静美好。这里每年 7 月，还会举办一个很时髦的国际摄影节，在石头古巷和小广场上，展览当今引领潮流的大摄影师和风流人物的作品。

（一）水上花城的法国科尔玛镇

目前，国内中心城市的发展模式带来的弊病，使中国的城市化进程遇到了前所未有的困境。而世界经典的小城镇科尔玛镇的发展模式，是一个宜居宜商宜农的选择方案。

科尔玛位于巴黎以东 440 千米，是阿尔萨斯省内最有看头的小镇。虽然人口仅有 65 000 人，但是除了位居阿尔萨斯中央区域的重要地理位置之外，科尔玛也是阿尔萨斯葡萄酒乡之路的中间站，而且刚好居于莱茵河与孚日山正中间，与两边各相距约 20 千米的距离。此外，有许多法国中央行政单位的代表与法官等都居住于此，所以科尔玛可以说是一个生活水平较高的田园小镇。此处与德国接壤，这一区的房屋大都承袭了德国中南部的建筑特色，保留了 16 世纪的建筑风格，古色古香。半木材屋是欧洲中部最常见的建筑模式，以粗木条搭出支架，再填以水泥砖石成墙，令结构更加稳固；墙身布满横、直、斜相间的木条，漂亮精致，俨然童话中的小屋（见图 8-2）。

图 8-2　科尔玛镇

1. 漫游旧城一步一景

严格来说，科尔玛旧城的范围不算很大，徒步走的话一个小时便能走完。然而沿途实在太多靓屋诱惑，每走几步便要停下来驻足欣赏，所以逛一圈起码得花上半天。普菲斯泰屋看来有点残破（见图 8-3），但如果知道它是建于 1537 年，相信便不会嫌旧，单看顶楼那道雕花木走廊，当年的华丽程度便可想而知。旧城小巷弄之间，不时让人有新发现的乐趣，有时随便转入一个巷口，就会看到小巧玲珑半木半石的房屋，甚至可看到知名作家伏尔泰 1754 年曾经居住过 1 年的房子，以及全科尔玛最小、仅住得下 1 个人的房屋。当游客漫步在巷弄中，友善的阿尔萨斯人还会从窗台探出头来打招呼。当地的路牌除了注明年代及法文名称之外，头两行文字竟然是以阿尔萨斯方言来说明，这是非常特别的一件事，因为在阿尔萨斯这些方言几乎均是口语相传，并无文字记载。

图 8-3　普菲斯泰屋

　　旅游局附近是恩特林登博物馆。这座博物馆实际上由一座修道院改建而成，自1850 年起便开始收藏省内的珍贵文物。其中最有艺术价值的，要数德国人格鲁内瓦尔德的伊森海姆祭坛屏风，其他藏品还包括一系列的木雕、碑石及中古时期的武器，其藏品之珍稀恐怕连省府斯特拉斯堡的博物馆也比不上。

图 8-4　恩特林登博物馆

　　2."小威尼斯"的田园风情

　　旧城正中央的主教堂，被一个方形广场围拢着，它的钟楼尖塔，原来是城内最高的建筑物。另外的多米尼加教堂，最出名的则是其玻璃花窗。旧城东南角，一条小运河斜斜地流贯，带来了一点儿水乡风情，这一区被称为"小威尼斯"。在宁静的河畔享用一顿悠闲的午餐，是游览科尔玛最浪漫的节目。沿河北行到达老海关大楼（见图 8-5），这个广场四周的半木材屋十分集中，加上一座雕像喷泉，也是游客最爱流连的一个景点。

图 8-5　老海关大楼

田园风情是科尔玛小镇最为重要的风貌特色之一，暖色的小镇与绿意盎然的田园相映成趣。由于科尔玛小镇交错的权属问题而产生的文化融合作用，成就了科尔玛与众不同的建筑风格和风土人情——融合了拉丁民族的浪漫和日耳曼民族的严谨。科尔玛被誉为"小威尼斯"，小河蜿蜒，柳荫深处保存完好的半木造房子，家家庭院花木茂盛，处处充满小桥流水人家的悠闲气氛。此城还以美丽的半木造建筑获得"街道艺术学会奖"的殊荣。小镇处于运河交错的地方，也是许多花匠集聚的地方，小镇称得上是水上花城。

3. 浓郁的阿尔萨斯风情

科尔玛仍然保留着 16 世纪的建筑风格——木筋屋（见图 8-6），由木材搭建的多面形屋顶，独特的设计，每栋皆具个人品位。一座座木屋，使小城充满着浓郁的阿尔萨斯风情。阿尔萨斯坐落在美丽的莱茵河与延绵的孚日山脉之间，是法国顶级的白葡萄酒产区，酿造葡萄的历史有 1500 多年。它地处法国东北部，分别与德国、瑞士接壤，占据了西欧心脏地带。可以说科尔玛是阿尔萨斯的缩影，它有过辉煌的历史，城市充满文化气息，懂得保存古老的建筑遗产，同时亦能给人友善热情的感觉。

图 8-6　木筋屋

（二）花意融融的法国卢布雷萨克村庄

卢布雷萨克是法国最美丽的 156 个村庄之一，位于法国南部地区比利牛斯山省。小村庄坐落在山顶上，俯视下面一个美丽的山谷（见图 8-7）。村子不大，半个小时就能走遍。村里的主路从山顶直至下面的山谷中。村里的房子顺着山势而建，视野非常开阔。

图 8-7　卢布雷萨克村庄

在村口，就能看到法国最美丽村庄的标志。村里有很多用当地特产的赭色岩石建成的中世纪房子，每个房子都是红褐色尖顶，从远处看错落有致。尖房顶的作用是在冬天不会积雪，而且能提供额外的空间。带箭楼的房子，以前有防御的功能。很多可爱的小胡同，是用各种时期的建筑和谐友爱地搭在一起。花儿无所不在，卢布雷萨克也是所在地区最"花"最美的村庄。在屋檐下和高墙上的小花坛，一定要借助梯子才够得到，装花的坛子和罐子非常有古意。

（三）法国乡村旅游的特色

1.旅游产品的原真性与独特性

发展特色乡村旅游的基础：一是良好的生态环境和乡村景观的保护，良好的生态环境和乡村景观既是乡村区别于城市的重要特征，也是其自身发展的根基；二是乡村地区地域文化的保护与传承，包括当地的民风民俗、建筑特色、生产生活习惯、邻里之间的社会交往等。法国乡村地区时至今日仍然保持着许多几百年前的堡垒式建筑，其生产生活习惯一直延续至今。法国乡村旅游中的每一个产品及其由产品构建起来的系统都力图保持其原真性与独特性。以"农产品农场"为例，游客可在乡村购买当地的产品，也可享用农场的美食，但是每个农场销售的主要农产品必须是自己所生产的，主要原材料原则上不可以向外采购，必须是以农场种植、养殖的动植物为主，辅料可以来自农场之外的产区，其生产加工程序必须在农场内部进行，从而保证每个农场都有自己独特的产品。为了保证农产品不是大规模工业生产的产物，农场必须向有关部门提交有关资料，从制度上保证了乡村旅游与自然和谐，减少了农场之间同质恶性的竞争。

2.完善的基础设施

政府非常重视乡村的基础设施建设，致力于便捷交通和完善设施等基础性工作。重要的大村庄有快速列车可以到达，停车场设施完备，标识系统完善。购物超市、医院、图书馆等公共服务设施配套齐全。以村落为中心，四周田园上分布着私人农庄和别墅。完备的基础设施与丰富的服务设施在为当地居民提供生产生活便利的同时，也极大地方便了各地旅游者。完善的基础设施可以让游客快速到达任何一个乡村旅游地，减少旅途的奔波与候车等待的疲惫；而多样化的服务设施也为游客的休闲度假需求提供了众多的旅游活动项目。

3.政府的扶植，财政的投入

法国乡村旅游一直在政府主导下发展。近年来，随着乡村旅游行业协会及其他民间组织的成立，行业自律行为也逐步发挥作用。政府的管理职能弱化，而监管职能加强，各级地方政府继续执行直接监督检查的职责。1955 年，当时法国政府鉴于法国农村大量的具有传统风格的民居空置、损坏，开始启动以繁荣农村小镇，克服农村空心化现象为目的的"农村家庭式接待服务微型企业"计划。为了使农村民居符合"家庭接待服务微型企业"的标准，法国政府提供经费的资助以促进维护与修缮。农民可以加入国家的"欢迎你到农庄来""农家长租房"和"农庄的餐饮与住宿"等几种协会型组织中。另外，法国政府每年组织一次为期两天的乡村旅游博览会，提供更多的相关信息。对于乡村旅游财政方面的投入，各地政府规定，只要住所业主遵守利益相关者的约定，家庭旅馆在建成后达到三星级标准，10 年中每年向公众开放 6 个月，就可以得到政府家庭旅馆修缮补助津贴，补助津贴大约占总投资额的 20% ~ 30%。大约有 40% 家庭旅馆获得政府的公共资金补贴。2000—2006 年法国政府共拨款5 300 万欧元为乡村旅游景点修筑公路。另外，2001 年法国政府还成立了乡村旅游常设会议机构来促进乡村旅游的发展。

4. 确保农民是乡村旅游的投资主体

乡村旅游经营主体，关系到乡村旅游可持续发展、乡村旅游发展模式以及对农业影响等重要因素。法国乡村旅游经营的主体不是外来的投资商，而是本地"所有的农业开发者、乡村居民"，这是乡村旅游可持续发展的重要基础。乡村旅游如以外来的投资商为主，虽然旅游开发项目在短期内资金充足，政府投入较少，具有一定的管理水平，运营比较顺畅，但是对提高农民收入、保护生态环境以及繁荣农业意义较小。

5. 发挥行业协会的作用

法国乡村旅游起步之际，政府与行业协会的合作便应运而生。协会在政府的政策范围制定行业规范、制度及质量标准，实行行业自律，最终实现乡村旅游可持续发展。乡村旅游的主要规范、质量评级标准由法国农会下属协会制定。法国农会是公共职业联合机构，具有半官方、半民间的性质。一方面代理或协助政府主持农业行政事务，另一方面要为农民提供各种服务，并代表农民与政府交涉，拥有政府和民间的双重身份，也是它们之间的重要桥梁。农会常设委员会（APCA）下面成立了农业及旅游接待处并开发了"欢迎你到农庄来"的组织网络。APCA 与农业及旅游接待处制定严格的乡村旅游管理条例。例如，提供饭店餐饮类型的"农场客栈"，是农场动植物生产与经营的外延，因而"农场客栈"管理条例规定：餐饮必须使用当地生产的农产品，不得贩售或采买其他远方农场的某些农产品，不得使用罐头食品（酒与奶酪除外）；必须使用本地的烹调方法，呈现本土乡间美食特色；餐饮提供的主要食品，必须是新鲜食品，不得用冰冻食品。农庄外观必须遵照当地风格，农庄餐具应用粗陶、瓷器或其他具有代表性的材质，以凸显农庄质朴及环保，禁止用纸质的桌布、餐巾纸。规定"暂住型农庄"主人必须亲自向来客介绍农庄的历史、运作等方面的知识，以帮助游客了解风土民情。在餐饮方面也有相当具体的规定，要求提供具有地方特色的家庭式简单、多样化的菜式。

另一方面，协会担负着全方位指导农民、教育农民、帮助农民的重任。协会对于加入协会的会员从房屋的修缮、经营、定价、财务管理等方面进行指导、培训与帮助。APCA 与农业及旅游接待处下设的"欢迎你到农庄来"为法国乡村住所联合会，是一个为居民家庭接待旅游、度假提供服务的协会组织。该组织每年对遗产建筑提供1.8 亿欧元的维护、修缮费用，在当地发展与领土治理中承担了重要作用。该组织通过提供营销服务、标识系统服务以及技术咨询方面的服务，使业主具有遗产价值的物业得到恢复、保护以及增值；增加业主收入，土地减损增益为未来退休做好准备；业主个人职业发展多样化，拓展接待业方面的业务，并使业主发展更多的人际交往，与他人分享对乡村的认识与热爱；参与社区旅游活动，提升每一处土地、每一种文化、每一段历史的社会价值。

三、德国乡间：市民分享农业

20 世纪 90 年代以来，德国政府在倡导环保的同时，大力发展休闲农业，主要形式是休闲农庄和市民农园。

市民农园利用城市或近邻区之农地，规划成小块出租给市民，承租者可在农地上种花、草、蔬菜、果树等或经营家庭农艺。通过亲身耕种，市民可以享受回归自然以及田园生活的乐趣。种植过程中，绝对禁用矿物肥料和化学保护剂。

休闲农庄主要建在林区或草原地带。这里的森林不仅发挥着蓄水、防风、净化空气及防止水土流失的环保功能，还能发挥科普和环保教育的功能。学校和幼儿园经常带孩子们来这里，成人也来参加森林休闲旅游，在护林员的带领下接触森林、认识森林、了解森林。一些企业还把团队精神培训、创造性培训等项目从公司封闭的会议室搬到开放的森林里，取得了意想不到的效果。

（一）德国村庄：与世无争的静谧美

一座座红瓦砖砌的小屋精致典雅，典型的德国建筑风格，一丝不苟、色彩鲜明，掩映在曲径通幽的绿树浓荫之中，静静地安卧在绿草地旁，青灰色、奶油色或粉红色的墙壁，藤蔓缠绕，屋外的小道洁净清幽，花香馥郁，树林里有小鸟的欢鸣，空气里沁出丝丝清甜，教堂晚祷的钟声悠扬响起，堂皇而沉着，仿佛是在诗的境界里飘然前行，深深地感受到一种厚重的历史沉淀。

典雅冷清是德国村庄的特色，仿佛沉睡多年，好像还在梦里，空气异常清新，深吸一口竟能感觉出甘甜，沁人心脾。走在小镇用石块拼成图案的一尘不染的小径上，竟能清晰地听见鞋子撞击地面的声音，偶尔有汽车安静地驶出家园或者自行车穿过铺着石子的小巷，偶尔可见马路上悠闲散步的老年人，碰到的村民都带着笑脸，热情地打着招呼，却毫不喧哗。一切都异常安静，仿佛时间静止着，好似一种不动声色的美，沉静又有活力，成熟又不失浪漫。

走累了，可以悠闲地坐在村庄里众多别具乡村风味的小餐厅内。餐厅装修都是一丝不苟的，自然朴实却不落于俗套，尝一口当地酿制的啤酒，吃一顿典型的德国猪手餐，倾听着热情的日耳曼民族音乐，眺望醉人的黄昏河畔景色，清澈碧绿的河水在身边缓缓流过，河面三五成群的鸭子欢畅游动，阳光把最初的一抹唇晕印在红色的砖墙上，恬淡安详，那份难得的闲情逸致妙不可言！

去德国的村庄住上一段日子吧，你的心立刻如浮尘落地，安宁而幽静。与很多大城市相比，小镇少了许多辉煌、灿烂，多了一点平稳、朴实。小镇大多是年代久远的遗迹，人们一直保持着旧有的情调，不愿惊醒它们的美梦。大城市的繁华与喧嚣，只是过程，不是目标。村庄的宁静和安逸，仿佛岁月绵长的投影，在历史的乡愁里流浪，才真正是梦想之地。

（二）生态环保的德国林格镇

湛蓝的天空，一望无际的田野，悠闲自在的牛羊，一个个干净整洁的小村镇，这就是德国的林格镇。

1.工业区没有浓烟和噪音

林格镇人口不足 5000 人，发达的农业和汽车配件工业使它成为一个富裕的小镇。不过，最让林格人自豪的还是该镇的优美环境。整个小镇被层层绿色包围着，地面一尘不染，空气中弥漫着花香。在离小镇 1 千米处有个工业小区，虽然聚集着二十多家乡镇企业，却看不到滚滚的浓烟，听不到机器的隆隆声。

在林格镇，进行任何建设之前，总是优先考虑环境因素。林格镇为此专门成立了由生态、建筑、农业、法律等领域的专业人士组成的规划小组，对小镇的环境进行规划和监督。镇长哈德曼说，小镇企业环境治理效果明显，主要是因为：该镇鼓励发展无污染、少污染的行业和产品，抑制重污染行业和产品的发展；把企业集中起来，建立工业小区，严格控制企业污染物排放总量；尽可能采用新技术，以降低原材料和能源的消耗，减少环境污染；同时，实施严格的环境监督管理。

2.雨水也要充分利用

兴建排污治理设施是防治水环境污染的关键。在德国，几乎所有村镇都建有排污系统。城镇污水绝大多数采用生化处理工艺。哈德曼镇长介绍说，农村排污系统的类型有两种：一是混流式，即所有污水全部汇入同一管道网进行处理；二是分流式，即生活污水和工厂废水与雨水等分管道汇集，分别处理。林格镇采用的是后一种。此外，他们也非常重视雨水的再利用。他们将收集后的雨水沉淀、过滤，储存到蓄水池，经泵站提升后用于冲厕、洗衣和灌溉。一家苹果榨汁厂还将雨水作为工业冷却循环用水。这些措施使小镇的林格河清澈见底，格外漂亮。

3.每家门口七八个垃圾分类桶

林格镇居民的环保意识给人留下了深刻的印象。每家门口都放着五颜六色的垃圾分类桶，有纸张、玻璃、金属、有机物等七八种之多。每周，承包全镇垃圾回收的环保公司会把垃圾分类运走，在垃圾处理厂进行再处理，无法再利用的则用于焚烧发电。很多家庭还会自己处理垃圾，如把生物垃圾制成肥料种花，在自家小院建立生物循环系统，用太阳能发电，用沼气做燃料，用布袋竹篮代替塑料袋等。在德国教科书中，孩子们可学的农村环保知识也非常丰富。

几年前，曾有财团提供诱人的条件，想在该镇建高山缆车、盖五星级宾馆，大力提高乡镇企业的技术水平，扩大企业生产规模，发展旅游业。但居民们讨论之后拒绝了财团的投资，理由是这将破坏环境。这一举动反映了林格镇人们具有强烈的环保意识。为保护环境，小镇居民能够抵御财团巨额投资的诱惑，不惜失去提高乡镇企业技术水平、扩大企业生产规模的时机，甚至放弃建高山缆车、盖五星级宾馆，发展旅游业的机会。林格镇此举或许在德国不足为奇，但可能会让万里之外的中国人不解甚至惊异。有人会认为，林格镇不差钱，所以不在乎，其实不然，谁不想发展？关键是要在环境与发展中找到平衡，不能以破坏环境为代价换取发展。

林格镇的案例是对联合国千年发展目标中第七项"环境的可持续力"的最好诠释。对于处在快速工业化与城镇化发展进程中的成千上万个中国小镇来说，依然宁静安详的林格镇难道不是一面镜子么？

第二节　国内美丽乡村建设实践与经验

一、浙江美丽乡村建设的实践与经验

近年来，浙江农村各地的生态文明建设，通过各种不同的形式与途径普遍开展起来，收到了良好的效果。在全省各地普遍推开的美丽乡村建设，已经成为浙江生态文明建设的有效载体。

（一）浙江美丽乡村建设的目标定位

美丽乡村建设这一时代话题，最早是在浙江湖州的安吉县提出并加以实施的。该县在认真调研和反复论证的基础上，2008 年初就提出要用 10 年时间开展以"中国美丽乡村"建设为总抓手的新农村建设推进工程，把整个县域作为一个大的"乡村"来进行整体规划和全面建设。通过三年的创建，到 2010 年，全县的美丽乡村建设行动就已取得了较为突出的实效。不仅在所有乡镇都实现了创建活动的全覆盖，而且在全县成功创建了一系列的精品村、重点村和特色村，其总数占到全县 187 个行政村（社区）的 76%。浙江省委、省政府对于安吉县的实践探索和成功经验给予了及时的关注和充分的肯定。在深入调研了安吉美丽乡村、临安富丽山村和江山幸福乡村的基础上，浙江省委、省政府按照协调推进生态文明建设与新农村建设的要求，审时度势，因势利导，决定对此前开展的"千村示范、万村整治"工程建设予以深化和提升。在已经实施的"千万工程"的基础上，推出了"美丽乡村建设行动计划"，将美丽乡村建设上升为一项全省的发展战略。2010 年，中共浙江省委十二届七次全会做出了美丽乡村建设的决策部署。当年年底，省农办下发了《浙江省美丽乡村建设行动计划（2011—2015）》这一指导和推动农村发展的五年行动计划。提出了以生态人居建设行动、生态环境提升行动、生态经济推进行动和生态文化培育行动为主要任务的行动目标。

建设美丽乡村的发展行动，强调的是人与自然和谐相处，突出了生态文明建设的价值理念。在城乡发展的整体背景下，美丽乡村建设行动将生态文明建设和新农村建设有机结合起来，努力实现各类资源要素向广大农村地区倾斜配置，不断推动农村人口向中心村和中心镇有效集聚，以此把农村打造成"宜居宜业宜游"的美好家园，提升农村居民的生活品质，让广大农村居民充分享受到现代文明进步的发展成果。因此，可以说，浙江的美丽乡村建设，作为全面推进社会主义新农村建设的一项至关重要的内容，是在科学发展观的指导下，围绕全面建设惠及全省人民的小康社会这一重大发展目标，按照协调推进新型城市化、新农村建设和生态文明建设的一系列具体要求而展开的。

《浙江省美丽乡村建设行动计划（2011—2015）》明确提出，要以促进人与自然和谐相处、提升农民生活品质为核心，围绕"规划科学布局美、村容整洁环境美、创业增收生活美、乡风文明身心美"的目标要求，以深化提升"千村示范、万村整治"工程建设为载体，着力推进农村生态人居体系、农村生态环境体系、农村生态经济体系和农村生态文化体系建设，形成有利于农村生态环境保护和可持续发展的农村产业结构、农民生产方式和农村消费模式，建设一批"宜居、宜业、宜游"的美丽乡村，以促进生态文明建设和小康社会建设。美丽乡村建设的开展，作为促进经济发展方式转型升级和统筹城乡发展的战略部署，已经成为推动和实现农村地区经济社会发展的"现实发展行动"，它对于城乡生态文明建设的各项事业的发展，同样起着巨大的推动和促进作用。

美丽乡村建设的总体目标定位在于，根据县市域总体规划、土地利用总体规划和生态功能区规划，综合考虑各地不同的资源条件、区位条件、人文积淀和经济社会发展水平，在县（市、区）和乡镇各个层面，按照"重点培育、全面推进、争创品牌"的要求，实施美丽乡村建设行动计划，全面开展美丽乡村建设，努力实现以下几个方面的行动目标：一是加快发展农村生态经济，即借助于循环经济、清洁生产等技术模式的广泛应用，使得低消耗、低排放的乡村工业、生态农业以及生态旅游业等生态产业能够快速发展起来。二是不断改善农村生态环境，即采取有效措施，对乡村的工业污染、农村地区的垃圾和污水等加以有效治理，不断提高村庄的绿化和美化水平，基本建立农村的卫生长效保洁机制，农村的居住环境得到明显优化。三是明显提高资源的集约利用水平，即推动农村人口的集中居住，提高农村土地的集约利用水平，开发和利用农村新型能源，普遍推广节地、节材、节能的技术，同时提高农业废弃物的综合利用水平。四是不断繁荣农村的生态文化，即通过对农村特色生态文化实施有效的发掘、保护和弘扬，让生态文明的价值理念深入人心，在广大农村地区大力倡导和初步形成健康文明的生活方式。

概括地说，浙江美丽乡村建设的具体实施，主要在于推展"四大行动"：①按照"规划科学布局美"的要求，开展"生态人居建设行动"。培育建设中心村，开展农村土地综合整治和农村危旧房改造等项目建设，构建舒适的农村生态人居体系。②按照"村容整洁环境美"的要求，开展"生态环境提升行动"。突出重点、连线成片、健全机制，抓好改路、改水、改厕、垃圾处理、污水治理、村庄绿化等项目建设，构建优美的农村生态环境体系。③按照"创业增收生活美"的要求，开展"生态经济推进行动"。因地制宜地编制农村产业发展规划，转换农村经济发展方式，发展农村新型产业，促进农民创业就业，构建高效的农村生态产业体系。④按照"乡风文明身心美"的要求，开展"生态文化培育行动"。把继承与弘扬、发掘与培育、保护与利用有机结合起来，加强生态文明知识的普及教育，增强村民的可持续发展观念，构建和谐的农村生态文化体系。

浙江省内各地根据全省美丽乡村建设的总体部署，按照《中共浙江省委关于推进生态文明建设的决定》所提出的对于生态文明建设的目标要求，结合各自已有的发展基础和实际，纷纷出台了具体的实施计划和行动措施，将生态文明建设的基本原则贯彻落实到美丽乡村建设的实际行动之中，让美丽乡村建设真正成为浙江农村生态文明建设与发展的有效载体。

湖州市作为美丽乡村建设的先行地区，在《湖州市美丽乡村建设"十二五"规划》中提出，要通过"点线面结合、县乡村联动、环境产业服务共抓"，加快把全市农村打造成"村村优美、家家富裕、户户文明、处处和谐、人人幸福"的美丽乡村，实现宜居、宜业、宜游的发展目标。其具体的实施目标主要包括五个方面的内容要求：

在"规划科学布局美"方面，将进一步制定完善并有效实施与相关专项规划有机衔接的镇乡规划、村庄布局规划、中心村及保留村建设规划，促进人口集聚机制的有效建立，加大中心镇、中心村的培育建设力度，有序缩减散而小的自然村落的数量，使农村土地的集约利用水平和农村居民的集中居住度得到明显提高。

在"创业增收生活美"方面，将着力推动乡镇企业、农村家庭工业加快向乡镇工业功能区、家庭工业小区集聚，实现以现代农业园区为主体的高效生态农业的快速发展，进一步拓展农业的生产、生活、生态和文化功能，促进特色化、精品型乡村休闲旅游业的蓬勃发展，壮大区域块状经济和村级集体经济，提高农民收入。

在"村容整洁环境美"方面，将全面整治村庄环境，治理农村的生活污水、垃圾以及水环境，全面改善农村公共设施，不断提高绿化水平，同时建立农村环境和公共设施筹资运行机制。

在"乡风文明身心美"方面，将注意发掘、保护和弘扬农村特色乡土文化和生态文化，牢固确立人与自然和谐相处和生态优先的发展理念，大力倡导和推行先进的生产方式、健康的生活方式和科学的消费方式。

在"管理民主和谐美"方面，则将逐步建立城乡一体的社会保障和公共服务机制，不断加强并提高基层民主管理、村民自治和党的建设水平，不断改进农村社会治安综合治理工作，健全便民利民的农村社区服务体系，形成安定有序、人际和谐的社会环境。

应当说，彰显生态文明的价值理念、着力于实现乡村地区经济社会快速发展的美丽乡村建设行动，在把握好基本目标定位的前提下，已经开始在浙江省内各地普遍开展开来。

（二）浙江美丽乡村建设行动

浙江省内各地的美丽乡村建设行动，在具体开展过程中十分注重从贯彻落实科学发展观的原则要求出发，着力于促进生态文明的建设与发展，在城市化发展、城乡良性互动以及城乡建设与发展不断得到推进的整体过程之中，因地制宜，突出特色，发挥优势，通盘谋划农村地区的未来发展。美丽乡村建设所实际承载的，既是农村生态文明建设载体的重要功能，又是农村地区经济社会持续稳定发展载体的重要功能。这一点在美丽乡村建设行动的总体目标定位上，已经得到充分展现。中心村与中心镇建设的大力推进，所彰显的是规划科学的布局之美；村庄环境整治的大力推进，所彰显的是村容整洁的环境之美；农村生态经济发展的大力推进，所彰显的是创业增收的生活之美；农村生态文化建设的大力推进，所彰显的是乡风文明的身心之美。所有这些推动与实现农村社会文明进步的有效举措，其各方面的力量汇聚在一起，就是要把广大农村打造成为让农村居民乐享其中的具有"宜居、宜业、宜游"特点的美好家园，让农民也能充分享受经济社会发展所带来的现代文明成果，为自己的素质提升和全面发展创造更为优良的硬件、软件条件。

可以认为，美丽乡村建设集中彰显了科学发展的价值目标要求和生态文明的现代发展理念。一方面，它自然成为农村生态文明建设的现实促进行动，而另一方面，它也展现为推动和实现广大农村地区经济社会发展和社会文明进步的现实促进行动，是两者的有机结合。农村生态文明建设的各项行动，将贯穿和融入农村经济社会发展和社会文明进步的各个领域，彼此促进和互相推动。

按照《浙江省美丽乡村建设行动计划（2011—2015）》的整体要求，浙江全省美丽乡村建设行动的具体开展，主要围绕以下几个大的方面加以展开：

1. 实施"生态人居建设行动"

按照"规划科学布局美"的原则要求，着力于推进中心村的培育、农村土地的综合整治和农村住房的改造建设，改善农民的居住条件，构建舒适的"农村生态人居体系"。首先是制定和完善以中心村为重点的村庄建设规划，以此来指导和引领中心村的培育和建设，通过村庄整理、经济补偿、异地搬迁等途径，进一步推动自然村落的整合和农居点的缩减，逐步引导农村人口实现集中居住。在此过程中，则要实施"农村建设节地"工程，开展住宅建设和土地综合整治，以节约利用土地和实现土地集约化利用。同时，进一步完善农村地区的各类基础设施，推动城乡公共资源和公共服务的均等化。这主要包括加快建设农村联网公路以提高行政公路的通村率、通村公路的硬化率和行政村客运的通达率；推动安全饮水工程和农村电气化工程等工程建设；建设农村社区综合服务中心，为农村居民提供文化、体育、卫生、培训、托老、通讯等方面的公共服务。

湖州市在村庄布局规划方面注重规划编制的科学性，遵循"平原村庄有序集聚、丘陵村庄适度集聚、山区村庄酌情集聚"的思路，将村庄布局规划与土地利用总体规划、生态保护规划等专项规划衔接起来，区别村庄的功能定位，突出抓好中心村建设规划和农民集中居住区建设规划，引导农村人口和村庄的有序集聚。坚持村庄改造建设的高起点、高品位，通过生态家园建设行动，着力打造"风格协调、用地节约、建造有序、节能环保"的农民新家园。在中心镇培育方面，遵照"管理权限多放、资源要素多配、基础设施多投"的原则要求，开展强镇扩权改革，加大培育力度，有效推动中心镇的人口集中、产业集聚、要素集约和功能集成，促进区域特色产业发展和经济转型升级，使中心镇逐步发展成为农民转移就业、创业增收的重要平台。

绍兴市实施的"农村人口集聚工程"，"完善村庄规划体系""推进宅基地置换"和"加强基础设施建设"是其主要内容。村庄建设规划的制定，合理安排中心村、保留村生产、生活、服务各区块的区域布局与建设规模，明确道路、垃圾、污水、改厕、绿化等各类项目建设的时序与要求，并且突出了编制中心村农民集中居住区详细规划这一工作重点，着力打造"精品村、景观带、整乡整镇等点线面相结合的区域美丽乡村"。

2.实施"生态环境提升行动"

即按照"村容整洁环境美"的要求，突出重点、连线成片、健全机制，实施改路、改水、改厕、垃圾处理、污水治理、村庄绿化等项目建设，努力构建优美的农村生态环境体系。一是完善农村的环保设施，建立卫生管护机制。在农村地区实施垃圾处理、污水治理、卫生改厕等环保设施建设项目，农村垃圾实行集中收集和转运处理。加强村庄卫生保洁、设施维护和绿化养护等工作。二是推进农村环境的综合整治。按照"乡村统一规划、联合整治，城乡联动、区域一体化建设"的要求，结合中央"农村环境连片整治项目"的指导意见，编制农村区域性路网、管网、林网、河网、垃圾处理网、污水治理网一体化建设规划，开展沿路、沿河、沿线、沿景区的环境综合整治，优化农村环境。三是因地制宜，开展村庄绿化美化工作，形成良好的村庄绿化格局。

湖州市提出并着力推进"美丽乡村示范带建设"，各县区本着"统一规划、整体设计、重点推进、核心示范"的原则要求，高标准推进沿线（片）环境整治、道路建设、农房改建、节点改造、绿化美化、现代园区等工程建设，全力打造优美的生态景观、产业景观、建筑景观和人文景观，使其成为各具特色的"美丽乡村风景线"和"新农村建设示范带（片）"。在村庄绿化美化方面，坚持"以科学规划为基础，以增加绿量为重点"，结合村庄特点，开展村庄绿化美化，将村庄绿化美化工程同国家森林城市创建以及农村生态环境质量和景观面貌的改善结合起来。

绍兴市实施了"人居环境优化工程"。其在农村环境的综合整治当中，重点开展沿路、沿河、沿景区的环境治理，成片连村推进农村河道、河沟和池塘的清淤疏浚整治，注意加强农村饮用水源地保护和综合治理。通过"兴林富民示范工程"和"千村绿化提升工程"的实施，增加村庄的整体绿量。该市还在一些生态环境好、区位条件优、产业特色鲜明、人文积淀深厚的区域，开展了美丽乡村示范区建设，将生态、产业、村庄、人文、景观等建设内容融为一体，打造一批"建设水平高、示范带动强、富有地方特色"的美丽乡村示范区。

3.实施"生态经济推进行动"

按照"创业增收生活美"的要求，编制农村产业发展规划，推进产业集聚升级，发展新兴产业，促进农民创业就业，构建高效的农村生态产业体系。第一是促进生态农业的发展，将其作为生态经济推进行动的重要举措之一。发展乡村生态农业的具体途径包括：推进现代农业园区和粮食生产功能区的建设，实现农业的规模化、标准化和产业化经营；发展生态循环型农业生产，提高畜禽养殖排泄物和农作物秸秆等的综合利用率；推进无公害农产品、绿色食品、有机食品和森林食品的生产；推广应用商品有机肥，实施"农药减量控害增效"工程，促进农业生产过程的"清洁化"。第二是有效促进乡村生态旅游业的全面发展。即充分开发和整合利用农村地区独特的森林景观、田园风光、山水资源和乡村历史文化资源等资源要素，发展各具特色、具有可持续发展潜力的乡村休闲旅游业。第三是适当发展低消耗、低排放的工业产业。实施"产业升级工程"，推动乡村企业到乡村工业功能区集聚，严格执行污染物排放标准，集中治理污染；在农村地区推动"技术创新推进工程"和"落后产能淘汰推进工程"的实施，推行"循环、减降、再利用"等绿色技术，调整和优化乡村地区的工业产业结构。

湖州市在发展高效生态农业方面，实施了现代农业培育计划，推行了粮食功能区和现代农业园区建设工程，以促进农业产业的区域化布局、规模化经营和集约化生产。为了更好地培育现代农业的经营主体，加快培育并发展壮大一批农业龙头企业，该市实施了"农民专业合作社提质工程"，同时还推动建立"三位一体"的农业公共服务体系，建立完善一体化的新型农业科技推广联盟，加快现代农业科技的研发创新和推广应用。湖州各地的乡村也十分注重发挥农村山水风光秀丽、农耕文化多样、人文底蕴深厚的发展优势，大力推进"农家乐"和休闲观光农业园区的发展，加快建设乡村休闲旅游景区景点和城市周边休闲度假带，着力打造"美丽乡村"旅游目的地。

4.实施"生态文化培育行动"

即按照"乡风文明身心美"的要求，以提高农民群众生态文明素养和形成农村生态文明新风尚为行动目标，开展生态文明的普及教育工作，引导农村居民逐步形成科学、健康、文明、低碳的生产生活方式和日常行为方式，强化农村居民生态文明建设的基本理念，构建人与自然和谐共处的农村生态文化体系。生态文化培育行动，除了开展生态文明建设的宣传教育和文明村镇创建活动以外，也非常注重将发掘和保护古村落、古民居、古建筑、古树名木和民俗文化等历史文化遗迹遗存等特色文化村的建设培育工作，同优化美化村庄人居环境结合起来，在历史文化底蕴深厚的传统村落实现传统文明和现代文明的有机融合。

杭州市在美丽乡村建设过程中，提出"村风文明身心美"的目标要求。各地采取切合农村实际、贴近农民群众、群众喜闻乐见的形式，广泛开展内容丰富的生态文明宣传教育活动，在进行技能培训的同时，传播生态环保知识、政策和法律法规，以此来提升农民群众的生态文明素养，使保护生态、爱护环境成为广大农民的自觉行动和生活准则。同时，通过广泛开展群众性的农村生态文明创建活动，大力倡导生态文明生活方式，引导和鼓励人们使用清洁产品和新能源，在生活中倡导健康、文明的娱乐方式和消费方式。

（三）浙江美丽乡村建设的主要成效

浙江地处我国的东部沿海地区，在改革开放以来的经济社会发展进程中打下了较好的基础。在当前的发展背景下，整个城乡发展已经开始进入全面推进城乡融合的新阶段。美丽乡村建设作为推动农村地区经济社会发展和生态文明建设的重要载体，在此发展态势下无疑可以起到相当重大的推动和促进作用。

浙江省内各地的美丽乡村建设，有的起步较早，有的起步稍迟，并且在具体的运作形式上也各有侧重，各具特色。然而，由于美丽乡村建设这一农村发展行动，符合乡村经济社会发展的实际，顺应了城乡互动融合的趋势，因此，各地美丽乡村建设能够初步取得较为明显的发展成效，就成为可以预期的事情了。对此，各方面的认识是相当一致的——美丽乡村建设在城乡经济社会发展和社会文明进步的各个领域，尤其是在促进农村地区生态文明建设方面，的的确确显现了巨大的内在驱动力，并且在实践探索中具有极为广阔的发展前景。

概括地说，浙江美丽乡村建设对于城乡发展和农村生态文明建设所起的作用，可以归纳为以下几个方面：

1. 美丽乡村建设促进和实现了农村地区生活环境的优化美化

美丽乡村建设首先从优化农村地区的村镇布局规划、改善农村社区的公共基础设施、美化村庄村镇的生态环境入手，通过实施各项生态人居建设的工程，建设乡村地区居民的美好家园。

村镇布局规划的优化调整和修改完善，以推动农村人口的集中居住、集约利用土地资源和培育经济社会活动的核心区域——中心村和中心镇为努力方向和行动目标，这就从根本上顺应了城镇化与城乡发展所包含的资源要素通过集聚而实现集约利用的内在规律和必然趋势的要求，真正把握住了农村经济社会发展的正确方向。在统一的规划引导下，通过农房建设、旧村改造和村庄整治，实现了村庄空间布局更加合理、农居房屋建设更加有序、乡村整体风貌更加清新的建设目标。道路硬化、路灯亮化、河塘净化、卫生洁化、污水处理的实现，借助于村庄基础设施的建设与完善而得以完成。在实现户集、村收、乡镇中转、县处理的基础上，一直困扰农村地区环境卫生状况改观的农村生产与生活垃圾处理这一瓶颈因素得以快速消除。环境整治行动不仅净化美化了农村的生活环境，而且增加了公共绿地和森林覆盖面积，提升了乡村的生态环境品质。

在着力构建舒适的农村生态人居体系和生态环境体系的背景条件下，农村地区的生活居住条件有了极大的改善。现代的乡村已经逐步展现出别具特色的城市风貌。

2. 美丽乡村建设推动了农村地区生产与生活方式的转型

按照生态文明的价值理念和生态经济运行的原则要求，改造、提升农村地区的各类产业，增强了未来农村地区经济发展的活力与动力。优化乡村地区的产业结构，实现原有产业的清洁化改造，积极发展生态经济，是美丽乡村建设行动开展的一项重要内容。现代农业产业园区、现代农业综合示范园区以及特色农业精品园区等的建立和发展，促进了农业生产过程的标准化、规模化、专业化和生态化。粮食、蔬菜、茶叶、食用菌、中药材、经济林以及畜禽养殖等的种植养殖过程，都朝绿色、无公害、有机化的方向发展。现代农业技术的推广应用、农产品质量监管控制体系的完善以及动植物疫病防控的实施，构建起了"三位一体"的农业公共服务体系，为农业产业运行的生态化和绿色化，提供了坚实的保障条件。许多村庄和乡镇纷纷利用独有的资源优势，发展合乎保持生态环境可持续性要求的乡村休闲旅游产业，既增加了经营者和地方集体经济的经济实力，又培育和强化了人们的生态环境意识，推动了人们价值理念和行为方式的转变，提高了其参与生态文明建设的主动性与自觉性。

美丽乡村建设在给广大农村地区经济发展带来积极变化的同时，生态人居建设、生态环境提升以及生态文化培育等各领域的其他促进行动，尤其是生态环保知识、政策和法律法规等方面的宣传教育，也从各个不同的侧面强化了人们对农村生态文明建设重要性和必要性的认识，农村居民的思想认识和整体素质有了较为明显的提升，保护生态、爱护环境开始成为广大农民的自觉行动和生活准则，健康、文明、积极向上的消费方式、生活方式和行为方式逐步形成，良好的村风村貌和包括现代生态文明意识在内的现代价值理念和文明风尚渐渐浮现出来，并且进一步成为美丽乡村建设的积极推动因素。

3. 美丽乡村建设缩小了农村和城市在诸多领域存在的城乡差距

美丽乡村建设本质上就是一项综合推进农村地区经济社会发展的"发展促进工程"，其最为根本的功能定位就在于推动农村地区的发展，缩小城乡之间的发展差距，在城乡良性互动和发展差距不断缩小的前提下最终实现城乡融合。就其实效而言，浙江各地美丽乡村建设行动的开展，极为明显地促进了乡村地区的经济社会发展，提升了城乡良性互动与融合发展的速度和水平。

在经济发展层面，美丽乡村建设的发展促进行动，通过对农业产业运行的现代提升以及对农村地区工业和第三产业发展的有效推动，拓展了农村地区经济发展的空间，增强了经济发展的实力，也为农村劳动力的非农化转移奠定了坚实的产业发展基础。以此为前提，乡村地区的城镇化发展便可以真正启动了。美丽乡村建设行动中的"生态人居建设"，恰恰是顺应了城镇化和城市化发展的这一内在趋势而着力推出的。通过农村地区人口的适度集聚和中心村的培育，为城镇化进程的展开铺设了现实的路径。在整体规划的引导下，人口实现适度集聚以后，随着中心村镇的建设与发展以及产业、土地等资源要素的集约化利用，新的农居点、农村社区以及附设的工业园区和农业产业园区等，构成了未来城镇的雏形，成为一个特定区域范围内的"发展极"。

垃圾处理、污水治理以及交通、供水、供电、广电等农村基础设施和公共服务设施的建设与完善，农村生态环境的治理和品质的提升以及公共服务从城市向农村的扩展和延伸，都进一步缩小了城市和农村之间的发展差距，基础设施和公共服务的均等化程度得到较大的提高，农村居民可以在乡村和城镇安居乐业，享有同城市市民一样的各项权利，分享到城乡发展的有益成果。

4. 美丽乡村建设提升了农村居民的整体生活品质

人是社会发展的主体，同时，人的自由全面发展更是社会发展的终极目的和最高目标所在。美丽乡村建设直接推动了农村地区的快速发展，促进了社会文明各领域的进步，这就为作为农村经济社会发展之主体的农民自身的发展创造了更好的条件，为农村居民整体生活品质的提升创造了物质基础条件和制度保障条件。

美丽乡村建设所开展的各类行动和所实施的各项重大工程，都与农村居民生活品质的提高密切关联在一起，其根本目的都是相同的，那就是改善和优化农村地区的生产生活环境，提高农村居民的整体生活品质。无论是村庄规划、村庄整治和人居建设，还是基础设施改善、公共服务均等化提供以及生态经济发展和生态文化培育，都是定位在营造舒适优美、人与自然和谐共处的生产与生活环境上面，建设美丽乡村的意图就在于打造美好的生态家园。

5. 美丽乡村建设拓展了农村地区未来全面持续发展的空间

从科学发展观的视野来看，立足于农村而又着眼于城乡协同发展的美丽乡村建设行动，深刻把握并严格遵循了社会发展的内在规律的要求，其在谋划、推动和实现当下发展的同时，为整个农村地区的未来发展预留了广阔的空间。

美丽乡村建设规划的科学编制、协调衔接和有序实施，将科学发展观的基本原则和生态文明建设的价值理念贯穿于各个行动过程当中，以科学规划的引领作用彰显和保持着整体发展的理性。不仅有利于土地、产业以及生态环境中各类资源要素的有效整合和集约利用，实现经济社会活动整体效益的最大化，而且可以在很大程度上减少和避免发展推进中的一些代价和误区。

美丽乡村建设行动对农村生态文明建设所起到的巨大的拉动和促进作用，一方面保持了农村地区经济发展的可持续性，为其预留了未来的发展空间；另一方面，也在农村生态文明建设这一全新的实践领域，为探索一条实现农村经济社会发展与生态环境保护的有效途径，做出了积极有益的尝试，积累了初步的经验。

美丽乡村建设着力于减少和消除城乡之间在基础设施、公共服务以及社会事业发展等诸多领域的现实差距，不仅在农村地区的快速发展中加快了城乡融合的脚步，还为农村居民发展权益的有效保障和各项权利的均等实现创造了制度保障条件。从长远来看，这两者都将凝聚为城乡未来发展的持久动力和内在活力。

二、河北美丽乡村建设的探索与实践

（一）石家庄：探索美丽乡村建设之路

以正定西里寨、平山西柏坡为代表的一批美丽乡村，因地制宜，规划先行，创新融资，激发活力，成为河北省石家庄市城乡协调发展中的亮点、楷模，是改善农村人居环境的有益探索，是实现城乡差距显著缩小、提高新农村建设水平的新模式。

1. 美丽乡村：社会主义新农村建设的升级版

坐落在石家庄市鹿泉区获鹿古镇东面的东辛庄村（见图 8-8），是一个拥有 150多户、27 公顷土地的村庄，村里白墙黑瓦，绿荫满街，村道硬化，上下水入地，垃圾定点存放、定时清运……来到东辛庄村史陈列馆，劳动工具、生活用品展现着村庄历史，村史碑记载着一个村庄的可持续发展之路。在代表东辛庄之根的老槐树旁，好乡亲 365 服务点的墙上，悬挂着农村特色产品收购站，京东、申通的合作自提点等招牌，村里服务业的发达，昭示着村庄的复兴。

图 8-8　石家庄市鹿泉区东辛庄村民中心大门

这个东望石家庄，南倚太平河，西北背靠凤凰山的村庄，在建设美丽乡村进程中，因地制宜发展旅游餐饮业，薛家炖肉、杏林烤坊等各具特色，与周边的休闲农旅区一起，形成了美丽乡村可持续发展的产业之一。

2013 年 5 月，河北省正式启动全域性美丽乡村建设，开始实施民居改造、安全饮水、街道硬化、无害化卫生厕所改造、特色富民产业等十二个专项行动。8 月，河北农村面貌改造提升行动领导小组更名为省美丽乡村建设领导小组，并于 2016 年 1 月出台《关于加快推进美丽乡村建设的意见》，标志着全省美丽乡村建设从"蹚路子、做示范"转入"上水平、全覆盖"阶段。

石家庄市委、市政府稳步推进，截至目前，省级美丽乡村数量和省先进县数量连续三年在全省领先，成功打造了 60 个省级美丽乡村、136 个市级美丽乡村，以及正定古城和平山西柏坡两个省级重点片区。栾城柳林屯被住建部授予"2015 年全国美丽宜居村庄"称号，鹿泉区下聂庄在"寻梦·2015 中国最美村镇"评选中荣获"产业富裕类最美村镇奖"，正定西里寨村入选"2016 中国美丽乡村十佳典型案例"。

河北省委、省政府《关于加快推进美丽乡村建设的意见》提出，到 2020 年基本实现美丽乡村建设全覆盖。石家庄市按照村容村貌干净整洁、生态环境清新优美、农民收入明显提高、公共服务完善配套、农村社会和谐文明的要求，坚持突出重点，着力解决农村建设发展中面临的突出问题，将美丽乡村建设与农业现代化、精准扶贫、乡村旅游、山区综合开发等紧密结合，五位一体统筹推进。

2.重点施策，探索美丽乡村建设新路径

省级重点村项目建设稳步推进。省级重点村根据村庄发展定位，编制村庄规划，确定建设项目。在实践中，一些村庄不等不靠，从群众迫切要求解决的问题入手，垫资启动项目建设。在十二个专项行动的 67 个小项中，石家庄市有 42 个项目进度超过全省平均值。

截至目前，石家庄市完成了县级美丽乡村建设 5 年总体规划和 406 个省级重点村的绿化、"两改一拆"及电商平台建设；栾城三苏都市农业游和鹿泉抱犊寨片区、京石高铁和西柏坡高速沿线"两片两线"建设按照计划有序推进。融资融贷、栾城 EPC 模式、鹿泉片区建设及电商全覆盖、藁城"美富共建"、正定高铁沿线民居改造、两个省级片区规划、平山李家庄精致化建设等受到省委领导肯定。

因地制宜选择产业发展。"乡村的美不只是外在美，更要美在发展"。石家庄市在工作推进中，把繁荣农村经济作为美丽乡村建设的重要内容，坚持因地制宜。注重乡村特色产业的培育，打造美丽村庄可持续发展的基础，促进农民增收，使美丽乡村建设有支撑、可持续。

藁城区近年来坚持"美富共建"，通过大力发展富民产业，实现了美丽乡村建设与产业发展相促进、创建美丽与经营美丽相结合、村容村貌与精神面貌双提升。

梅花镇的屯头村，80%以上家庭都从事宫灯生产和加工，宫灯年产值近10亿元。在宫灯博物馆、宫灯手工体验馆、宫灯民俗文化步行街、村南牌楼、复古城墙等景观景点，游人络绎不绝，流连忘返。

以此为基础，藁城区建成了田成方、林成网、路相通的现代农业景区近2.7万公顷基本农田，年接待游客50多万人次；以订单农业的方式，建成蔬菜生产基地、农产品批发市场，培育产业化龙头企业。2015年藁城农民人均可支配收入达到15 207元。

美丽乡村建设，归根结底还是要以提高农民收入为重点，把产业发展摆在突出位置，做到宜农则农、宜工则工、宜游则游，找好适合自己发展的致富路子，为美丽乡村建设奠定坚实的物质基础。

"望得见山，看得见水，记得住乡愁"，乡村的魂是什么？石家庄市注重研究美丽乡村建设规律和阶段性工作特点，找出一条符合石家庄市实际的推进路线。首先是传承和弘扬优秀传统文化，保护和恢复农村生态，努力保留村庄历史记忆，保留乡村文脉；其次是突出地域特色，发挥资源禀赋的优势，强化市场化运作，壮大集体经济，为村庄持续发展注入活力。最后是"点""线""片""面"梯次推进，不断壮大美丽乡村建设的声势，支持多方参与，建立长效机制。

同时，把美丽乡村建设与现代农业、扶贫攻坚、乡村旅游、山区综合开发有机结合起来，统筹推进，形成合力。特别是中心村和旅游村建设稳扎稳打地推进，中心村建设注重与城镇化相结合，与棚户区改造相结合，与移民搬迁相结合，与工业园区相结合，充分利用好国家有关政策，合力推进。

3.创新发展，是美丽乡村建设的不竭动力

高水平的规划先行。石家庄市指导各地科学编制全县域美丽乡村建设五年规划和年度村庄规划，构建了从宏观到微观、从全域到局部、从综合到专项、从用地到景观相衔接的规划格局。中央美院和江苏城乡规划院、中建规划院等国内顶级规划设计单位，都被聘请来编制两个省级重点片区的规划。

专家顾问组专门编写了《石家庄市美丽乡村规划编制导则》和《案例选编》，旗帜鲜明地提出了"四反对、四提倡、一禁止"，即反对千村一面，提倡一村一品；反对复制城市，提倡乡土特色；反对过度规划，提倡量身打造；反对同质设计，提倡差异规划；禁止修建豪华牌坊。以此来破解各地美丽乡村建设中存在的千村一面、千户一面、求洋求阔和改造过度等问题。2016年年初，栾城区公开选聘了8家有资质的规划设计公司，与辖区美丽乡村项目建设涉及的46个重点村签订规划设计协议，根据村庄区位、产业、历史、民俗等特点编制规划，打造"一村一景、一村一韵"，实现了和而不同，各美其美。

创新融资融贷模式。石家庄市在美丽乡村建设中，转变投入方式，资金筹措由过去的财政奖补改为融资贷款为主，进一步放大财政资金效应，获取更多金融支持，吸引社会资本参与，基本解决了投入不足问题，实现持续投入。例如，在统贷统还、分贷分还的基础上，石家庄市创新采取统贷分还模式，解决了部分财政收入偏低县达不到贷款门槛等难题，目前银行已核准贷款 47.8 亿元。

探索可持续发展模式。石家庄市栾城区积极创新美丽乡村建设工作机制，首次全面推行"EPC 模式"，实现了规划、设计、施工一体化，保证了建设的高水平，在融资贷款不能迅速到位的情况下，实现施工单位垫资建设，快速推进，为完成全年任务目标争取了主动。

栾城 EPC 模式破解了美丽乡村建设过程中遇到的诸多难题，加快了进度，保证了质量，缓解了资金压力，具有可复制的意义。平山西柏坡片区也与中冶京诚集团合作，在西柏坡、平山、温塘、北冶等乡镇采取 EPC 模式推进美丽乡村建设。

西柏坡镇、栾城区农村生活垃圾处理则采取 PPP 模式，由市场化运作的环卫公司托管，达到了垃圾处理市场化、减量化、资源化、无害化的工作目标，实现了"收集运输全封闭、日产日清不落地"。

（二）承德：紧抓地域特色推动美丽乡村建设

1. 扎根实际，打造特色美乡村

承德市山多地少，地广人稀，一直以来还担负着京津冀水源涵养地的重任。虽然自然生态条件得天独厚，但过去一直是守着青山没饭吃。到现在，承德市所辖区除 4 个区外，8 个县中还有 7 个贫困县。如何在扶贫攻坚、美丽乡村建设中不掉队？2015 年底，承德市委、市政府，确定了"京津冀水源涵养功能区、国家绿色发展先行区、环首都扶贫攻坚示范区、国际旅游城市"的发展定位。承德市委书记周仲明说，坚持脱贫攻坚与美丽乡村、乡村特色游、现代农业园区、民俗文化开发、沟域经济"六合一"，用美丽的点，连成美丽的线，构成美丽的面，打造乡村旅游 2.0 版，与特色小镇、精品片区共同支撑起全域旅游新格局，确保农民持续富裕、农村持续美丽。显然，承德市把发展乡村旅游摆在了一个非常重要的战略位置。

承德市农工委常务副书记、农委主任刘宝龙介绍，承德在河北省委提出 12 个关于美丽乡村建设专项行动计划的基础上，围绕承德实际，突出乡村旅游特色，制定了《乡村旅游精品村实施意见》，构成美丽乡村建设"12+1"的重点工作体系，到 2020

年基本实现美丽乡村全覆盖。2016年重点打造了兴隆燕山峡谷一个省级片区，争创两个省级中心村示范县，建设九大市级美丽乡村精品片区，推进243个省级重点村建设，打造50个市级精品示范村，绘就了一幅美丽乡村建设的宏伟蓝图。

2.压茬推进，持续发展有后劲

目标明确，落实手段最重要。在多年美丽乡村建设实践中，承德市农委总结出许多好的工作经验，"压茬推进"就是其中之一。按照"3A景区起步，5A景区目标"的高标准规划，承德市先确定了一批以省市县三级旅游重点村为梯队的乡村旅游重点扶持对象。随后是培育"县级"升"市级"，"市级"升"省级"；特色小镇、精品旅游片区也同样是三级压茬培育。升级不是结束，而是更高目标的开始。年年扩范围，年年有进步，年年有投入，保证了工作和项目的不断茬，避免了以往一次性改造，后续无力的局面。这样的培育持续三五年，直到把培育对象培育成3A至5A景区、能够自身经营持续发展……

为加强对重点旅游村、特色小镇和精品片区的指导，省市县三级领导直接包村。市县均将美丽乡村建设作为党政"一把手"工程，全市四大班子一把手每人包扶一个精品片区，每位市、县级领导包扶一个重点村……每位领导包村一包就要持续几年，不达目标不"脱包"，以确保帮扶不断档。

3.惠及民生，前景诱人富万家

2016年，承德市确定了打造50个市级精品示范村的目标，已完成投资31.2亿元，推进"首旅寒舍"等特色民宿项目。2016年全市共接待中外游客4 000多万人次，实现旅游收入455.27亿元，其中全市乡村旅游累计接待游客达1 275万人次，实现旅游综合收入73亿元。赴乡村旅游的游客占总数的30%，实现旅游收入占总旅游收入的16%。

许多项目还实现了当年投入建设，当年开业见成效。这些美丽乡村2016年共接待游客85万人次，实现旅游综合收入6亿元。占乡村旅游游客总数的7%，占乡村旅游综合收入的8%。

2016年11月，承德市被国家旅游局（现为中华人民共和国文化和旅游部）评为第二批国家全域旅游示范区。承德将加快实现文化旅游产业从"山庄旅游"到"全域旅游"的新跨越；加快"一季游"向"四季游"、"观光游"向"休闲游体验游"转变。

（三）张家口：美丽乡村装点"大好河山"

近年来，河北省张家口市统筹推进脱贫攻坚、植树造林、现代农业、乡村旅游、山区综合开发等，处理好美丽与富民、面子和里子、攻坚和长效的关系，不断改善村民生活、促进乡村的经济文化发展，优化了农村的居住环境，也促进了农民增收致富。

街道干净整洁，水、电、路、气直通村民家中，休闲广场上活跃着村民的身影，有的跳舞，有的唱歌……走进河北张家口尚义县南壕堑镇十三号村，呈现在眼前的是环境优美、特色鲜明的乡村景象，感受到的是村民对美丽乡村建设成果的自豪与喜悦。

南壕堑镇十三号村发生的巨大变化仅是张家口美丽乡村建设的一个缩影。2016年以来，塞外山城张家口市以"美丽乡村·大好河山"行动为抓手，坚持美丽乡村和脱贫攻坚、植树造林、现代农业、乡村旅游、山区综合开发"六位一体"统筹推进，齐心协力，使一个个环境美、精神美、产业美、生态美的美丽乡村渐成张垣大地新风景。

1. 加强规划，引领整体推进

张家口市从美丽乡村建设一开始，就注重做好规划这篇文章，在建设思路上勇于创新、注重特色、强化引导，既立足当前又着眼长远，既统筹全域又注重细节，既统筹城乡实际又兼顾群众利益，力争使美丽乡村建设按既定设计目标准确推进。

如今，规划正逐渐转化为具体成果。该市形成了以美丽乡村建设总体规划为龙头，涵盖县域村庄布局规划等多个专项规划的规划体系。重点打造 350 个重点村、1个省级精品片区（蔚县古村堡片区）和 4 个市级重点片区（张北县草原天路旅游片区、万全区万全镇文化旅游片区、涿鹿县矾山现代农业旅游片区、怀来县存瑞现代农业旅游片区）、30 个旅游专业村。

在河北省确定的精品村、达标村基础上，张家口市创新性地确定了精品示范、文化旅游、综合整治和中心村建设 4 种主要建设模式。全市重点打造 82 个精品示范村、65 个文化旅游村和 18 个特色风情小镇。其中，启动 12 个省级中心村建设任务，着力打造宣化、崇礼 2 个省级中心村示范区。

在参照河北省美丽乡村建设相关标准的前提下，张家口市进一步明确了 4 种模式的建设标准，还对其中一些指标进行了优化提升。尤其对精品示范村和文化旅游村，要求自来水入户率、街道沥青硬化率达到 100%，街巷全部亮化，村内外宜绿全绿，100% 的民居达到结构安全、功能齐全的要求，村庄整体 50% 以上、主街道 100% 的民居完成节能改造；生活污水处理设施覆盖率不低于 80%；农户改厕实现全覆盖；整村推进天然气进村入户工程，乡（镇）所在地村庄要实现集中供热、供气，80% 以上农户使用清洁能源。

2. 拓展渠道，保障资金到位

张家口市是河北省贫困人口最集中的地区，建设美丽乡村，"钱从哪里来"成为必须破解的最大难题。该市坚持政府主导与银行支持两手发力，以有限的财政资金撬动金融资金，在全省率先搭建起融资平台，将美丽乡村建设12个专项行动所有融资项目在河北省农发行整体立项，有效破解了美丽乡村建设资金难题。

据测算，如果按照每个重点村1 000万元的标准进行投入，共需贷款206亿元。该市灵活采取"统贷统还"方式，以市级融资平台为承贷主体，市、县两级共同设立专项贷款偿还基金，市级每年安排5 000万元，县（区）按照每个重点村100万元的标准，每年列入年度预算。

3. 统筹发力，促进山乡巨变

随着规划落地，资金到位，一个个难题被破解，一项项难关被攻克，美丽乡村建设顺利推进。一个个村美民富的美丽乡村正破茧成蝶，茁壮成长。

目前，张家口市350个重点村共实施项目21 451个，累计完成投资20.7亿元；民居改造、垃圾治理、村庄绿化、道路硬化、改水改厕、清洁能源利用等一批重点项目进展顺利；精品示范村的天然气进村入户工程已基本完工；2022年北京—张家口冬季奥运会崇礼重点区域10个村整村新建拆迁工程已基本完成。农民精神风貌焕然一新，城市文明不断向农村延伸，美丽乡村已具雏形。

张家口市依托美丽乡村建设，大力推动休闲观光、规模化种植养殖、家庭手工业、乡村旅游业等"一村一品"特色产业发展。阳原县双庙村精心培育设施蔬菜、中药材种植两大农业园区，精心打造光伏小镇，户均年增收5 000元；宣化区元子河村引入社会资本投入民居改造，发展健康产业，已完成投资3 000多万元。据统计，全市农民专业合作社已发展到4 500多个，有效带动了相关从业农民增产增收。

拓展发展思路，创新经营理念，精心打造各类风情小镇，发展乡村旅游。尚义县南壕堑镇十三号村组建农宅合作社，建设主题窑洞酒店（见图8-9）；万全区霍家房村、西南街、西北街等村集中发展古城民宿、特色农家院和旅游木屋。目前，各县（区）打造的旅游精品村，一村一貌，风格各异，吸引了大量的游客，乡村旅游带动农民增收的效应已逐渐显现。

多个县（区）都把美丽乡村建设和易地扶贫搬迁两项工作结合起来，利用移民搬迁工程建设新民居。沽源县九连城镇、黄盖淖镇结合易地扶贫搬迁，多个美丽乡村拔地而起；康保县处长地乡、邓油坊镇，集中规划建设移民安置小区和产业小区，还通过分散式光伏发电，使户年均收益超3 000元。

图 8-9　尚义县南壕堑镇十三号村主题窑洞酒店

阳原县小关村采取村集体资产入股、五保户免费入股、贫困户低价入股、创业户平价入股，"四股"有机结合的运营管理模式，成立兴农养殖专业合作社，探索出了一条多渠道融资并带动全体村民共同发展、共同致富的新路子。涿鹿县六堡村采取"现代企业 + 农业合作 + 农民入股"的模式，成功将现代企业"嫁接"到贫困山村，农民人均收入从 5 400 元提高到 14 000 多元。

（四）邯郸武安："文化 + 旅游"探索美丽乡村建设

在距离河北省武安市城区 17 千米的磁山二街村，一条集历史文化展示、餐饮休闲娱乐于一身的商帮文化街正在热火朝天建设中。千米之外，就是浓缩了我国新石器时期代表文化之一的磁山文化博物馆。这些既能展现当地文化，又能吸引游人的文化设施，近几年在武安多个乡村声名鹊起，背后反映出的是武安正在走一条以特色文化为抓手，以旅游为引擎的美丽乡村建设之路。

1. 给每个村子都找到文化符号

武安是河北邯郸市下辖的县级市，地处太行山东麓。新中国成立后，这里便因钢铁、煤炭资源丰富逐渐发展成为华北地区的工业重镇。

但工业重镇也有深厚的文化底蕴。武安自汉初便已设县制，建城史有 2 000 多年，拥有磁山、商帮、红色、戏曲、冶铁、民俗等六大特色文化，其中磁山文化更是证明了中国是世界上最早饲养家鸡和种植粟、核桃的国家。

"为了更好地保护和传承这些宝贵的传统文化，我们把它和美丽乡村建设结合起来，用文化来引领美丽乡村建设。"武安市委书记魏雪生说。

2017 年上半年，武安市农工委联合多个部门组成文化调查团，深入到武安的各个村落，走家串户，挖掘每个村子里正日渐被人淡忘的传统文化，以明确每个村子在美丽乡村建设中的定位。

在地处太行山深处的楼上村，调查团发现村里不仅有村民组织的业余平调落子剧团，还有年久失修的演出剧场；在邵庄村，他们发现了诸多代代相传的书法作品；而在大水交村，大量抗日战争时期颂扬革命英雄的牌匾重见天日。因此，楼上村在武安美丽乡村建设的整体规划中被定位成了山居戏乡、平调落子戏曲小镇；邵庄村则变为了书法小镇；大水交村成了抗日英雄村。

2. 以点带面确保一个村都不落下

在美丽乡村建设伊始，武安坚持将乡村旅游产业的发展置于美丽乡村整体规划之中，借助旅游来盘活乡村文化资源，让文化兼具公益和商业双重属性。

在对位于东太行景区的楼上村"山居戏乡"的整体规划中，既有向大众传播戏曲文化的平调落子博物馆，也有收费性质的戏曲剧院，还有与之配套的戏曲文创产品以及茶馆、咖啡馆、农家乐等。

当然，并非所有村子都像楼上村一样，拥有紧临东太行景区的绝佳地理位置。对那些区位条件不太好，文化特色也不明显的村子，武安则采取了"以点带面"的方式。

为此，武安将全市范围内的村子按照旅游定位打破行政区划重组，划分成了伯延、贺进、冶陶三大古镇和太行长寿村、朝阳沟、白沙、磁山、兰村、洺湖六大片区。其中伯延古镇的打造方向是"品古镇文化，享农事体验"；冶陶古镇是"走进传统村落，触摸传统文化"；贺进古镇则是"览太行风光，赏明清古韵"。太行长寿村片区的定位是"养生福地"；朝阳沟片区是"传统村落与知青文化"；白沙片区是"新时代，新农村，新生活"；磁山片区是"磁山文化和商帮文化"；兰村片区是"民俗特色小镇"；洺湖片区则是"休闲湿地"。对此，武安市委常委、农工委书记、统战部部长李树明说："每个古镇或者片区都有1～2个核心村，只要核心村发展起来了，就能辐射带动整个片区的发展，确保了美丽乡村建设不落下一个村。"

3. 三种模式助力美丽乡村建设稳步推进

和很多地方一样，武安的美丽乡村建设也需迈过最难的一道坎——资金。武安总共有500多个行政村，要实现美丽乡村建设的全覆盖需要大量资金投入。如果没有资金，美丽乡村建设就很难进行下去。

为解决这一问题，武安根据全域所有乡村的发展现状，摸索出了三种不同的美丽乡村建设模式：①政府助力，自主建设模式。例如，磁山二街的集体经济发展情况较好、拥有一定资金实力，该村就主要依靠村里的投资建设美丽乡村，市政府帮建个别基础设施项目，同时对一些投资较大的项目给予适当补贴。②村企共建模式。针对一些本身已拥有丰富旅游资源且有一定知名度的村子，鼓励其积极引入社会资本，通过招商吸引企业参与到美丽乡村的建设中来。③政府主导模式。主要面向像楼上村这样经济条件不好的村庄，由武安市政府引导和承担美丽乡村建设的资金。目前这三种模式在武安的美丽乡村建设中都有采用，每个村子按照自己的实际情况，选择最适合的建设模式，这也保证了武安美丽乡村建设工作的稳步推进。

（五）保定徐水区：倾力打造美丽乡村新名片

1.因地制宜，突出特色

突出特色，规划先行。规划是特色的源头，只有在规划上创新，才能在建设上体现特色，避免千村一面。徐水区把规划设计作为美丽乡村建设的基础工作，力求每村各具特色，各有亮点，坚持因地制宜，保障了规划的前瞻性和可操作性。

秉持着这个宗旨，在2016年美丽乡村建设中，大因镇按照突出民俗特色、体现文化传承、依托产业基础、坚持一村一品的理念，为9个村分别确定了军营文化、工匠文化、尚武文化、水墨风韵、民俗狮意、木景田园等主题，围绕主题打造景观节点，实现了差异化定位，组团式创建。

2.改善环境，绿色发展

徐水区把改善环境作为美丽乡村建设的基础工作来做，坚持生态优先，绿色发展，努力在"净、绿"两方面下功夫。为彻底解决农村脏乱差问题，2016年，徐水区委、区政府投入4300万元，由山东昌邑康洁环卫有限公司对全区农村垃圾进行保姆式托管。

山东昌邑康洁环卫有限公司是一家具备国家一级资质的大型环卫服务企业，主要经营道路清扫保洁、垃圾收集处理、城乡环卫服务一体化等业务。目前拥有环卫资产5亿余元，机械设备3000余辆（台），专业技术人才350余人，从业人员5万余人，合同额达46亿，成为第一家走向国际市场的环卫企业。

目前，徐水区14个乡镇约56万人实现保姆式托管全覆盖，纳入保洁范围的有299个村庄、村庄商业街、连村道路。徐水区域项目部共配备区域经理1名、内勤2名、28名正副经理、管理员80人、司机装卸工124人、保洁员1767人、垃圾清运车62辆、垃圾桶15000个，干净的街道使农村面貌焕然一新。

保障农村干净整洁只是美丽乡村环境建设的第一步，实现绿色发展才是更高目标。第一，进行全域绿化规划，构建了"两区、两河、七路、多点"的绿化格局。聘请北京林业大学高级规划设计团队编制西部山区综合开发总体规划，重点构筑西部山区绿色生态屏障。第二，集中做好廊道建设，认真谋划瀑河两岸景观带建设，积极推进漕河生态过渡带建设，并沿"三高、三铁、一国道"两侧，建设了 50 ~ 100 米绿色廊道。第三，加大绿化力度，提高城乡绿化率。重点打造城区"绿廊交错、公园棋布、翠带相依"的绿地景观，大力开展植树绿化，建设农村街道、环村、沿路绿带，修复生态、改善环境、绿化乡村。自去冬今春以来，全区完成新增绿化造林面积 0.1 万公顷，植树 90 万株，超过过去十年植树的总和。第四，积极推动绿色低碳的生产生活方式和运营模式。以高铁沿线村为重点，认真做好民居节能改造工作。覆盖率均达到 98% 以上，工程质量全部达标，群众满意率 100%。蓝天绿树红屋顶成了京石高铁徐水段一道靓丽的风景线。

3. 留住乡愁，传承文明

如果一个村的发展是一部历史书的话，那么留给人们最多的还是那厚重的文化和萦绕心头的乡韵乡愁。徐水区坚持把文化建设作为美丽乡村建设的重要内容，注重文化融合，彰显文化特色，充分发挥文化在传承文明、引领风尚、教育人民等方面的作用，不断丰富和提升美丽乡村的内涵，让美丽乡村有"颜值"更显"气质"。高铁沿线美丽乡村建设，依托当地军营文化、尚武文化、梨园文化、清波鼓韵、木景田园等乡村文化进行乡村建设，打造了小东张红园、南白塔梨园、小西张勇者无惧主题游园、西小营精忠报国主题游园、范马庄宝马雕车主题游园、陈庄绿色长廊、郑庄河道景观长廊、王铁庄休闲广场等一批沿途景观。南陈庄村以美丽乡村建设为契机，立足"红色旅游"和"绿色生态"，打造了一条爱国主义教育基地和山区旅游结合的红色旅游线路，其中包括徐水烈士陵园、抗日民主政府旧址、南陈庄地道旧址、东王地、景儿峪、五龙沟、英雄井等陈庄十景。在此基础之上，全区每个村都在规划建设村史馆，保存并传承了一批珍贵的历史记忆。

4. 培植产业，强村富民

美而不富不是美，既美又富才是美丽乡村建设的应有之义。徐水区坚持把培育富民产业摆在突出位置，与现代农业发展相结合，不断加快现代农业园区建设。在具体工作中，主要是培育农业龙头企业，发挥龙头企业在美丽乡村建设中的带动作用。

漕河镇梁家营村在 2016 年徐水区梁家营美丽乡村建设的基础上再升级，打造了梁家营生态创艺小镇。梁家营生态创艺小镇建设计划总投资 5 000 多万元，其中现代农业园区建设投资 3 000 万元，目前已完成投资 2 400 万元。

梁家营按照区美丽乡村建设要求，结合该村实际，重点加大现代农业生态园区建设，突出发展生态旅游、休闲观光。以乡村特色文化为主的都市现代农业，将现代农业产业园的发展作为美丽乡村建设的有力支撑。目前，依托生态旅游农业园，围绕村落分区布局，梁家营村建成了蔬果采摘园、垂钓园、私人专属菜园、非遗展示街区、休闲运动区、科普区、户外宿营区等多个特色板块，并打造了漕河"驴"文化主题餐厅及农户自主经营的农家乐餐厅等。同时，还建设了"村里"高标准民宿酒店和多个艺术家创作工作室等。既增加了农民收入，提高了农民生活水平，又壮大了村集体经济实力。

附录　案例——大寨村美丽乡村建设

第一章　概述

一、规划背景

（一）国家对美丽乡村建设要求

2013 年中央一号文件首次提出建设"美丽乡村"的奋斗目标，进一步加强农村生态建设、环境保护和综合整治工作。2013 年中央新型城镇化工作会议提出明确要求"未来城镇化应让城镇融入大自然，让居民望得见山、看得见水、记得住乡愁。在促进城乡一体化发展中，要注意保留村庄原始风貌，慎砍树、不填塘、少拆房，尽可能在原有村庄形态上改善居民生活条件"，为美丽乡村建设指明了方向。2013 年 2 月，农业部办公厅发布《关于开展"美丽乡村"创建活动的意见》，正式在全国启动"美丽乡村"创建工作。一场关于亿万农民的"中国梦"的大幕徐徐拉开。进入新世纪以来，中央在政策制定上以城乡统筹发展为抓手，把建设社会主义新农村和推进新型城镇化作为保持经济平稳较快发展的持久动力。以此，缩小城乡差距、消除城乡二元化，建设美丽乡村，实现农村地区全面实现建成小康社会的目标。美丽乡村建设是生态文明建设的重要组成部分，是建设美丽中国的重要组成部分。

党的十八大提出"五位一体"，将生态文明建设融入经济建设、政治建设、文化建设、社会建设各方面和全过程。在建设美丽中国的背景下，美丽乡村建设，是新农村建设的升级版，但又不仅仅是"生产发展、生活宽裕、乡风文明、村容整洁、管理民主"理念的简单复制，在"生产""生活""生态"三生和谐发展的思路中，"美丽乡村"包含的是对整个"三农"发展新起点、新高度、新平台的新期待，即以多功能产业为支撑的农村更具有可持续发展的活力，以优良的生态环境为依托的农村重新凝聚起新时代农民守护宜居乡村生活的愿望，以耕读文化传家的农村实现文明的更新，融入现代化的进程。一个承载城市人亿万"乡愁"的现实家园，城市让生活更美好，而农村让城市更向往。

（二）河北省对美丽乡村建设要求

自 2005 年始，河北省委、省政府在全省开展"文明生态村"创建活动，2008 年提出"新民居"建设，作为新农村建设的一种有效载体，极大提高了各地村庄的村容村貌，改善了农民生产、生活条件。

2008 年，中共河北省委《关于认真贯彻党的十七届三中全会精神进一步推进农村改革发展的意见》指出："总体上看，我省已进入以工促农、以城带乡的发展阶段，进入加快改造传统农业、走中国特色农业现代化道路的关键时刻，进入加速破除城乡二元结构、形成城乡经济社会发展一体化新格局的重要时期。"并要求加快建立促进城乡经济社会发展一体化的制度体系，特别是把基础设施建设重点转向农村。河北省委、省政府为落实十八大精神，改善农村人居环境。2013 年 5 月做出《关于实施农村面貌改造提升行动的意见》重大战略部署，决定用三年时间，对全省近 5 万个行政面貌进行配套改造、整体提升。

2016 年省委、省政府印发《关于加快推进美丽乡村建设的意见》，提出到 2020 年，基本实现美丽乡村建设全覆盖，具备条件的农村全部建成"环境美、产业美、精神美、生态美"的美丽乡村。推进美丽乡村建设符合省情民意，也是河北省统筹城乡发展，实现新型城镇化、工业化、农村现代化的客观要求。对改善河北省农村人居环境，提高农民收入，促进城乡一体化发展，以及全面建成小康社会意义重大。

建设富有河北特色的美丽乡村要突出特色。"十里不同风，百里不同俗。"在燕赵大地上，不同地区有不同地理风貌，也在历史发展中形成了不同的文化、习惯和风俗。建设富有河北特色的美丽乡村，就要让不同区域的乡村能够各具特色、各美其美。正如省委书记赵克志所说，建设美丽乡村，关键是坚持因地制宜、突出本地特色、推动产业发展、提升文化内涵，这样的乡村才更具活力和魅力。要根据不同村庄的区位特点和资源禀赋，按照中心村、保留村、撤并村、历史文化名村和贫困村等进行分类指导。

（三）任县美丽乡村建设需要

为全面落实省委省政府《关于加快推进美丽乡村建设的意见》，提出到 2020 年，基本实现美丽乡村建设全覆盖，具备条件的农村全部建成"环境美、产业美、精神美、生态美"的美丽乡村的要求，任县县委县政府提出美丽乡村建设总体要求、工作目标和主要任务，建设邢东商务副中心的发展定位，按照"科技兴县、生态立县"的发展理念，坚持发展和生态两条底线，生态美和百姓富相统一，美丽乡村建设要在治本上取得实质性突破，着力打造"水润任县""深绿任县"和"清新任县"。做好任县连片美丽乡村总体规划，对提高县域经济发展，提高美丽乡村建设水平，提高农民生产生活水平，改善农村人居环境意义重大。

任县地处河北省南部，华北平原南部，东靠巨鹿、平乡；西连邢台、内邱；南依南和；北接隆尧。县城位于县域西南部，是全县的政治、经济、文化、交通中心，距首都北京 400 千米，距省会石家庄市 110 千米，距邢台市 20 千米。全县辖一城、两镇、五乡、一区，195 个行政村，总面积 431 平方千米，为邢台市的"五星之一"。

二、村庄自然与经济社会条件

（一）地理位置

大寨村隶属任城镇，位于县城东部 7 千米处。大寨村紧临任城县城，村庄北侧有邢巨线。

（二）自然条件

1. 气候

大寨村暖温带亚湿润季风性气候，具有大陆性季风显著、四季分明的特点。年平均气温 13℃，1 月平均气温 -3.6℃，7 月平均气温 26.8℃，年极端最高气温 42.7℃（1968 年），极端最低气温 -23℃（1981 年）。日照年平均 2767.4 小时，无霜期年平均为 197 天，平均年降水量 520 毫米，多集中在 7~8 月份。雨热同季，光照充足，适宜作物生长。

2. 地形地貌

村庄地势较为平坦，自北向南略有倾斜。海拔 25.5~30 米，中南部最高点 32.2 米，在堤村乡北部一带；北部最低 25.5 米。

（三）社会经济

1. 经济情况

大寨村域总面积 1700 亩，耕地面积 1470 亩。其中基本农田 1420 亩，一般农田 50 亩。村庄以传统农业种植为主，主要有玉米、优质小麦等。村庄建成区占地面积 288 亩。村民收入以外出务工和农业种植为主。

2. 人口构成

2015 年，大寨村常住户数 259 户，常住人口 1050 人。

3. 产业

目前，大寨村以玉米、优质小麦农业为主。

（四）资源条件

1. 土地资源

地势平坦，盐碱土质。耕地面积 1470 亩，人均耕地面积 1 亩多，村庄占地面积约 18 公顷。

2. 水资源

生活用水：使用自备井井一般深度 270 米，水质为良。

生产用水：水井深度 100 米，灌溉用水来源为自打井，25 个。

3.电力资源

村庄供电来自任城镇110KV供电站村内6台变压器，其中村里2个，村外4个，路灯90余个。

三、村庄建设现状

1.建设用地

现状村庄建设用地面积19.2公顷，人均建设用地为182.9平方米。

2.村民住宅

村民住宅整体质量一般，少数建筑为近年新建。

3.公共服务设施

村内有村委会、村民文化活动广场、1个卫生室、1座小学等公共服务设施，现有便民服务店一处。

4.基础设施

（1）道路

村庄内部主要街道4条，均已硬化，道路基本呈十字轴型，南北向路面宽度约6米，长度300米。东西向道路为7米，长度800米。宅前路一部分已硬化，一部分为土路，宽度2—5米不等。

（2）排水

现状村庄内无雨污水管道。现状排水存在的问题主要是户内无卫生洁具，厕所为旱厕，对地下水及土壤造成一定污染。

（3）电力

村域内共有6台变压器，村民供电电压相对稳定。村内电力线采用架空方式布置。

（5）电讯

通讯线路分属联通、电信、有线电视，采用架空敷设，布置在路的一侧。

（6）用能

农户厨房大部分使用电磁炉，液化气为补充，少量烧煤；冬天取暖采用单户土煤炉，设置壁挂暖气，有进出水管，少量使用火炉直接取暖。部分农户家中安装太阳能热水器。

5.村庄绿化

村庄绿化覆盖率低，主要道路两侧有少量绿化种植，主要以槐树、梧桐树、侧柏等，房前屋后绿化有少量绿化，庭院内绿化以果树种植为主，部分农户在院内和宅旁种植蔬菜；村庄内部空闲宅基地多种植农作物或者杨树等；村庄周边和村内坑塘处以杨树、柳树种植为主。

四、存在问题

（1）村庄产业发展薄弱，产业发展类型单一，村民收入渠道少，村民收入水平低。

（2）配套设施有待进一步完善。村庄无污水处理、燃气等设施，村庄均为旱厕，卫生条件差。

（3）村庄村容村貌有待提高。村庄缺少主要景观节点，街道绿化率低、不成系统，缺少公共活动场地和绿地；环境卫生差，街道垃圾随意堆放。

（4）村庄整体风貌差，民居建筑风貌杂乱，外立面色彩不统一。

（5）村庄历史文化传承不够，文化断层严重，村庄历史了解者甚少，村庄缺少村史馆、文化活动室等。

第二章　规划总则

一、规划依据

（1）《中华人民共和国城乡规划法》2008

（2）《河北省城乡规划条例》2012

（3）《村庄整治技术规范》GB-50445-2008

（4）《河北省农村新民居规划建设指导意见（试行）》，2010

（5）《河北省村庄环境综合整治规划编制导则（试行）》，2012

（6）《关于实施农村面貌改造提升行动的意见》冀发【2013】10号

（7）《河北省农美丽乡村规划设计技术导则》（试行）

（8）《任县县城乡总体规划》

（9）其他相关法律、法规和技术规定。

二、规划原则

（1）尊重农民意愿，立足现有设施改造提升。美丽乡村建设坚持村民全程参与充分征求群众意见和建议，依靠群众的力量和智慧建设美丽家园。

（2）突出乡村特色，传承历史文化。村庄规划建设不照搬城市建设模式，既要治脏治乱，又要注重基础设施和公共服务提升以及村庄文化传承。

（3）坚持远近结合，立足民生优先。重点解决村庄急需性、公益性项目规划建设，包括污水处理、厕所改造、厨房改造、民居改造、垃圾处理等突出问题，切实提升村民生活品质。

（4）坚持科学适用，立足经济社会发展。综合考虑整治项目的经济可承受性，各类设施整治应做到安全、经济、方便使用与管理，注重实效，做到"少花钱，多办事、出效果"。

（5）坚持节能环保，突出绿色发展。美丽乡村建设过程中，坚持采用"四新"技术，利用成熟适用技术、工艺和设备，改善农村人居环境。

三、规划范围

本次规划范围为大寨村行政范围，包括村域和村庄两部分，重点是村庄建设整治规划，村庄用地 113.3 公顷。

四、规划期限

本次规划期限为 2016-2030 年，其中近期为 2016-2020 年。

五、规划目标

激活村庄发展活力，盘活村庄历史文化和现代农业资源，做优做强优质优质小麦及设施农业种植，促进农民增收致富，早日实现村民脱贫奔小康。实施美丽乡村建设行动，逐步完善村庄基础设施和公共服务设施，改造提升村庄人居环境，提高村民生活质量和生产生活条件。最终，将大寨村建成布局合理、产业突出、设施完善、环境优美、生活便利、文明和谐、安居乐业的美丽乡村，成为全国贫困地区脱贫致富的示范村。

1. 主导产业基本形成

以发展优质优质小麦种植为基础，延伸优质小麦产业链，形成集种植、加工、研发、于一体，鼓励发展设施农业，比如大棚草莓，优质小麦等，增加土地附属价值。

结合发展乡村休闲旅游，将农耕文化体验与农业休闲旅游结合，设置各种家庭农耕体验场所，设置农家乐项目，拓宽村民收入渠道，增加村民收入。

2. 科技文化进步

加大农民技能和素质培养，逐步完善农民文化娱乐和健身休闲设施，丰富农民文化生活。规划期末，农民技能培训和劳动力转移培训覆盖面达到 100%，农民文化素质明显提高。

3. 服务设施配套

实现村庄内部道路全部硬化，建设大寨村污水管道和小型污水处理设施；完成全村电网升级改造，村内杆线整理；积极发展清洁能源，大量推广太阳能光伏发电设备、太阳能节能灯等新能源，建设集雨节灌设施。

4.民生工程改善

明确村庄环境整治项目建设时序和实施措施,有序推进翻建、改建或修缮危旧房,统一按规划要求执行。规划期内,将村委会改造为二层办公楼,增加村民中心功能,集中设置村委会、农家书屋、会议室、便民中心、妇女之家、经济合作社等,新建街头绿地、小游园多处。

5.生态环境良好

坚持美丽乡村建设与现代农业、扶贫开发、田园风光营造结合,建设有地域特色冀南美丽乡村,大力实施植树造林、绿化等生态建设工程。大力推进村庄庭院、空闲地和房前屋后果品经济绿化,鼓励农民改厨、改厕,实现生活垃圾处理无害化。

六、规划思路

(1)立足村庄资源特色,拓宽村民增收渠道。将美丽乡村建设与扶贫开发相结合,挖掘村庄农业和历史文化特色资源,以"农业·文化·旅游"为主题,大力发展乡村休闲旅游,拓宽村民增收渠道。

(2)完善配套基础设施,改善村庄人居环境。完善污水处理、垃圾处理、燃气等设施。改造村民旱厕为水冲厕所,改善村民生活环境。

(3)完善公共服务设施,提升村庄软硬件环境。按照建设大寨农耕体验风情小镇的发展思路,配套完善公共服务设施,建设村庄停车场、农家乐等,提高公共设施服务水平。

(4)营造地域特色村庄,明确环境整治要求。提出民居分类整治措施,统一村庄建筑风貌;丰富绿化空间,美化街巷环境,形成"一街一景、一街一树"绿化景观效果;硬化、绿化庭院,扩大房前屋后绿化面积。

七、任县城市总体规划(2012-2030)

1.村庄体系规划

县域范围内村庄经过整理优化,最后形成县城、乡镇(含乡政府驻)和村庄三种居民点形式,即1个中心城区,10个乡镇,45个中心村,和110个基层村。

大寨村作为任城镇的基层村,需要进行美丽乡村建设。

2.规划用地规模

规划确定2020年农村人均建设用地指标控制在180平方米,2030年人均建设用地指标控制在150平方米。

3.人口规模

至2030年,县域总人口48万人。其中,中心城区人口28.4万人。

第三章　产业发展规划

第一节　产业现状与问题

一、产业现状

当前，村民增收渠道较为单一，多数以传统粮食种植为主。

二、主要问题

（1）村庄土地规模化经营水平低，土地流转少，多以传统农业种植为主，农业产出低、收益差。

（2）优质小麦种植未实现效应效益附加，应优选优质小麦品质，使其产生高附加值。

（3）发展农业乡村旅游意识差，需要引导村民由传统种植向休闲农业转变。

（4）大棚种植有待进一步提高科技含量，积极引进高科技农业技术，发展日光玻璃温室大棚。

第二节　发展目标

一、发展目标

围绕优质小麦种植做文章，重点发展以此为基础的农耕文化体验。同时，加快改变传统农业种植结构，逐步实现农业设施化。

村内考虑将本村原有的农耕及乡土文化保留并发扬，着重发展农耕文化休闲旅游，使城市游客能够深刻体会到中国传统北方村落的乡土气息。

二、经验借鉴

（一）采摘园

1.大高力庄康庄采摘园

大高力庄康庄采摘园地处北京通州区张家湾的大高力村，位于京城东南部，京沈和京通快速路中间，北有城铁轻轨，东临六环，是距离北京市区最近的采摘园，交通十分便利。

大高力庄康庄采摘园占地 50 余亩，园内以红富士苹果树为主。这里红富士不仅质量好，而且价格实惠。每到金秋时节，红彤彤的苹果压满枝头，非常诱人。吸引大量游客和附近居民，他们约上三五好友或带上全家在园内采摘、品尝丰收的果实，非常惬意。久居闹市的人们既能体验采摘乐趣，体会劳动的快乐，感受收获的喜悦，又能呼吸清洗的空气，别有一番情趣。

2. 经验借鉴

随着城乡居民生活水平的提高，休闲观光活动内容不断丰富，游客渴望回归自然、享受宁静安逸的田园生活。北京在近郊建设了各类旅游采摘园，使北京市果品的生产开发实现了由单一经营到多元化发展，由单纯的京郊农业生产转变为区域开发、成片发展，不仅增加了农业农民收入，而且促进了生态建设，同时也为北京市旅游资源的开发和建设开拓了新的领域。

（二）文化产业发展

河北省武强县周窝村人口不足 300 户，但就是这样的一个小村庄，却建成了国内最大、世界第二的管弦乐器生产企业——河北金音乐器集团，生产木管、铜管，远销多个国家和地区。

1. 发展模式——村企联合

该村充分利用靠近 307 国道和金音乐器城的有利条件，带领群众从事工副业生产。金音乐器集团给村民带来好处，家家有工人在金音集团上班，同时带动村庄餐饮、住宿服务业发展。2011 年该村与北京璐德文化公司合作，成立村庄璐德艺术学校，并聘请北京798 艺术中心对村庄进行功能分区、街景路面进行整体规划设计，"一门二景、一户一品，体现灵性、各具特色"。

2. 发展目标——音乐小镇

建设宜居、时尚和生态的周窝音乐小镇，成为以音乐为主题，集创作、欣赏、展演、体验、居住、餐饮、购物等多功能于一体的特色文化产业基地。

3. 建设成就

为加快音乐小镇建设，村庄投资 8300 万元，完成供排水、供暖等基础设施和小镇服务中心、麦田音乐广场等配套设施建设。村内已经包装改造具有创意特色的咖啡屋、提琴乐器体验馆等民居院落 80 多套，可同时接待 200 人住宿。

该村已先后举办了武强麦田音乐节、第六届中国吉他文化节、中韩国际乡村艺术节、热舞美食节等许多文化活动，到此参观和游玩的游客络绎不绝。同时，带动了村民文化生活，村民自发组建了第一支农民西洋乐队。现在村内街头巷尾，三个一伙、五个一群地聚在一起演奏乐器，已成为村民生活中不可或缺的一部分了。

通过音乐村建设不仅创造了更多的物质财富，提高了农民收入水平，而且为农民创造了丰富精神食粮的平台，可谓现代化农村。

4.经验借鉴

武强县周窝村音乐小镇项目是乐器与音乐的完美结合，它放大了乐器生产基地的影响，延伸了产业链条。最为可贵的是引进时尚元素、改造嫁接创新的开放思维以文化产业为突破口，建设社会主义新农村。

第三节　产业发展

经全面分析大寨村地理区位、自然禀赋、历史文化等条件，重新认知村庄发展，探索适合村庄产业发展新模式。按照毗邻杏博园的优势，整合特色林果种植、派俗文化等资源，优先发展民俗文化与乡村休闲旅游业，增加村民收入。

一、特色种植业

调优农业种植结构，将传统种植向设施农业、观光农业等转变，形成规模化种植业，按照标准化农业园区进行建设。优质小麦种植要向"早、新、优、大"方向发展，即成熟早、品种新、品质优、规模大，实现果品种植地科学布局、规模化经营、质量标准化和生产现代化。

二、文化与乡村休闲旅游业

（一）发展机遇

国务院各部委、河北省出台相关优惠政策，鼓励发展文化与乡村旅游业，为大寨村发展乡村休闲旅游带来千载难逢机遇。

2009年，《国务院关于加快发展旅游业的意见》（国发［2009］41号），指出把旅游业培育成国民经济的战略性支柱产业和人民群众更加满意的现代服务业。

2009年9月，文化部、国家旅游局联合印发《促进文化与旅游结合发展的指导意见》，提出打造文化旅游系列活动品牌，打造高品质旅游演艺产品，利用非物质文化遗产资源优势开发文化旅游产品。

2010年，农业部、国家旅游局《关于开展全国休闲农业与乡村旅游示范县和全国休闲农业示范点创建活动的意见》农企发［2010］2号，指出发展休闲农业与乡村旅游已成为拓展农业功能和拉动内需的新引擎。

2011年10月，《中共中央关于深化文化体制改革、推进社会主义文化大发展大繁荣若干重大问题的决定》，提出"文化强国"战略，文化与旅游产业是促进社会主义文化大发展大繁荣的重要载体。

2012年，在《金融支持旅游业加快发展的若干意见》（国发「2012」32号）中，央行、发改委、旅游局、银监会、证监会、保监会、外汇局等七部委发布财税政策支持措施，提出将重点扶持中西部地区旅游就业信息网络、培训基地、服务场所以及旅游景点的发展。

2013年2月国务院办公厅下发《关于印发国民旅游休闲纲要（2013~2020）的通知》。指出制订《纲要》的目的是为"满足人民群众日益增长的旅游休闲需求，促进旅游休闲产业健康发展，推进具有中国特色的国民旅游休闲体系建设"。纲要提出，到2020年，职工带薪年休假制度基本得到落实，城乡居民旅游休闲消费水平大幅增长，健康、文明、环保的旅游休闲理念成为全社会的共识，国民旅游休闲质量显著提高，与小康社会相适应的现代国民旅游休闲体系基本建成。

（二）发展趋势

随着收入的增多、生活节奏的加快以及竞争的日益激烈，人们渴望多样化的旅游，尤其希望能在广阔、质朴典型的农村环境中放松自己。乡村游成为人们实现短暂逃离现实、缓解压力的重要途径和手段。随着旅游业的发展，乡村旅游也衍生出多种类型，主要有传统农家乐模式、休闲农庄模式、景区依托模式、民族风情模式、创意产业模式等。

乡村旅游正面临由观光游向休闲游、自驾游转变，大寨村位于邯郸市近郊，发展采摘园、乡村旅游、文化创作前景光明，有很大的市场。一是自驾游已成为重要休闲方式之一。随着家庭汽车时代到来，自驾游将成为大多数人所选择的休闲方式之一；二是随着生活水平提高，文化休闲旅游也应运而生，成为越来越来游客向往的活动。

现代旅游活动向多样化和参与性方向的发展，观光采摘逐渐为人们所熟识，成为一种新型的外出旅游休闲方式。旅游观光采摘园，是随着近年来生活水平和城市化程度的提高、以及人们环境意识的增强而逐渐出现的集园林、旅游、果园生产采摘于一体，经济效益、生态效益和社会效益相三结合的综合产物。观光采摘将生态、休闲、科普有机的结合在一起，同时，生态型、科普型、休闲型的旅游观光采摘园的出现，促进了旅游业和服务业的发展，有效的推动了城乡经济迅速提升。

据有关部门测算，目前全国休闲产业和乡村旅游景区（点）已达8.5万多个，全国乡村旅游经营户超过170万家，从业人员2600万人，其中农家乐150万家，年接待游客7.2亿人次，年收入达2160亿元，其中农民直接获益1200亿元。大寨村应充分利用村庄特色林果资源、村庄建设风貌，将村庄打造成为全国乡村旅游示范点，带动村民增收致富奔小康。

（三）发展优势条件

1. 区位条件优越

大寨村紧邻任城镇区，村庄南侧有省道邢德公路，村庄东南距邢衡高速小吕寨出口，仅有4千米，区位优势突出。

大寨村交通便利，北距省会石家庄市约110千米，车程约1小时，西距邢台70千米，车程约40分钟，是自驾游1~2日游的首选之地。

2. 民风淳朴

大寨村民风淳朴，村民热情好客、部里和睦、勤劳朴实，以及浓郁的民俗民风，具备发展乡村旅游的基础。

（四）市场分析与定位

1. 客源市场分析

省内游客是河北省旅游市场的主体，约占 47%；其次来自北京、天津、山西、山东、河南、内蒙古，辽宁等周边省份；再者来自长三角、珠三角等地区。游客以中青年为主，旅游目的以观光游览、商务会议和探亲访友为主，乡村休闲度假游比重逐年增加。

重点游客多来自石家庄、邢台市、任县城。综上分析，大寨村年接待游客预计达到 3 万人次，旺季每天接待游客可达 200 人次。

2. 游客类型

对象以中青年为主。中青年基本和家人或和朋友一起出游，设计特色采摘、农事体验、优质小麦体验等旅游项目。

3. 出行方式和时间

出行方式将以自驾游为主，采摘季节旅游时间为全年，重点月份为 3 月至 12 月；民俗文化体验为全年，重点月份为春季、秋季。

（五）发展要求

1. 设施建设

发展乡村旅游业必须有良好的接待服务设施，规划复原传说中的"大寨风清"景点，依托"风清"景点设置停车场等。

2. 农民权益保护

鼓励对村庄旅游观光采摘进行开发，坚持谁投资谁经营谁受益的原则，对村民住宅等进行确权登记，可探索对村庄进行改制，实行股份制，鼓励所有村民，可以通过以土地、景观农业、房屋等入股或连锁经营，通过股份制、公司＋农户等多种模式，鼓励村民土地向种植大户、农林种植公司流转，探索都市近郊村庄发展观光农业的新思路。发展休闲旅游应以农民利益为先，使农民能享受旅游带来的实实在在收益，确保村民有"一份股权、一份稳定工作、一个固定收入、一分养老保险"。

3. 生态建设

生态保护是旅游开发与策划的前提，在坚持"生态优先"的前提下进行旅游开发是对资源有效利用的最明智选择。

强调对自然原生态的保护，慎砍树、不填塘、不拆房，不过多人为干扰。同时，要对村庄环境卫生进行整治改造，消除制约旅游发展、影响村民生活环境的"恶疾"，并对村民庭院、宅舍进行改造，建设美丽乡村、美好家园。

结合乡村休闲旅游，设置优质小麦酒工艺坊、体验坊。同时，结合村庄旅游，设置游客体验学习点，展示和销售传统土布制品，增加村民收入渠道。

三、实施措施

（1）加快村庄产权制度改革，完善土地流转制度。加快对本村土地（林地）承包经营权、集体土地所有权、农户宅基地使用权、水利设施所有权、集体建设用地使用权等确权登记颁证工作，明晰农村各项产权，为推进农村土地流转、置换做好基础工作。

（2）积极探索该村集体经济股份制改造，出台相关实施细则。通过把土地承包经营权量化为股权，农民用股权参与合作经济组织，按股获得收益；将农村集体资产股份化，量化到人，股随人走，为土地集中经营、农民集中居住和社区化管理提供保障。

（3）加快完善农村专业合作社建设，推进耕地向规模化经营转变，土地向种田能手集中。

（4）健全农业社会化服务体系，完善基层农技推广、农产品质量检测、农业市场信息服务等体系，提高农业社会化服务水平，为农民提供全方位、全程化、高效便捷的服务。引导农业龙头企业与合作社有效对接，推广"企业＋合作社＋农户"的经营模式，建立紧密型利益联结机制。

第四章 美丽乡村建设专项规划设计

以完善村庄功能为出发点，综合考虑设施建设的技术可行性、经济承受力，使村民享受现代化的服务和生活，改善村民生产生活水平。

第一节 民居改造

一、现状与问题

经综合分析现状建筑风貌特征，从聚落形态、民居分布形态、建筑特征、单元特征、建筑色彩、建筑质量等方面进行细致分析。

1. 分布形态

典型的冀南平原村落布局形态，布局形态较为规整，主街和巷子脉络清晰，路网呈十字状。建筑呈行列式分布，以单户院落作为基本元素进行组合，建筑是界定街巷空间的形式、大型、尺度的主要因素。该类村庄布局在空间上有秩序、领域感、归属感比较强，用地紧凑集约。

2.建筑特征

受建设年代、技术水平、经济水平、生活理念等影响，民居形态呈多样性，部分建筑元素符号有传承。

建筑立面：建筑立面材质种类多，正房外立面材质有清水砖墙（82%）、贴面墙体（4%）、水刷石（0.2%）、水泥（10%）、涂料（3.8%）构成，造成建筑风格和形式多样。

建设年代：建于2000年后建筑，占总数63%；建于1980~2000年建筑，占总数26%；建于1980年前建筑，占总数11%，村庄建筑整体质量较好。

建筑层数：住宅层数以一层为主、二层为辅，其中一层506户、二层5户。

建筑风格：具有冀南传统民居特点，多数民居为平屋顶、木质门窗、花格窗，近年新建住宅平屋顶较多，或红色彩钢板坡屋顶、铝合金门窗、砖混结构。

现状屋顶分平屋顶、坡屋顶两种形式，其中平屋顶占总数95%；石棉瓦屋顶占0.7%；红色彩钢屋顶占4.3%，建筑风貌不统一。

门窗主要有木质、铝合金、铁艺、木质与金属、无门窗，占比分别为71%、28%、0.6%、0.4%。

建筑色彩：村庄建筑色彩以红色、灰白色为主，存在少量灰色屋面、黄色墙面。多数新建住宅屋檐点缀红色贴砖。

建筑质量：村民住宅按建筑质量分为四类，一类建筑为质量好，均为砖混结构，建于2000年之后，占总数58%；二类建筑质量较好，为砖木、砖混结构，多建于1990年后，占28%；三类建筑质量一般，均为砖木结构，多建于1980年前后，占9%；四类建筑质量差，为土木结构，建于1960年左右，建筑结构存在安全隐患，或为残垣断壁、将倒塌房屋，需要拆除，占5%。

3.单元特征

根据实地调研分析，院落以封闭围合式为主，院落多数未硬化，仅有9%采取水泥或砖铺硬化，个别栽植苹果、梨等果树或种植蔬菜园。

大门多在院落西南角、东南角，采用偏房门洞式，大门贴砖多以红色为主，设有门联。

4.主要问题

村庄建筑风貌不统一，新旧建筑交织，建筑形式多样，影响村庄整体风貌。

传统民居的建筑元素、建筑符号正在悄然消失，伴随而来的是新材料、新技术、新观念的应用，造成村庄建筑样式的多样性。村民多考虑经济性、便捷性，不重视建筑风格、样式，造成屋面形式、颜色多样，与传统民居不协调。

二、改造要求

（一）改造原则

规划充分尊重村民意愿，采用引导方式推进建筑风貌的统一，使村民逐步认识到个体住宅对村庄整体风貌的影响。规划依据多数民居建筑风格，以及村民对住房使用功能的要求，新建、改建建筑符合浅色墙面、红瓦坡顶的整体要求下，不强求建筑风格、构建、立面材质的绝对统一，塑造村庄建筑整体风貌。

（1）在充分尊重现状建筑物、构筑物情况下，坚持"不大动、出效果"原则，少拆多建原则，保障安全的前提下平坡结合的原则。

（2）有保留价值的，修旧如旧，进行修缮加固。

（3）位于重要节点的周围的民居，按节点主题要求，统一改造。

（4）位于商业街巷两侧的，按照规划要求统一改造，增加坡屋顶，改民居配房为商业用房。

（5）作为民宿用房，按旅馆建筑标准改造，达到三星级标准。

（二）改造要求

（1）采用灰色、暖白色作为建筑物外墙的主色调，强调建筑质朴、古雅的特点，彰显建筑的个性。

（2）新建和改造房屋坚持结构安全、功能健全、节能环保的要求，运用具有地方特色的建筑材料、建筑元素和符号，突出建筑的地方特色，体现民居的地域特色和美感。

（3）根据各时期建筑特点，提取建筑元素符号，新建、改建住宅采用灰瓦双坡屋顶、塑钢门窗、新型墙体材料、砖混结构。

（4）引导村民按规划设计样式建设、修缮改造住宅。

（三）改造思路

村庄内的房屋根据现状的建筑质量、结构的安全性划分为 A、B、C、D 四个等级。

（1）保留、延续地方建筑传统特色。

（2）结合实际注重经济性和实用性。

（3）对现状分类分级改造。

（4）应用新技术新材料。

1.院门、门头改造方式

保留：对村内具有一定特色的院门、门头进行保留，主要改造方式以清洗为主，对损坏的予以清洗、修补以保留原有风貌。

改造：对条件较好的门进行改造，对门头上方、左右两侧门边采用墨绿色或红色瓷砖饰面。门头上采用半坡檐口铺设。

新建：对损坏较坏大的门头或现状无门头的住户进行重建，门板进行更换。

新建门头与改造门头形式一致，更换门板采用金属质地或木质、刷深红色门漆。

院墙、山墙改造方式

2. 门窗改造

对总体质量较差，特色不明显的建筑物门窗进行评定，对破旧且无法达到保温隔热要求的门窗统一更换，统一替换为塑钢材质门窗，门窗框颜色采用近似原木颜色，纹理选用木纹理。

对现状民居中特色鲜明、突出且具有保护价值的窗棂进行保留，可首先更换窗框为保温隔热材料，其次修缮窗棂、窗上亮子并对其加装双层保温玻璃，最终恢复原位。

三、整治改造类别

1. 原址保留民宅

该类房屋属于质量较好类，结构承载力能满足正常使用要求，未发现危险点，结构安全，危险性等级属于 A 级，规划对该类建筑原址保留，重点完善房屋功能。

该类住宅多建于 2000 年以后，部分为平屋顶、红色彩钢板和红色水泥瓦坡顶、铝合金门窗。针对建筑色彩、屋顶形式、建筑符号、门窗等形式多样、特色不突出等问题，鼓励有条件的村民进行建筑立面整饬，将正房屋顶改为灰瓦双坡屋顶、偏房进行女儿墙改造，围墙做檐角处理，沿街建筑外立面统一粉刷白色涂料，加灰色勒脚，建筑外立面、门窗、色彩、细节符号等要与村庄整体风貌相协调。

经过入户访谈和实地勘查，确定需要改灰瓦双坡为 140 户。

2. 原址修缮民宅

属于质量一般建筑，为砖木结构，多建于 1980 年后，结构基本满足正常使用要求，个别结构构件需要改造，但不影响主体结构，基本满足正常使用要求，危险性等级属于B、C 级，予以原址修缮整治。

在尊重村民意愿前提下，该类建筑为灰瓦双坡屋顶，重点对破损墙面、屋面等进行修缮，对门窗、山墙等采用原材料修补。

经过入户访谈和实地勘查，确定需要原址修缮的民宅共 201 处。

3. 原址重建民宅

该类房屋多建于 1960 年前后，房屋部分承重结构承载力不能满足正常使用要求，住户有翻建住宅打算，规划该类住宅为原址重建住宅。重建后建筑外立面、屋顶、色彩、细节符号等要与村庄建筑风貌相协调。

4. 拆除民宅

该类房屋多建于 1960 年前后，房屋承重结构承载力已不能满足正常使用要求，整体出现险情，影响村庄建筑风貌，且房屋闲置多年无法修缮，已无人居住的民宅，确定为拆除民宅。拆除后的民宅用地，通过村集体购买，作为公共绿地或提供公共服务。

四、民居改造整治重点

近期，统一村庄建筑风貌，进行屋顶改造，提升村庄建筑风貌，实施外立面美化工程，根据民居所处位置，提出分类整治意见。

1. 沿主要街巷民居

（1）屋顶改造

更换既有红瓦双坡屋顶住宅，以及屋面瓦破损的要进行更换；重点对一、二类平屋顶住宅进行节能改造，改为灰瓦双坡屋顶；将蓝色彩钢板、灰色石棉瓦、红色水泥瓦屋面更换为灰色屋面，瓦材可选用灰色水泥瓦、沥青瓦，增加住宅保温、隔热性能。

考虑到晾晒、放置太阳能等需要，将偏房做檐口挂瓦处理，高度小于 0.6 米，与正房坡屋顶相互呼应。

（2）墙体改造

墙体改造要使用新型墙体材料、环保装修材料。住宅正立面部分采用贴瓷砖，侧立面、背立面多为清水砖面，部分涂抹水泥砂浆。

沿街民居背立面、侧立面加抹保温砂浆、喷刷保温涂料，墙面颜色为象牙白，墙裙采用深灰色涂料粉刷，高度 60 厘米。

其他房屋外墙和围墙墙面采用加抹普通砂浆、喷刷普通涂料，颜色为象牙白。

（3）门窗

在满足安全、采光、通风等性能要求下，门窗改造要使用现代工艺，提高保温、节能效果。普通铝合金门窗保温性能差、易变形，钢门窗保温性能差、密封性差。规划逐步更换铝合金门窗，新建采用塑钢玻璃门窗或断桥铝门窗。为提高建筑美观效果，门窗外加金属制装饰栅格。

（4）围墙

围墙改造可采用铺贴檐角、花格墙的方式进行改造，高度一般不超过 2.4 米。墙面采用加抹普通砂浆、喷刷普通涂料，颜色为象牙白，局部可配以深色图案，或绘制文化墙。

有一定历史价值的房屋、围墙应保持原有风貌，修旧如旧。

清水砖墙、石坯墙、贴面墙体、水刷石墙简易整治方式：直接清洗、修补表面平整、勾缝。选用相同或相近的材料修补局部有破损的墙面。对墙面勾缝较脏或已损坏的，可重新用白色或灰色水泥进行勾缝。

水泥墙和其他砖墙的整治方式：清除表面污垢、油渍、砂浆流痕以及其他杂物；用水泥砂浆找平墙面，待其风干后，进行粉刷，可选用墙体粉刷或踢脚粉刷的方式。

（5）大门

对其造型、材料、及细节进行改造，满足其功能性要求，同时塑造出地方历史文化特色；增加门檐，门楣可绘制传统图案，门柱保留原贴面或进行粉刷，增加门联。

2.一般民居改造

（1）屋顶改造

统一将平屋顶改为灰瓦双坡屋顶，将蓝色彩钢板、石棉瓦屋面更换为灰色屋面。

（2）墙体改造

住宅正立面多采用贴瓷砖，侧立面、背立面多为清水砖面，部分涂抹水泥砂浆。民居背立面、侧立面有条件的加抹普通砂浆、喷刷保温涂料，颜色浅灰色。

（3）门窗

为增加住宅保温、密闭性，规划逐步更换木制、铝合金门窗，采用塑钢玻璃门窗或断桥铝合金门窗。

（4）围墙

围墙改造可采用铺贴檐角、花格墙的方式进行改造，高度一般不超过 2.4 米。

墙面采用加抹普通砂浆、喷刷普通涂料，绘制图案或文化墙。

有一定历史价值的房屋、围墙应保持原有风貌，修旧如旧。

（5）大门

增加门檐，门帽可绘制传统图案，门柱保留原贴面或贴面砖，增加门联。

3.传统老民居改造

对该类建筑进行原貌整修，保证其建筑结构安全、满足使用前提下，对外立面清洁和修补，大门、门窗等进行原材料修复或更换。

屋顶：保留原有屋顶样式，进行修缮改造。

外墙：对建筑外墙进行清洁，采用原有外墙材质，对破损、凹陷等进行修补。

门窗：保留原有门窗结构，采用原材质对破损门窗进行维修更换。

大门：保留原大门样式，对砖雕、木雕等进行修复，体现传统建筑元素符号。

土坯墙简易的整治方式：结构完好、墙面平整的土坯墙，宜保持原状；及时修补结构尚好、局部破损的墙体；拆除破损严重、影响安全或观瞻效果的墙体。

五、院落整治

院落是农村住宅的重要组成部分，对院落各要素包括房屋、厕所、洗澡间、停车位、杂物间、宠物间、绿化等统筹安排。规划突出庭院经济适用、美观整洁，建议院落内不安排鸡、猪、羊、牛等圈舍，绿化以布置果树、蔬菜为主，可适当栽种花草，墙边可种丝瓜、优质小麦等爬藤植物，丰富村庄空间。

院落硬化宜适用地方材料，采用透水型青砖、石材铺砌，不建议用混凝土硬化，可设置棋盘石、藤架等，丰富院落景观。

六、新建建筑指引

（1）新建民居应综合考虑日照、通风、消防、防震、地形地貌等要求，在传承当地传统文化的建筑风格和结构形式基础上，鼓励发展新样式。

（2）平面设计应根据当地风俗习惯和农户要求，做到功能齐全、布局合理，各功能空间互不干扰。

（3）新建民居采用灰瓦双坡屋顶，可通过对屋顶、墙身作细部处理达到美观效果。

（4）新民居设计应积极采用新型节能材料和产品，同时应注重就地取材，降低建造成本。

第二节　道路硬化

一、村庄道路现状

村庄内部道路由主要街道和宅前路组成，主要街道均已硬化。街道骨架已基本成型。村庄主要街道已实现水泥硬化，宅前路均为土路。

二、村庄道路工程设计

1. 村庄道路分级

村庄道路分为街道和宅前路。主要街道道路硬化较好，规划不需要改建；本次规划重点将村内宅前路全部硬化，采用砖砌、砂石等特色路面，设置游客慢行步道。

2. 道路工程建设

村庄道路建设的重点是对入村路拓宽，将村内的土路进行硬化。结合旅游设置若干砖砌、砂石路面，其他未硬化的宅前路水泥硬化。

3. 道路高程设计原则

（1）道路高程设计根据实测地形高程，结合规划控制标高并对地形、地下管线、房屋地坪高程和排水要求综合考虑来控制道路设计高程。

（2）道路高程设计既考虑土石方，合理控制填挖高度，又考虑路基、路面满足设计要求。

（3）道路高程设计中，考虑合理道路坡度的同时，要使纵道路线形缓顺平滑。

（4）合理确定路基较高、较低地段的挖填，确保路基稳定运行。

4.道路平面设计

交叉口缘石半径一般为 1.5-2 米，特殊路口时可根据房屋情况及交角情况增减半径。

5.道路横断面设计

宽 4 米、6 米街道和宅前路横坡采用单向横坡为 1.5%，南北道路坡向北，东西道路坡向西。

6.路基及结构设计

本工程采用 12 系列建筑标准设计图集（DBJT02-81-2013，图集号 12J9—1—119 页②），道路混凝土强度等级 C25，h=180mm。

有关道路的其他做法如：伸缩缝、平立缘石等，按标准图集做法。

第三节 村庄绿化

一、现状与问题

大寨村绿化水平有待进一步提升，目前在主要街道幸福路两侧种植塔松，整体效果较差，其他部分街道有少量绿化，主要以农户房前屋后绿化为主，村内坑塘、空闲宅基地一般采用柳树、速生杨、槐树绿化，或栽植果树或农作物，部分农户宅旁有少量菜园。庭院绿化多为果树，以苹果、梨、枣树等为主，部分庭院有槐树、杨树、梧桐树等，整体绿化效果较好。

按村庄绿化三阶段目标分：第一阶段是"见缝插绿"，即对村庄可视范围内的闲置地、田地、街道、公共场所进行绿化，提高村庄绿化覆盖率，实现村庄绿化、美化。第二阶段是建设生态、园林化村庄，它是在第一阶段基础上，通过针阔混交，乔、灌、花、草结合，达到具有乡村特色的绿化效果。第三阶段是实现生态游憩，它是在生态园林化村庄的基础上，建设中小型公园、景点，将园林绿化与休闲娱乐、旅游开发融为一体。大寨村处于第一阶段见缝插绿，提高村庄街道绿化水平。

存在问题：

第一，现状街道绿化种树少、常绿树少，难以营造四季常绿景色。

第二，部分道路树种配置不合理，绿化施工技术水平低。如部分道路两侧绿化带较窄，种植柿子树与民宅距离过近，根系与枝冠均对房屋有影响，需要更换小灌木树种。

二、规划原则

规划重点应突出绿地建设的三个结合：与周围农田环境结合、与生产用地结合、与村庄自然坑塘结合。

三、绿地系统规划

村庄绿化是体现田园风光和地方特色的最好抓手，以绿化、美化和生态优化为出发点，尊重农民意愿、统一规划、因地制宜、适树适种、生态兼顾经济、方便操作、易于管理，大量采用乡土树种，创建结构合理、层次丰富、功能完备、生态良好、特色突出的绿化景观。规划重点通过街道、小游园绿化种植，在原有绿化基础上，补充栽植适应性强、观赏性好、符合当地气候的乡土植物。对街道、游园、活动场地、坑塘、周边农田全面设计，提出植物配置、建设、整饰、小品设计等具体打造"一街一树、一街一景"的效果，构建和谐宜人的绿色乡村，营造"村、路在绿中、房在园中、人在景中"的绿化景观效果。

四、村庄绿化工程

1.村边绿化

为进一步优化种植结构，提高农民收入水平，改善村庄生态环境，以种植果树为主，建设村庄周边的绿化景观带，形成"村在林中"的景观效果。规划在村庄北侧种植设施农业，在村庄南部布置现代农业观光园，西部设置果蔬采摘园60.92公顷。

2.路边绿化

为进一步增加绿地建设层次感，形成地方特色，增强识别性，形成"一街一树、一街一景"景观，重点对主要道路种植乔木、灌木、地被植物等，形成错落有致、四季有形的绿地景观。

3.房边绿化

现状村民房前多栽植槐树、椿树、梧桐树，部分栽植杏树、柿子等果树，屋后多栽植速生杨树。规划进一步挖潜房前屋后空间，做到见缝插绿，利用边角地、楔形地种植果树、蔬菜，采用木篱进行围合，丰富村庄空间层次，展现平原村庄田园风貌和乡土风情。

五、植被选择

规划绿地植物选择以本土植物为主，为丰富植物种类可适当引进其他适种树种。乔木以柳树、白蜡、槐树为主，小乔木以木槿、玉兰、碧桃为主，常绿树以云衫、白皮松、块柏、侧柏、大叶黄杨为主，花灌木以紫薇、木槿、紫叶矮樱、丁香、金银木、金叶女贞、紫叶小聚、月季为主，地被植物以莺尾、八仙花、八宝、董草、白三叶为主。

六、主要节点设计

设计要满足实用、美观要求，尺度适中，设施实用，方便村民休憩、交流。

为与村庄整体风貌相统一，将现状文化活动广场采用灰砖铺砌，种植槐树、柿子树，配植大叶黄杨、月季。村民中心西侧现状游园，增加常绿树种和地被植物，常绿以云杉、白皮松为主，地被以董草、鸢尾、菊花、八仙花、八宝等为主，孤植玉兰、海棠等点缀，设置小型体育活动器械，新增石凳、桌、椅，为村民提供休闲、游憩、健身娱乐的公共活动空间。

第四节　特色富民产业发展

一、特色种植业

调优农业种植结构，将传统种植向设施农业、观光农业等转变，形成规模化种植业，按照标准化农业园区进行建设。以优质小麦种植为主，规划在村庄西南设置优质小麦采摘园59.54公顷；在村庄北侧种植设施农业观光园66.61公顷，种植现代农业观光园120.45公顷，主要设置发展高科技农业，日光玻璃大棚，一年四季可以摘瓜果；优质小麦种植要向"早、新、优、大"方向发展，即成熟早、品种新、品质优、规模大，实现果品种植地科学布局、规模化经营、质量标准化和生产现代化。

二、文化与乡村休闲旅游业

（一）发展优势条件

1.区位条件优越

大寨村紧临任城镇区，交通便利，北距省会石家庄市约110千米，车程约1小时，西距邢台70千米，车程约40分钟，是自驾游1~2日游的首选之地。

2.民风淳朴

大寨村民风淳朴，村民热情好客、邻里和睦、勤劳朴实，具有浓郁的民俗风情，具备发展乡村旅游的基础。

（二）发展不利因素

村庄整体环境差，没有树立"经营"农村意识，村庄资源未得到有效整合和开发，处于有资源无开发、有听头无看头的情形，未将美丽乡村建设与乡村旅游有机结合，农业规模化经营水平低，农业发展科技含量不高，农田设施开发程度不高。

（三）市场分析与定位

1.客源市场分析

省内游客是河北省旅游市场的主体，约占47%；其次来自北京、天津、山西、山东、河南、内蒙古，辽宁等周边省份；再者来自长三角、珠三角等地区。游客以中青年为主，旅游目的以观光游览、商务会议和探亲访友为主，乡村休闲度假游比重逐年增加。

重点游客多来自石家庄、邢台市、任县城。综上分析，大寨村年接待游客预计达到 3 万人次，旺季每天接待游客可达 200 人次。

2. 游客类型

对象以中青年、老人为主。中青年基本和家人或和朋友一起出游，设计特色采摘、农事体验、民俗体验等旅游项目。

3. 出行方式和时间

出行方式将以自驾游为主，采摘季节旅游时间为全年，重点月份为 3 月至 12 月；祭拜为全年，重点月份为春季、秋季。

二、民俗手工加工业

结合乡村休闲旅游，设置优质小麦酒工艺坊、体验坊。同时，结合村庄旅游，设置游客体验学习点，展示和销售传统手工制品，增加村民收入。

电商平台建设

1. 完善农村电商基础设施

按照"宽带中国"战略，积极争取省市县政策，尽快实现村民户户通网络，同时加大对村民电商人才培训。

2. 构建农村电商公共服务体系

大寨村应按照《任县域农村电商发展实施方案》，发挥本村大棚果蔬、特色采摘、红色旅游等产业优势，培育农村产品品牌，提高商品化率和电子商务交易比例。

3. 推动农产品电商化运营

依托省、县农村电商公共服务中心开办农村电商众创空间，建设农产品、农村制品孵化平台，引进企业、合作社、新兴农业主体及金融、保险、科研机构等，提供低成本、便利化、全要素的工作空间、网络空间、资源共享空间，形成线上与线下相结合、创新与孵化相结合、孵化与投资相结合的运营模式，推动农产品、农村制品的电商孵化进程。

4. 创新发展农村产品交易模式

以农产品、农村制品等为重点，发展民俗产品、手工艺品、特色产业，开设电商专区。

5. 大力发展农村电商旅游

结合地域文化、旅游资源特色，对接第三方旅游平台，采取商务度假、疗养、峰会、演出等多种形式，发展个性化、体验式的休闲农业和乡村旅游。

6. 鼓励发展农业生产资料电子商务

依托电商平台、"万村千乡"农资店、供销合作社农资连锁店、农村邮政局所、乡村快递网点、农村电商服务网点等，提供测土配方施肥服务，开展化肥、种子、农药等生产资料电子商务，为农民提供优质、实惠、可追溯的农业生产资料。

7. 大力发展农村服务业

鼓励与服务业企业、金融机构等加强合作，提高大数据分析能力，在不断完善农民网络购物功能的基础上，逐步叠加便民服务功能，进一步提高农村生产、生活服务水平。与城市社区电子商务系统有机结合，实现城乡互补和融合发展。

第五节 乡村文化建设

一、村民中心建设

1. 现状与问题

村内有村委会、卫生室、幼儿园等公共服务设施，现有小超市3个。

村委会位于大寨村中部，畅洁路南侧，占地面积300平方米，建筑面积137平方米，设有会议室和办公室、幼儿园、卫生室。

现状幼儿园，现有学龄前儿童80人，教师4名；小学为1—3年级教学点，学生120人。

农村超市、小卖部主要利用村民自家民宅，沿村内主要街道两侧布置。

存在问题：公共服务设施配置相对齐全，缺少村民公共活动场地、休闲健身设施。

2. 村民中心建设

村民服务中心建设应坚持"功能相对集中、规模不宜过大，设施综合利用，实用经济"的原则。规划翻建村委会房屋，建设二层村委会，设置村民文化活动室、图书室、党员活动室、警务室、村史馆等功能用房，建设集办公议事、村务公开、事务代办、信访代理、文化娱乐、信息技术服务等于一体的村民中心。

二、标语广告整治

1. 现状

村庄主要街道广告牌匾，设置凌乱、大小不一，总体风貌杂乱、无序。村庄街道两侧有多处标语广告，严重影响村庄面貌。民居背立面及电线杆上存在多处随意张贴的小广告。

2. 规划措施

近期，清除村庄墙体和电线杆等处广告标语，不允许任何单位、组织在民宅外墙设置标语。

三、村庄标志设计

1.村口标识

为增强村庄可识别性和地方特色，反映村庄历史文化和建筑风貌，突出村庄景观节点，在村庄入口设置有乡土气息的村庄标志。

规划在村庄入口，设置地域特色突出的标识，按照发展民俗文化特色村的要求，造价3万元。

2.路牌

为方便村庄发展乡村休闲旅游业，为实现村庄早日脱贫致富，对每条街道进行命名，采用民乐、小康等有寓意的路名，根据主要街巷名称，对每条街道设置路牌，材质选择符合冀南平原村庄特点，宜用铁艺指示牌，简洁大方，采用直立式设于街口。宅间路设木牌钉在墙体上，做到自然大方。

3.指示牌

在村庄主要景观节点、村民中心、卫生室、公共厕所等设置指示牌，指示牌的材质应符合村庄特色，并考虑就地取材，高度应在人站立式眼睛高度之上，平视视线范围之内，提供视觉的舒适感和最佳能见度。

4.村庄小品

设计要以村庄历史文化，以历史人物、事件、生活场景、村庄发展要求、游园建设目标为设计元素。石碾、石磨、休闲座椅、候车亭、广告牌、垃圾桶、宣传栏等村庄小品，要体现村庄历史文化特色，可就地取材，采用地方材质，真正做到美观大方、经济适用的要求，符合村庄发展特点、发展阶段。

第五章　规划实施措施

一、加强组织领导，做好技术指导

加强对规划实施的组织领导，市、县、镇各级政府、建设规划部门高度重视，建立必要的联系沟通机制，定期开展技术指导和巡回服务，解决项目建设所需的资金、技术和人才，为示范村的建设创造良好的政策环境。成立村镇两级建设规划管理员，对其进行开展集中培训，提高工作能力，直接负责村庄建设规划日常工作，严格落实项目建设、规划实施。

二、拓宽资金渠道，加大投入力度

采取多渠道、多层次筹集建设资金的办法，探索政府帮扶、企业支持、农民出工模式，采取"以劳代贩"、村企共建等方式，抓住"画家村"建设契机，充分发挥市场机制配置资源的基础作用，建立以农民为主体，全社会、多元化支持及参与村庄环境整治工作，改善村庄生产生活条件，完善村庄"造血"功能，实现农民持续增收，村庄永续发展。

三、尊重村民意愿，强化公众参与

通过召开各种座谈和村民代表会议，使村民了解村庄规划的内容和要求，以及规划实施的意义，鼓励村民全程参与规划编制与实施，使村民享受知情权、参与权、表达权、监督权，保护村民的各项权益。规划内容以解决村民需求为导向，深度能指导项目实施为标准，突出规划的实用性。

四、加强规划管理，控制引导并用

根据村庄规划内容，制定实施细则和管理办法，指导各项建设活动，把本次规划所确定的内容，贯穿于规划、设计、建设和管理的全过程，并将更多内容纳入村规民约中，从而使"示范村"项目建设取得广大群众的充分理解、支持，变成农民自觉行动，依靠群众的力量和智慧建设美丽家园。

五、加强职业教育培训，提高村民综合素质

将村民职业教育、技术培训作为脱贫致富的重要措施，首先改变村民思想观念，丢掉保守固化思想，大力开展宣传教育，广泛宣传推介健康文明生活方式，引导农民破除陋习、移风易俗、提高素养；其次，加强对农民的职业、技能培训，提高村民就业服务能力；再次，选树村庄种植、养殖、管理等各行领头雁，重点对其进行继续教育，带动村民致富奔小康；第三，引进对熟悉农村的高素质管理人才，促进村庄快速脱贫全面实现小康。

六、建立长效管理制度，力促村庄永续发展

镇人民政府、村委会是村庄发展的掌舵者，村庄规划落实的执行者，村民利益的保护者。在规划实施与村庄发展中，不论采取何种发展模式，要确保农民利益不受损，生态环境不破坏，经济发展健康稳定。同时，将规划实施管理列入乡镇政府、村委会工作政绩考核内容，定期考核，做到有管理目标、管理制度、管理队伍、管理经费、运作机制、监督措施。

参考文献

[1] 黄克亮，罗丽云. 以生态文明理念推进美丽乡村建设 [J]. 探求 ,2013（03）:5-12.

[2] 张宇翔. 美丽乡村规划设计实践研究 [J]. 小城镇建设，2013（07）：48-51.

[3] 王素斋. 基于农村生态文明视角的美丽乡村建设研究 [J]. 全国商情（理论研究），
   2013（15）：66-67.

[4] 邵剑杰，黄淑娟，李先富. "美丽乡村"建设背景下乡村景观规划设计方法研究 [J].
   住宅产业，2013（12）：41-44.

[5] 王素斋. "五位一体"战略布局下的农村生态文明研究 [J]. 社科纵横，2014,29（01）：
   4-6.

[6] 黄磊，邵超峰，孙宗晟，等. "美丽乡村"评价指标体系研究 [J]. 生态经济（学术版），
   2014，30（01）：392-394,398.

[7] 许经勇，黄爱东. 寓生态文明建设于美丽乡村建设之中 [J]. 福建论坛（人文社会科学
   版），2014（08）：146-151.

[8] 何得桂. 中国美丽乡村建设驱动机制研究 [J]. 生态经济，2014，30（10）：113-117.

[9] 中共云南省委党校课题组，马金书，马国芳. 生态文明视角下的美丽乡村建设 [J]. 中
   共云南省委党校学报，2015，16（02）：92-95.

[10] 杨汶璇. 美丽乡村建设中的环境治理研究 [D] 桂林：广西师范大学，2015.

[11] 李健. "美丽乡村"绿地景观设计研究 [D]. 哈尔滨：东北农业大学，2015.

[12] 赵宏振，任潇. 美丽乡村景观规划设计原则 [J]. 北京农业，2015（28）：75-76.

[13] 刘建玲. 生态文明视阈下美丽乡村建设——以滨州为例 [J]. 环渤海经济瞭望，2015
   （12）：40-43.

[14] 于福坚. 美丽乡村建设助力乡村环境治理 [J]. 国家治理，2016（01）：32-35.

[15] 段汉明，李会. 美丽乡村的规划理念 [J]. 河南工业大学学报（社会科学版），
   2016，12（01）：144-148.

[16] 樊亚明，刘慧. "景村融合"理念下的美丽乡村规划设计路径 [J]. 规划师，2016,
   32（04）：97-100.

[17] 卢渊，李颖，宋攀. 乡土文化在"美丽乡村"建设中的保护与传承 [J]. 西北农林科

技大学学报（社会科学版），2016，16（03）：69-74.

[18] 陈静伟.美丽乡村建设评价研究 [D].石家庄：河北师范大学，2016.

[19] 陈锦泉，郑金贵.生态文明视角下的美丽乡村建设评价指标体系研究 [J].江苏农业科学，2016，44（09）：540-544.

[20] 郭依婷.美丽乡村评价指标体系及标准的构建与应用 [D].武汉：华中师范大学，2016.

[21] 章有国."美丽乡村"建设中乡土文化的传承 [D].临汾：山西师范大学，2017.

[22] 汪春怀.美丽乡村建设中的环境治理研究 [D].芜湖：安徽工程大学，2017.

[23] 黄逍宇，陈景衡.美丽乡村建设中新民居建筑空间的继承与更新——以文村村为例 [J].建筑与文化，2017（06）：80-81.

[24] 江贵宽.浅论美丽乡村景观设计与建设 [J].绿色环保建材，2017（06）：36，38.

[25] 胡洁，张雪辉."美丽乡村"建设中环境治理问题研究[J].化工管理，2017(32)：240,242.

[26] 张启志.基于生态文明理念的美丽乡村建设 [J].农业工程，2017，7（06）：67-68.

后 记

美丽乡村的建设是生态文明建设及美丽中国建设的重要组成部分，也是实现农村全面建成小康社会的重要内容。进入新世纪以来，中央在政策制定上以城乡统筹发展为抓手，把建设社会主义新农村和推进新型城镇化作为保持经济平稳较快发展的持久动力。以此，缩小城乡差距、消除城乡二元化，建设美丽乡村，实现农村地区全面实现建成小康社会的目标。推进美丽乡村建设符合省情民意，也是河北省统筹城乡发展，实现新型城镇化、工业化、农村现代化的客观要求。对改善河北省农村人居环境，提高农民的生产生活收入，进一步促进城乡的一体化发展，以及全面建成生态文明的小康社会意义重大。

实施乡村振兴战略，实质上是在推进融生产、生活、生态、文化等多要素于一体的系统工程。文化是农村几千年发展历史的沉淀，是农村人与物两大载体的外在体现，也是乡村振兴战略的灵魂所在。因此，在实施乡村振兴战略的过程中应转变过去重经济轻生态、轻文化的发展理念，真正做到人和自然和谐共生，打造以生态文明、自然、人文、功能为特点的宜居的美丽乡村建设。

笔者为高校教师意识到这个重要使命，人民日益增长的美好生活需要的一个重要方面，就是对优美生态环境的需求。建设富有河北特色的美丽乡村要突出特色。"十里不同风，百里不同俗。"在燕赵大地上，不同地区有不同地理风貌，也在历史发展中形成了不同的文化、习惯和风俗。建设富有河北特色的美丽乡村，就要让不同区域的乡村能够各具特色、各美其美。建设美丽乡村，关键是坚持因地制宜、突出本地特色、推动产业发展、提升文化内涵，这样的乡村才更具活力和魅力。

经过两年来的研究终于转化成这样一个成果，在此感谢本著作相关的各位老师及前辈，给予我们研究的重要帮助和力量支持。本书为 2018 年河北省社会科学基金项目的最终研究成果，项目名称：基于生态文明视域下的美丽乡村建设研究；项目编号：HB18YS039。